山西大学建校 120 周年学术文库

U0686155

美国：历史与地理

［美］埃伦·丘吉尔·森普尔　著

（Ellen Churchill Semple）

郭威　译

山西出版传媒集团　山西人民出版社

图书在版编目（CIP）数据

美国 : 历史与地理 / (美) 埃伦·丘吉尔·森普尔
(Ellen Churchill Semple) 著 ; 郭威译. -- 太原 : 山
西人民出版社, 2025.1
ISBN 978-7-203-12538-9

Ⅰ. ①美… Ⅱ. ①埃… ②郭… Ⅲ. ①美国 – 历
史 – 通俗读物 Ⅳ. ①K712.09

中国国家版本馆CIP数据核字(2023)第175596号

美国：历史与地理

著　　者：(美) 埃伦·丘吉尔·森普尔 (Ellen Churchill Semple)
译　　者：郭　威
责任编辑：刘　远
复　　审：傅晓红
终　　审：梁晋华
装帧设计：山西中未传媒科技有限公司

出　版　者：山西出版传媒集团·山西人民出版社
地　　址：太原市建设南路21号
邮　　编：030012
发行营销：0351-4922220　4955996　4956039　4922127（传真）
天猫官网：http://sxrmcbs.tmall.com　电话：0351-4922159
E-mail：sxskcb@163.com　发行部
　　　　　sxskcb@126.com　总编室
网　　址：www.sxskcb.com

经销者：山西出版传媒集团·山西人民出版社
承印者：山西基因包装印刷科技股份有限公司

开　　本：787mm×1092mm　1/16
印　　张：14.25
字　　数：210千字
版　　次：2025年1月　第1版
印　　次：2025年1月　第1次印刷
书　　号：ISBN 978-7-203-12538-9
定　　价：79.00元

《山西大学建校 120 周年学术文库》
总　序

　　喜迎双甲子，奋进新征程。在山西大学 120 周年校庆之时，出版这套《山西大学建校 120 周年学术文库》，以此记录并见证学校充满挑战与奋斗、饱含智慧与激情的光辉岁月，展现山大人的精学苦研精神与广博思想。

　　大学，是萌发新思想、创造新知识的学术殿堂。求真问理、传道授业是大学的责任。120 年来，一代又一代山大人始终以探究真理为宗旨，以创造新知为使命。无论创校初期名家云集、鼓荡相习，还是抗战烽火中辗转迁徙、筚路蓝缕；无论是中华人民共和国成立后"为完成祖国交给我们的任务而奋斗"，还是改革开放以后融入科教强国建设的时代洪流，山大人都坚守初心、笃志求学，立足大地、体察众生，荟萃思想、传承文脉，成就了百年学府的勤奋严谨与信实创新。

　　大学之大，在于大学者，在于栋梁才。十年树木，百年树人。120 年的山大，赓续着教学相长、师生互信、知智共生的优良传统。在知识的传授中，师生的思想得以融通激发；在深入社会的广泛研习中，来自现实的经验得以归纳总结；在无数次的探索与思考中，那些模糊的概念被澄明、假设的命题被证实、现实的困惑被破解……新知识、新思想、新理论，一一呈现于《山西大学建校 120 周年学术文库》。

　　问题之研究，须以学理为根据。文库的研究成果有着翔实的史料支撑、清晰的问题意识、科学的研究方法、严谨的逻辑结构，既有基于社会实践的田野资料佐证，也有源自哲学思辨的深刻与超越，展示了山大学者"沉潜刚克、高明柔克"的学术风格，体现了山大人的厚积薄发和卓越追求。

习近平总书记在 2016 年哲学社会科学工作座谈会上指出："一个国家的发展水平，既取决于自然科学发展水平，也取决于哲学社会科学发展水平。一个没有发达的自然科学的国家不可能走在世界前列，一个没有繁荣的哲学社会科学的国家也不可能走在世界前列。"立足国际视野，秉持家国情怀，在加快"双一流"建设、实现高质量内涵式发展的征程中，山大人深知自己肩负着探究自然奥秘、引领技术前沿的神圣责任，承担着繁荣发展哲学社会科学的光荣使命。

百廿再出发，明朝更璀璨。令德湖畔，丁香花开；欣逢盛世，高歌前行。山大学子、山大学人将以建校 120 周年为契机，沿着历史的足迹，继续秉持"中西会通、求真至善、登崇俊良、自强报国"的办学传统，知行合一、厚德载物、守正创新、引领未来，向着建设高水平综合性研究型大学、跻身中国优秀知名大学行列的目标迈进，为实现中华民族伟大复兴的中国梦贡献智慧与力量。

目录

第一章 欧洲大西洋国家和
美洲的发现者与殖民者

在美利坚合众国的历史上，最重要的地理事实是其在大西洋上所处的与欧洲相对的位置；而为其未来的历史赋予鲜明特色的最重要的地理事实可能是他们在太平洋上所处的与亚洲相对的位置。

直到公元 15 世纪末，来自东半球大陆的一部分欧洲的探险者才发现了美洲。在那之前，欧洲尽管有着漫长而曲折的海岸线，海上发展也相当可观，然而其海上探索主要是沿海航行，而不是海洋航行；在各大航线上的海上旅行都以陆上旅行作为补充，陆上旅行则是沿着河流的上游或下游，穿越沙漠或草原。欧洲位于温带，其居民热爱东方的热带产品，且到达东方很容易，因为印度洋向地中海伸出了两条欢迎的"臂弯"——红海和波斯湾，而底格里斯河和幼发拉底河则在黑海盆地附近的亚美尼亚高地上轻抚着他们。此外，河流还进入地中海欧洲的一处半岛，使其内陆与地中海的海水有了充分的接触。因此，对于中世纪的欧洲贸易来说，与东方的交流总体上是频繁的。地中海是一条开阔的快速通道，往东去，如果苏伊士通道被暂时封锁，就有更多的货物从幼发拉底河和安提阿，或从特拉比松和黑海运来。中国的丝绸和茶叶长途跋涉，穿越中亚高地，沿着阿姆河山谷，穿过里海，沿着大高加索和小高加索山脉之间深深的沟壑通往黑海，最终抵达黑海的东部港口——巴图米。

但是，如果水道被陆地屏障所阻断，就像巴拿马和苏伊士的地峡一样；如果一条连续的水路被限制在狭窄的通道上，比如直布罗陀海峡、加莱和多佛之间的英吉利海峡、博斯普鲁斯海峡、曼德海峡和马六甲海峡，这些地峡海峡具有重要的战略意义，它们能够堵塞航行大动脉的正常运行。现在，任何一个会看地图的人都可以看到，地中海的东海岸地区，从安提阿到亚历山大港，都具有地峡的性质，而君士坦丁堡则可以阻挡特拉比松和巴图米的路线。公元 6 世纪到 7 世纪，随着当时的撒拉逊人征服埃及和叙利亚，欧洲与东方的贸易在南部路线上被切断了，只能被迫依靠博斯普鲁斯海峡通道，直到再次开辟了穿越叙利亚和埃及的道路。但之后，这三个战略要地都被奥斯曼土耳其人所占据，而与这个强国无论是通过战争还是进行谈判都是徒劳的。欧洲人渴望而又绝望地注视着这条通往东方的古老道路，注视了很久，之后既犹豫又无望地盯着大西洋，并问了一个重要的问题：海洋是否能够沿着日落之路提供一条通往印度和中国的路线。

西部的探索就是这样开始的。欧洲所有沿大西洋国家都参与了此次运动，也只有这些国家能参与进来；而内陆盆地的海上强国并没有参与其中。内陆海域一直是海上力量发展的温床。公元 15 世纪，欧洲拥有两股真正的海上力量，地中海的意大利城市以及北海和波罗的海的汉萨，他们都是其地理环境的产物，都是伟大的内陆贸易路线与无潮海的曲折海岸线结合的产物。随着人们努力探索通往东方的新的海洋航线，所谓的大西洋历史时期开始了，它与之前的地中海时期形成了鲜明对比。后来，历史上出现了其他的海上力量，其人员在航海学校接受过训练，时常俯视着无地平线的"黑暗之海"。在佛罗伦萨、热那亚和威尼斯的地图制作者、领航员和船长的激励和指导下，他们继承了地中海邻居可以给予他们的所有航海和宇宙学知识。这些国家在向西方进军的竞争中抢占了先机。当他们意识到新的西方不是旧的东方时，其地理位置保证了他们有关财富和统治的最佳机会。为什么会如此呢？对大西洋地理特征的分析将会清楚地说明这一点。

"黑暗大陆"非洲和"光明大陆"欧洲的西部有一大片水域，尽管其流域是其他较大海洋的两倍多，但是面积仅为太平洋的一半。大西洋拥有着众多支流，紧靠着落基山脉、安第斯山脉、俄罗斯中部平原和阿比西尼亚的高地，吸引了来自周边大陆的贸易。大西洋的形状近似于字母 S，中间狭窄，部分形成于巴西的圣罗克角和非洲塞拉利昂海岸，大洋被分成两个界限分明的盆地。大自然赋予了北部盆地所拥有的所有恩惠。虽然大西洋在摩洛哥和佛罗里达之间最宽阔的部分有 3600 英里，但在挪威和格陵兰岛之间，它的宽度却缩小到不到一半，因此与北冰洋冰冷水域的接触非常有限。与南大西洋平整的轮廓形成鲜明对比的是，北部盆地有无数大大小小的凹陷与广阔的内陆海接壤，如地中海、波罗的海、波的尼亚和芬兰的海湾、墨西哥湾、圣劳伦斯湾和哈德逊湾，这些海湾将海洋引入大陆内部，让边界的土地得以接触大海。

整个大西洋的海岸线长达 55000 英里，相当于太平洋和印度洋海岸线的总和。这几乎完全归功于其众多的入海口。它周边的海岸国家与海洋有着充分的接触，这就带来了丰富的航海活动；但除了像地中海这样的大入口，它缺少岛屿，这些岛屿在早期可以吸引敢于冒险的海上企业。一个重要的事实是，海洋最初是在它最狭窄的部分被跨越的，在这个地方，岛屿像垫脚石一样，使得从一个海岸到另一个海岸成为可能。北方人很早就知道了赫布里底群岛、奥克尼群岛、设得兰群岛和法罗群岛。他们从这些地方出发，依次到达冰岛、格陵兰、纽芬兰、布雷顿角岛和美洲大陆。他们被外岛所吸引，在海上繁衍生息，依靠深邃的峡湾和陡峭的山脉，他们获得了狭窄的立足点。在海上通过捕鱼勉强维持生活，这也是国家所能提供给他们的生计所在。只有峡湾顶部布满砾石和沙子的小沉积平原为农业生产提供了平坦的土地，然而气候条件却限制了土壤的产能。考虑到挪威如今只有 2300 平方英里（不到总面积 3%）的耕地面积用作粮田和草地，我们可以意识到，在早期的几个世纪，由于其原始的畜牧系统，人口很快就会达到生存的极限。因此所有人倾向于在山脉与海洋之间的狭窄边缘地带建立海洋殖民地，那里温暖的气候更具包容性。腓尼基人和希腊人的殖民地分布在地中海沿岸；今天在东亚的各个地方都能看到马来人；而北方人则在每一个适合居住的海岸和岛屿上定居下来，从白海到黑海，遍布欧洲的海岸。他们大胆的航行之所以成为可能，是因为他们的船只比五个世纪后的西班牙和葡萄牙的帆船更结实，速度也更快。从这群海上出生的造船天才身上，人们会联想到夏洛特女王群岛的海达印第安人，他们制造独木舟，沿着航线，可以行驶 1000 英里，进入辽阔的太平洋。

但是在九世纪和十世纪，北方人的殖民企业数量众多，而且位置分散，文兰森林地区的气候条件过于恶劣，不适合在当时敌对的印第安人中间建立一个偏远的小定居点。再者，母国的人口过于稀少，无法在这些早期的跨洋航行中产生任何持久的影响。因此，美洲的发现不得不等了五个世纪，之后再进一步向南扩展，更好的气候和土壤条件孕育了更多的人口。那里虽然与海洋有着充分的接触，面对着宽广的大西洋，却对广阔的世界充满了好奇，但是他们也受益于一些外围岛屿。虽然葡萄牙的阿方索四世在1341年派出了一支探险队去重新探索幸运岛屿（加那利群岛），但几个世纪以来，马德拉群岛和加那利群岛的一些较近岛屿已经为人们所熟知。亚速尔群岛位于葡萄牙以西1000英里处，1147年，一位阿拉伯航海家首次造访此地。他从里斯本港出发，开始了他的探索之旅。当时这个地方是摩尔人的权力和商业大本营。从1346年开始，它就出现在欧洲的地图上，从那时起，它似乎就时不时出现在游客面前，直到1431年，在葡萄牙亨利王子的一次探险中正式发现了它。到达这些偏远岛屿的长途航行锻炼了15世纪胆怯的水手。此外，只有加那利群岛属于西班牙，但幸运的是，它位于东北信风带内，并在北纬28度，恰好也是古日本北端所处的纬度，根据它在西大西洋的假定位置而被标注在托斯卡内利的地图上。由于15世纪缺乏精密计时器，且经度的计算非常不准确，因此航海家们习惯向北或向南航行，先是与他们计划的目的地平行，然后再确定他们的航线是向东还是向西。加那利群岛是哥伦布远航的第一个目标，当他从那里航行时，就决定将巴哈马群岛确定为他在美洲大陆的第一个登陆地。由于西班牙船员胆怯和叛逆的性格特点，再加上海岛前哨站和信风的共同作用，他们不得不在尽可能短的时间内探索未知。

再往南10度的佛得角群岛出现在哥伦布的第三次航行中，西南航道把他带到了赤道平静带的恐怖之中。这些岛屿为葡萄牙人所拥有，也用于指导葡萄牙航海家卡布拉尔的航线，当时，他的出海次数比去往印度的开普敦航线上的船只更为频繁。卡布拉尔向西行驶，来到了南美洲的海岸，这里正好位于南赤道流的路径上，位于佛得角群岛以西经 10 度。这块南美洲大陆的突出部分在巴哈马群岛以东 40 度的位置，也就是在教皇亚历山大六世划定的"分界线"以东，刚好把巴割让给了葡萄牙，这也是葡萄牙在新世界的唯一领土。

由于特殊的地理位置，葡萄牙本应成为寻找通往印度群岛的"外部"通道的先锋，沿着南部路线行进。几个世纪以来，葡萄牙通过地中海感受到了东方贸易的影响；由于其位置是海上的前哨阵地并面向西部和南部的漫长海岸线，葡萄牙被大西洋主宰着；当重新发现了靠近非洲和西南部的偏远岛屿，自然促进了其航海事业的发展。所有这些地理条件综合起来是为了寻找通往东方的非洲海路。葡萄牙就像阿拉贡和旧卡斯蒂利亚一样，远离位于西班牙东南部的萨拉逊统治中心，其被较弱的势力控制着，因此能够更快地得以摆脱。里斯本于 1341 年解放，比西班牙完成对其领土的重新征服早了一个半世纪，因此可以转向其他目标。此外，在与穆斯林海盗的海战中，摩尔人还帮助葡萄牙发展了航海技术，因此葡萄牙船只习惯了沿着非洲西海岸航行。后来，这种航行继续用于商业活动，就像亨利王子远征摩洛哥的后续行动一样。在那次远征中，他了解到满载黄金的商队从几内亚海岸驶向地中海港口，他努力通过海路到达黄金海岸。从那时起，在海上的萨格里什城堡，圣文森特海角将葡萄牙领土延伸到海洋深处。航海家亨利看着他的船只从邻近的拉各斯港驶出，他凝视着大西洋，等待着饱经风浪的船只的归来，这是 15 世纪欧洲的象征。

海洋探索的热潮从里斯本、拉各斯和萨格里什，沿着海岸蔓延到帕洛斯、加的斯和塞维利亚。许多人，比如哥伦布、他的兄弟罗伯茨以及麦哲伦，在为西班牙做出重大发现之前，曾在葡萄牙服役，期间学到了很多知识。哥伦布在里斯本的旅居生活增强了他对向西航行计划可行性的信心。当时里斯本是欧洲航海科学的中心。1471 年，圣塔伦和埃斯科巴尔远征队绕过几内亚湾的弯角，这给了他更大的动力。这一消息同时引起了哥伦布和葡萄牙国王阿方索五世的注意，他们向托斯卡内利咨询关于到达印度群岛的较短的跨洋航线。虽然南部路线较长，但葡萄牙仍然致力于此。哥伦布转向西班牙，在那里，葡萄牙的成就激发了人们的航海热情和竞争精神。然后，在接下来的一百年里，这个国家人们的生活都集中在西班牙西南海岸、加的斯港、帕洛斯港和桑卢卡尔德巴拉梅达港。

哥伦布第一次航行的安全与便利，香料群岛仍然存在于西大西洋热带地区的错误想法，以及寻找可能穿越大陆屏障的水路的渴望，这三个因素结合在一起让西班牙人停留在墨西哥湾和加勒比海，特别是当墨西哥和秘鲁被发现拥有黄金的时候。因此，西班牙人的探索扩展到了这两个水域周围，还有一些零星的航线沿着东大西洋海岸向北，而他们的征服范围从墨西哥一直延伸到智利。根据教皇诏书，南美海岸在南回归线以南的西南方向表明，该国的这一部分显然属于西班牙。西班牙人根据教皇赋予的这一权利，在拉普拉塔河口建立了定居点，因为这条河流提供了从大西洋一侧通往玻利维亚高原上的波托西矿山的途径，西班牙人希望保护它免受外国的攻击。

英格兰是欧洲下一个参与海洋探索的大西洋强国，其海洋发展是由其地理条件决定的。英格兰漫长的海岸线和丰富的港口设施，人们具有强烈的航海倾向，而该国的人口主要由海外移民构成——盎格鲁－撒克逊人、丹麦人和诺曼法国人。作为一个岛屿，英格兰最早的防御力量是阿尔弗雷德国王的海军。后来，它的商船在挪威港口附近找到了一个就近市场，于是渔船开始在冰岛海岸附近捕鱼。15 世纪末，布里斯托尔成为该岛的主要海港。热那亚·卡伯特来到了这里，从此开始了英国人的第一次跨大西洋探险。卡伯特放弃了南部航线，可能是为了避免进入西班牙和葡萄牙的海域；他一直往西行，来到拉布拉多或布雷顿角海岸。他的航线大致沿着 54 度纬线向西，由于北美洲向东凸出以及大陆总体向北汇合，海岸之间的距离只有大约 2000 英里。然而，尽管卡伯特的航程只有哥伦布的一半多一点，但在航行时，洋流和气流却对他造成不利。

北美高纬度地区的探险接近地理位置靠北的英国，就像挪威人的探索一样；但是像维京人那样的航行没有得到欧洲探险家的跟进，因为其荒凉的海岸上，气候条件极其恶劣。然而，在后来的某一天，当西北航道的探索范围仅限于北极地区时，这个重任自然就落了英国航海家的肩上，比如弗罗比舍、戴维斯、巴芬和哈德逊。英国对该大陆次极地区的主权也由此确立；但这片陆地与哈德逊河接壤，其贫瘠一直持续到 1670 年，当时鲁珀特王子获得了哈德逊海峡入口处所有海域、河流、湖泊和小溪的单独贸易权。这是哈德逊湾公司的开端，该公司的商人在内陆印第安部落中经营业务，后与法国的航海家们发生了冲突。当时，法国航海家们从圣劳伦斯出发，经过萨格奈，推广北方的皮草。

　　然而，英国人之前在新大陆纽芬兰的海岸上遇见过法国人。从法国西北部两个凹凸不平的半岛进入大西洋和英吉利海峡；从恺撒时代开始，布列塔尼和诺曼底就孕育了一个顽强的海洋民族，他们和挪威人一样，在一定程度上被迫依靠海洋来维持生计。这些人出生在海边，他们第一次航行是从法国到西部大陆。与布列塔尼位置相对且纬度相同的是纽芬兰东南部，这里是北美洲最接近欧洲的格陵兰岛南部的地方。早在 1504 年，布雷顿和诺曼渔民就来到纽芬兰的岸边；葡萄牙人紧随其后，他们被这片土地所吸引，后来又被最初的发现者英国人所吸引。渔场一直是地球上最大的世界性区域。1518 年法国人试图在赛布尔岛上定居，不久之后又探索了圣劳伦斯和现在魁北克附近的另一个殖民地，这一切都表明法国人占领了这片土地。实际上，尽管缅因州海岸沿线的法语名称仍能证明他们的领土主张，但他们的活动仅限于新斯科舍周围的岛屿、海湾以及圣劳伦斯河，其依据是远至科德角以南的探险航行。

　　直到公元 16 世纪末，我们才发现英国人在挪威南部、法国北部以及西班牙北部的新大陆上的探索范围，这也再现了这些国家在欧洲的地理分层。正如我们所看到的那样，加那利群岛和东北信风的共同作用将西班牙人的活动吸引到比伊比利亚半岛更南的地方，并把他们局限在赤道和北纬 30 度之间的美洲，与圣奥古斯丁处于同一纬度上。但从此处向北到佩诺布斯科特河口的海岸仍然是一个有争议的地方。法国人和英国人都是在不同的时期从他们原本的道路上来到这里的，但他们却有着同样的动机——即获取西班牙战船在战时提供的战利品。没有什么能像海战那样把地球的政治版图搅得天翻地覆。1521 年，当特伦斯和西班牙爆发战争时，法国巡洋舰到达西南方向，从墨西哥港口出发，掠夺西班牙的帆船；韦拉扎诺手下的一艘巡洋舰，从母港附近劫下一艘满载货物的帆船，从马德拉群岛出发向西航行，为了法国的利益继续进行探险，从开普菲尔一直到皮斯卡塔夸河。但这次冒险并没有带来一劳永逸的结果。

第一批出现在西大西洋热带水域的英国航海家是奴隶贩子，他们被吸引至此，是为了在西班牙殖民地为其"商品"找到一个市场。约翰·霍金斯爵士从几内亚海岸带来了奴隶以满足 1562 至 1567 年间该地区的稳定需求；但不久之后，因与西班牙腓力二世的战争，贸易中断了。后来，英国的私掠船开始在西大西洋等待西班牙的船只，因此熟悉了南部航路以及这些遥远的海岸。但是英国人有一个动机，促使他们将其海军和商业远征结合起来，进行更大规模的殖民冒险。1557 年加莱的沦陷终结了英格兰对大陆领土的希望。西班牙幅员辽阔，法国的领土政策咄咄逼人，这对英格兰的"均势"思想更是一个沉重的打击。这种损失在新大陆也许可以得到弥补。1578 年，就在战争一触即发之际，汉弗莱·吉尔伯特爵士率领他的七艘船只从普利茅斯出发，在"诺兰伯加"这片充满争议的土地上建立了殖民地，但他本人从未到达那里。1584 年，由罗利设计的"在美洲培植一个英格兰民族"的计划诞生了，同时国内也具备了建立殖民地的条件。由于倒退的经济措施以及小岛王国有限区域的影响，这里产生了过剩人口。在很长一段时间里，几乎没有例外：来自英国的殖民探险者在他们的出境航行中经过加那利群岛，沿着南部路线行进，过程漫长而乏味。究其原因，要么是由于南纬东北信风的帮助，要么是由于北部盛行的西风带来的阻碍，或者是由于这条路线是早期航海家偏爱的路线，人们在西班牙领域上的探索尤为熟悉。

因此，与卡伯特家族的探险相隔近一个世纪的英国海外企业扩张的第二阶段开始了；在 150 年的时间里，英国海外企业的永久定居点几乎占据了从佐治亚州到新斯科舍绵延不断的狭长海岸线上。由于这条线的两端与邻国的领土重叠，英国人与南部的西班牙人发生了冲突，圣奥古斯丁和萨凡纳成了另两个攻击目标。英国人与北部的法国人也发生了冲突，两国在缅因州海岸的定居点都遭受到相互敌对的影响。在这一地区，英国人还不得不镇压荷兰人的殖民冒险，而荷兰是欧洲最后一个参加海洋探索的大西洋强国。

地理条件是荷兰建立殖民帝国的主要因素。由于地处地中海沿罗纳河和莱茵河流域的贸易大通道的北端，荷兰通过汉萨同盟，成了东方商品在北欧的分销点。当葡萄牙控制了亚洲贸易时，荷兰人的商业交易就从威尼斯和热那亚转移到里斯本。但当西班牙和葡萄牙在荷兰的宿敌菲利普二世的统治之下，并且荷兰船只被拒于塔霍河口之外时，莱茵河的商船开始争夺东印度群岛的土地份额。荷兰漫长的海岸线，众多的港口，大量活跃的海港，使其易于进入大西洋的通道，再加上之前在葡萄牙长途航行中获得的公海经验，这些都给荷兰带来了比波罗的海封闭的盆地更为广阔的视野，而波罗的海为汉萨同盟的德国成员提供了支持，因此他们适合更广泛的海事企业。

因此，直到公元16世纪末，荷兰人才出现在公海上。亨利·哈德逊在1609年发现了哈德逊河，他关于毛皮贸易机会的报告使荷兰人发现了位于哈德逊河河口的曼哈顿岛，以及特拉华湾和康涅狄格河之间的美国海岸的巨大夹角。与此同时，英国殖民地沿着两条自然地理线向荷兰领地扩张。从东部开始，新英格兰殖民地沿着长岛海峡受保护的水道，迅速建立起一个接一个的边防站。在1639年，从新港到斯坦福的航线连绵不绝，格林尼治的发展刚刚起步，它距离新阿姆斯特丹只有不到30英里。弗吉尼亚州和马里兰州的殖民者从南部向切萨皮克湾的源头扩散，切萨皮克湾距离特拉华河口不到20英里。早在1631年，威廉·克莱本就从位于切萨皮克湾上游曼哈顿肯特岛的贸易哨所出发，沿着萨斯奎哈纳河逆流而上，与荷兰人争夺西北部的毛皮。此外，荷兰殖民者占据了弗吉尼亚转让的部分土地。英国人意识到了哈德逊河的商业价值和战略价值，以及外国势力将他们的两个殖民地分开的危险。新尼德兰的命运就此被注定了。

　　地理条件使得获得新尼德兰成为迄今为止英国在美洲殖民地历史上最重要的政治事件。圣劳伦斯河和五大湖的天然公路把法国人带到了纽约和宾夕法尼亚，这两个殖民地是从荷兰领土中分割出来的。从俄亥俄河的源头到哈德逊河的源头，法国和英国的边界交汇在一起。北部有黎塞留河的尚普兰湖，西北部有安大略湖的莫霍克河，它们为加拿大和纽约之间的军队和商人开辟了两条畅通的通道。在这里，没有像新英格兰殖民地和圣劳伦斯河下游之间那样的天然森林形成的屏障。因此，两条道路的连接是直接的，而且由于西北毛皮贸易，其重要性不言而喻。但是冲突是存在的。为了反对法国人的敌对行动，纽约成了殖民地的堡垒，殖民地人民团结起来，通过提供援助以对抗共同的敌人。因此，纽约成了英国殖民地拱门上的拱心石，在法国侵略的压力下，拱心石变得更加坚固。

第二章　北美河流在早期勘探和定居中的作用

　　早期的欧洲航海家并没有察觉到他们的发现之旅受到北美海岸的限制；在像海水一样的河湾后面以及像海湾一样的河口后面，他们遭遇了美国大河涨潮时的洪流。海上航行不知不觉地变成内河航行。大自然在溪流和海洋之间没有划清界限。波托马克河的潮水几乎涨到了华盛顿，纽堡哈德逊河的河水微咸，而奥里诺科河清新浑浊的河水则被带到了 50 英里外的海洋里。近年来，尽管深水运河正在迅速地向陆地方向的海域范围延伸，且二者差异逐渐在消除，但船只大小已使远洋船舶与内河轮船有所区别。早期航海家的船只并无此区分，他们抛下了锚和藤壶，越过风暴和潮水，进入了宽阔而平静的美国河流。

　　河流一直是陆地和海洋之间的重要纽带。海洋是所有河流共同的目的地。可以说亚历山大对印度河的发现必然带来了对东海航线的重新发现。圣劳伦斯河把法国人从大西洋带到了北美的大湖盆地。那些勇敢的探险者们还没把独木舟划到密西西比河上游的支流上，就在墨西哥湾的河口插上了法国的国旗。

　　大陆的可达性取决于其河流的通航性，而这又是大陆建设的问题。在广阔而单一的非洲高原上，河流从距离海岸几英里的位于狭窄平原的陡峭悬崖上奔流而下。只有当尼罗河离开其内陆 300 英里的最后一个阶段时，这片黑色大陆才向光明敞开怀抱。幼发拉底河、印度河和恒河流域广阔的凹地成了通往南亚的快速通道。美洲的一个结构特点是有大量沟壑状的山谷连接起来的绵延不绝的山脉，而且溪流在洪水泛滥时看起来像入海口。这些强大的水流大部分注入了大西洋，提供了从海洋到大陆中心的水道。北美的主要大西洋河流位于北纬 25 度到 50 度之间，处于温带最理想的地带。此外，北美洲呈现给大西洋的是一个类似欧洲的狭长的、海拔较低的沿海平原；排水河奔腾的水流顺着缓坡倾泻而下。只有在新英格兰东南部，低洼地带的变窄缩短了航程，加快了水流，从而破坏了航行用途。因此，从圣劳伦斯河河口到格兰德河河口，北美洲的东岸就变成了探险之地。

16世纪和17世纪早期，在这片海岸有两种不同的海上活动，一种是沿海的渔业活动，另一种是深入内陆的西北航道的探索活动。两者都深受地理条件的影响。从科德角到开普雷斯的自然条件刺激了渔业的发展。拉布拉多海流环绕着这个大陆角，是鳕鱼、鲭鱼和鲱鱼的天然栖息地。邻近的海岸有许多峡湾，分布着许多离岛，并且拥有众多港口和渔港。在这片土地上，贫瘠的土壤和恶劣的气候使早期的殖民者只能勉强维持生计，但在酷寒的磨炼以及雨水的滋润下，此处的松林变得更加坚韧，为殖民者提供了捕鱼工具的原料。从魁北克到波士顿的这一地带确定了半岛的基础。这片区域面积有限，从北向南排水，面积最小。因此，河流也很狭小，无法为皮毛贸易——美国拓荒者的巨大资源——充分开放内陆地区。在这种情况下，每条河流所能提供的皮毛供应也受到很大限制。

对西北航道的探索使得探险者们得以进入每一个入口以及每一条河流。这些探险者们来自一个不及北美一半大的大陆，他们的目光适应了欧洲这样小范围的陆地。在美国河流的主流河口，他们看到了可能的水道，如直布罗陀海峡和博斯普鲁斯海峡，这些水道能通向较远的海洋。一个见惯了英格兰小溪的人，很可能会像1608年的纽波特一样，探索詹姆斯河宽阔而缓慢的河道，希望找到一条通往西岸的通道；或者，像亨利·哈德逊那样，很容易把哈德逊河下游误认为是一个远洋入口。对西北航道的探索使早期的航海家熟悉了内陆水域；即使他们的追求明显徒劳无功，但在这个过程中获得的知识却是很有价值的。在内陆无法找到海洋水道，它们就会转而寻找其他资源。令人惊讶的是，欧洲人的愿望很快就从寻找通道转向了寻找毛皮。

最优质、最丰富的皮毛只有在河流沿岸才能找到。然而由于对动物的肆意屠杀——无论长幼雄雌，以及动物们日益提高的警惕性，海岸的毛皮贸易迅速衰落。河流是通往内陆的唯一通路，而沿着河流向上，特别是那些自北向南的河流，是美国殖民者的必经之路，他们是捕猎者、商人或者航海家。每一个殖民地的历史都证明了这一点。1627 年，詹姆斯敦的威廉·克莱本开始在波托马克河和萨斯奎哈纳河上游进行贸易。荷兰人来到美洲是为了获得皮毛，他们沿着河流的河道而上。1613 年，他们首先登陆哈德逊河口的曼哈顿岛，在那里建立了一个小殖民地，控制着通往偏远地区的高速公路。两年后，荷兰人在奥尔巴尼下面的一个小岛上建立了一个基地。1623 年，在附近的大陆上他们建造了奥拉尼亚堡。1661 年，在莫霍克他们又着手建了斯克内克塔迪。荷兰人其他定居点的分布也表明了相同的动机和特征：主要是贸易站，紧挨附近的另外两条大河——特拉华河和康涅狄格河，而且位于上游。在费城附近的拿索堡，荷兰商人聚集在斯古吉尔和特拉华州中部及北部的毛皮市场；康涅狄格的好望堡就位于哈特福德附近，这使得他们能够在半路就遇到载满海狸的独木舟。但是荷兰人当时目光短浅，没有像对待哈德逊河那样，在这些河流的入口处占据天然的制高点。因此，当 1635 年波士顿的小约翰·温斯洛普在康涅狄格河口建造塞布鲁克堡时，他们被迫放弃上游阵地。后来一小群瑞典人占据了特拉华河口的西海岸。荷兰人后来打败了瑞典人并吞并了其殖民地的领土。

　　1634 年普利茅斯殖民者与康涅狄格河和肯纳贝克河的印第安人开展了大规模贸易。但是，由于新英格兰地区面积小，又没有大河，沿海地区的皮毛很快就变得稀少了，只有几条相对大的河流的交通还算便利，但由于商人的过于集中和过度竞争，这几条河流的生意也渐渐遭到了破坏。辽阔的地域、极其分散且遥远的驿站，都影响了皮毛贸易。斯普林菲尔德建于 1636 年，位于康涅狄格州，曾一度是海狸的最佳栖息地之一，但到了 1645 年，市场由于过度竞争而遭到破坏；理查德·索尔顿斯托尔爵士和其他一些人试图获得在比现有贸易站更北的地方设立贸易站的垄断权，而斯普林菲尔德的殖民者则被迫采取更单一、利润更少的农业生产方式。因此，除了康涅狄格河为毛皮贸易增添了肥沃的草地之外，新英格兰的河流由于流域有限，河道湍急，对早期的定居几乎无法产生影响；而这个国家的大河则把探险家的船只、商人的独木舟和殖民者的小舟带到更深入内地的地方。奥尔巴尼、蒙特利尔、哈德逊河和圣劳伦斯河上的毛皮交易最终集中了起来，对政治产生了深远的影响。

在加拿大，寻找西北通道的工作持续时间更长。温带以西进入欧洲大陆中心唯一的一条重要水道是圣劳伦斯河和五大湖。从这里到达传说中的"韦拉察诺之海"的希望更大，因为这条壮阔的水道非常长。因此可以说，在英国哈德逊河和巴芬河限制了人们对北冰洋西北航道的探索近 60 年后，这条航道最终被发现。在那之后，通往中国的水路问题成了吸引法国人前往俄亥俄河和密西西比河的源头。一个重要的事实是，北美所有的探险和殖民活动都是从其"欧洲前沿海岸"向西进行的。密西西比河虽然最初是由西班牙人在入海口附近发现的，但也是通过向西探索所发现并加以有效利用。此外，这种占领是在威斯康星河的北部路线上进行的，从这里往东到大西洋海岸的距离最长。北方的寂静寒冷，湍急的河流，风暴席卷的湖泊，沼泽覆盖的港口，以及 2000 英里的行程都不足以阻挡向西探索的潮流。

紧跟在法国探险家后面的是航海者，这些人受毛皮贸易吸引向陆地挺进。毛皮贸易在阿卡迪亚海岸与渔业比邻而居；但是在加拿大，和北美洲其他地方一样，大河的存在决定了毛皮贸易向内陆的发展。此外，这条河流在靠近北方的位置，它与五大湖的连接，与荒凉的西北地区广阔森林的接壤，使法国人有机会进入一片能出产比以往任何时候都更优质的毛皮的土地；然而，该区域地处偏远，幅员辽阔，气候恶劣，使它不会被充分开发。一个新生的殖民地为了生存，必须获得一些巨大的利润，比如切萨皮克湾殖民地的烟草，新英格兰的渔业，西印度群岛的糖和烈酒。究其原因，无非是由于其地处偏远、成本的上涨以及一些必然的诱惑，比如在这个新国家里，财富应足以吸引移民者离开他们的祖国，长途跋涉去面对荒野的艰辛。加拿大东部冰川覆盖的土壤不太肥沃，寒冷的气候也无法保证有繁茂的植被；但是兽皮生意很赚钱。因此交易站和殖民地的上游推进以惊人的速度进行着。值得注意的是，长长的圣劳伦斯湾和河口几乎没有受到人类居住的破坏。只有在阴沉的沙格奈河峡谷向西北方向开辟了一条通往哈德逊湾的大道，盛产毛皮的塔杜萨克的贸易站打破了圣劳伦斯河下游的孤寂。

1608 年，魁北克、博普雷、博波尔和奥尔良岛在河口处建立了第一批殖民地。到 1670 年，在苏必利尔和密歇根湖的出口，以及更远的格林湾西端，都有了布道团，每个布道团都处于繁忙贸易的中心。由于水道决定了法国殖民地向陆地的延伸，所以他们确定了居住者土地出让比例及其住所的位置。居住者的农场始终建在河岸边，河流即是公路。沿河地段很受欢迎，因此，居住者的土地是很狭窄的，以英尺来丈量宽度。居住者的房子面对着小河，距离邻居们的房子很近。因此，这些房子聚落在河岸边，就像一根细长的线。"在圣劳伦斯河和黎塞留河上划独木舟，几乎可以看到加拿大的每一所房子。"殖民者沿河聚居，虽然对与印第安人的贸易非常方便，但却给国防和政府带来了困难。像所有的自然力量一样，河流的地理控制十分强大，以至于旨在集中居民并形成村庄的皇家法令被废除。

传教士的热情和远大帝国的梦想是法国进行探索的原因；另一方面，毛皮贸易是一个决定性因素，因为它成为加拿大整个辽阔区域定居点和堡垒的唯一支撑。但是加拿大的湖泊和河流成就并控制了商业、教会和国家向陆地的扩张。商人从一开始就预料到要向西寻找印第安人所谓的"大河"。然后，这个最遥远的贸易站就成了探险者下一次向外探险的基地。从湖泊到密西西比河的通道几乎和从大西洋到湖泊的通道一样通畅。这是地理条件作用的结果。

从北冰洋到墨西哥湾，贯穿北美大陆中心的巨大海槽被一个小山谷在岬角间连接，山谷向东也被五大湖所占据。分隔这两个盆地的界线又低又窄，靠近湖泊的边缘。苏必利尔湖和密歇根湖西部的分水岭在雨季会被洪水淹没；无论何时，池塘、水池以及无尽蜿蜒的河流都表明排水系统尚未完工。因此，从湖泊到密西西比河支流的小流域的过渡是很缓慢的。法国人早期采用印第安人独木舟就是因为它非常适合渡过该地区低矮狭窄的分水岭。

在洪水泛滥的时候，则会形成完整的水道；不过，得先划过一条小溪，逆流而上，进入五大湖中的一个湖里，把独木舟拖过一到十英里宽的港口，然后再把它划到另一条河上去，一直到密西西比河的下游。大量的运输为商人提供了一个机遇，特别是在战争时期，对居住在这一地区的印第安部落尤其有利。通过开放俄亥俄河和密西西比河，船夫的活动范围也大大增加。

法国人发现和使用这些运输工具的先后次序，部分是由邻近湖泊南岸的政敌易洛魁人影响的，部分则是由地理条件决定的。到 1670 年，独木舟船队的西行路线经过安大略湖、伊利湖和休伦湖，最终到达麦基诺海峡密歇根湖上游麦基诺岛的最西端。这个贸易站也可以通过更直接的北方路线到达，从蒙特利尔到渥太华河，穿过尼皮辛湖和佐治亚湾。易洛魁人在安大略湖和伊利湖附近作战时经常采用这条路线。进一步的发展自然将苏必利尔湖和密歇根湖提供的水道引到了印第安人称之为通往西部水域的港口。结果，最早为人所知的通道是那些远离加拿大殖民地的通道。法国人使用的第一条运载路线是从格林湾的源头到福克斯河，穿过温尼贝戈湖北部，沿福克斯河上游行驶 60 或 70 英里，到达间隔只有两英里的狭窄港口，最后通向威斯康星河的源头。1673 年，马凯特和毛皮商乔利埃特沿着这条路线经由密西西比河到阿肯色州的入海口。其他这些早期的港口横跨圣路易河和密西西比河最东端之间狭窄的、点缀着湖泊的分水岭，而圣路易河则流入苏必利尔湖的西端。

到 17 世纪末，密歇根湖源头的港口就很出名了。其中一些港口离得很近。芝加哥河、小卡卢米特河和大卡卢米特河，以及圣约瑟夫河，都是由短距离的水路引到伊利诺伊州的德斯普兰河和坎卡基河的支流。尽管伊利湖港口为俄亥俄河支流到密西西比河提供了更近、更直接的路线，但只是在 18 世纪才开始被开发利用，这里也是从西向东发展的。1701 年，法国人在新建的底特律基地能够控制邻近的易洛魁人时，莫米河及其西部通往圣约瑟夫河和沃巴什河的港口开放了；后来，从伊利湖到大迈阿密、赛欧托和马斯金格姆的港口都变得安全了。18 世纪中期，法国人开始把他们的战线从英国殖民地的后方拉近，从普雷斯克岛（伊利遗址）转移到法国克里克和阿勒格尼河，这是法国人通往俄亥俄州岔路口的要塞路线的入口，也是现在匹兹堡所在的地方。

　　法国人沿着五大湖的宽阔道路向西横扫，到达俄亥俄河和密西西比河的上游，并开始慢慢行动起来，通过占领这些湖泊的每一个战略要地以确保通往这些河流的所有港口的安全。弗兰特纳克堡（金斯敦）、尼亚加拉堡、鲁耶堡（多伦多）和底特律建立的目的是控制湖区，因为伊利诺斯河上游的圣路易斯堡和沃巴什河上游的乌提农控制着芝加哥港和莫米港；而在文森、卡霍基亚和卡斯卡斯基亚则完成了与密西西比河下游的连接。法国人占领了欧洲大陆的两大水道，从而开放了广大的区域，这导致了他们殖民的最终失败，因为广阔的领土诱使他们开发贸易，而不是建立永久的定居点。他们分散到一个巨大的区域，全然不顾过度扩张所带来的危险。法国人对这个国家的控制类似于分散在各地的小印第安部落，他们模仿这些部落的生活和经济方式。一个国家对资源的表层使用往往意味着人口稀少，因此对土地的控制也很薄弱。英国人密集的定居点比法国人分散的据点为军事行动提供了更可靠的基础。然而他们没有强大的水路供他们进入皮毛丰富的偏远地区。在哈德逊河上游和莫霍克河上，英国人发现了兽皮；但狭窄的大西洋平原上肥沃的河谷使兽皮难以获得，无数的港口和邻近的渔场将兽皮与海岸关联在一起。因此，英国人进军内陆是一个缓慢的过程，并且他们始终与受潮水冲刷的海岸保持着联系。

　　法国人在北美洲的殖民地被两条大河所控制，同时英国人也被海岸线上大大小小的凹痕以及流入这些凹痕的河流所控制。他们从家园出发，目的是建立永久性的定居点，他们所处的地理条件使其在这方面的能力得到加强。一方面是与母国保持联系的需要，另一方面起初是为了物资供应，后来是为了贸易，以及对沙滩、岩石海岸、更肥沃的土壤以及内陆贸易的需要，这两个动机决定了他们殖民地的分布。在第一个动机的影响下，他们的定居点主要集中在封闭的海盆里，这些海盆把他们的船只通过受保护的水路尽可能地开到陆地上。马萨诸塞湾、纳拉干西特湾、长岛湾、纽约湾和拉里坦湾、特拉华湾和特拉华河口、切萨皮克湾、阿尔伯马尔和帕姆利科湾，每一个海湾都标志着原始殖民地的开端。在阿卡迪亚的法国定居点的地理分布中也体现了同样的选择原则，芬迪湾和佩诺布斯科特湾是他们的渔站和贸易站的主要组成部分。另外，他们还有三个农业基地——罗亚尔港、博巴森和莱姆雷。

所有这些入海口都满足了与大海接触的需要；流入这些入海口的河流也满足了与陆地广泛接触的另一个需要。其中一些海湾，如马萨诸塞湾和纳拉干西特湾，由于没有支流，给定居点盖上了海岸社区的印记。在这种情况下，人口向内陆的推进是非常缓慢的，特别是因为这里几乎没有肥沃的冲积层来改变顽固的冰川土壤，这就阻碍了农业进一步扩张。但是，只要有可通航的河流流入这些入海口，我们就会注意到，在入海口或入海口附近定居的人口占绝大多数，而在入海口附近的山谷中，人口不断增加。河口，通常也指河流的下游，为殖民时期的小型船只提供了安全的港口，而内陆地区则是由主要河流及其支流连通，是独木舟航行的必经之地。这样一个坐落在河边的定居点控制着整个流域的印第安人的贸易，并且可以很容易地出口其田地和森林的产品。西班牙人在佛罗里达圣约翰河口摧毁了里博的殖民地，后来法国人又在缅因州海岸对英国人的定居点进行了掠夺，这些都表明了这种预防措施是明智的。

由河流构成的马里兰半岛、弗吉尼亚半岛和北卡罗来纳半岛所形成的地理环境深刻影响了这些殖民地的发展。这里气候温和，冲积层丰富，河流适合通航，小溪纵横交错，进一步促进了农业的发展。在离詹姆斯河河口 25 英里的詹姆斯敦建立 12 年后，种植园沿着这条水道延伸了 70 英里，从两岸向外延伸了 4 到 6 英里。1624 年，更多的人口向上游迁移，来到了今天的里士满遗址，并且穿过詹姆斯和约克之间的半岛。中间的水路和一系列河流很容易横向扩张，所以到 1663 年，弗吉尼亚已经向北延伸，在波托马克与马里兰殖民地会合，并向南扩张到阿尔伯马尔海峡的乔万半岛。汹涌的溪流几乎把这个沿海国家所有的种植园都带到了与大海相接的地方。按照惯例，每个种植园主都有自己的码头，用烟草或玉米来换取欧洲的商品或新英格兰的咸鱼。小支流上游的种植园总是能够把他们的农产品用独木舟顺流而下送到最近的航路。独木舟和小舟成了地区和邻里往来的交通工具，而每个种植园都有自己的海港。

这些地理条件综合作用的结果是农村人口分布广泛而均匀，但道路相对缺乏，也没有大型商业城镇。然而，切萨皮克湾边界之外的某些自然特征导致了该盆地两端的繁华城市的兴起。切萨皮克湾的源头没能触及宾夕法尼亚的领土，这让威廉·佩恩非常失望，因为他的殖民地没有海岸，而唯一海港城市费城恰好位于东部边境。因此，大量的面粉、农产品以及大量珍贵的毛皮从宾夕法尼亚州内陆经萨斯奎哈纳河流出口到巴尔的摩。这座城镇发展迅速，在1770年时人口达到2万人。在海湾的另一端，诺福克成了一个相当活跃的海港。两个不同的地理因素作用于此。这个城镇成了阿尔伯马尔海湾国家农产品的出口要地，其他地区的河流因为盛行的沙洲使得通航能力遭到破坏，而且由于潮水淹没了这个国家的森林，从贫瘠的松林中难以获得优质木材。此外，诺福克位于切萨皮克湾口，具有一定的商业优势，吸引了西印度群岛的糖、糖蜜和朗姆酒贸易，这些商品被用来交换这里的猪肉和牛肉，随后在河边的种植园里销售。

可见，法国和英国在美洲殖民地的早期发展深受水道的影响。由于地理条件对渔业和沿海贸易的作用，新英格兰的移民发现，他们在长岛海湾水道中缺少河流。他们在殖民地北端的地理位置，再加上其渔民和商人不断地侵占阿卡迪亚海岸，造成了其与法国人的冲突，这里就像哈德逊河和莫霍克一样成为对抗法国的天然堡垒。

第三章　阿巴拉契亚屏障对殖民历史的影响

历史不断地向我们表明，对一个民族早期发展最有利的地理条件是确保一定程度的隔离。基于这个原因，欧洲大陆这样的地理条件已被证明正是欧洲各国的温床。因为山脉或海洋的屏障，欧洲几乎所有的民族都发展壮大了。有限的区域内，受自然屏障的保护，在强烈的互动生活下，人口迅速增长，文明大步发展。他们的天然领土很快就布满了人口，并开始拥挤起来，逼近生存的极限。欧洲通过完善其政治和社会组织来避免因越来越高的人口密度而变得不可控的摩擦事件。当地生活节奏加快，国家意识也较早形成。越来越多的工业和商业活动试图从国外寻找资源、为越来越多的消费者提供短缺的粮食；而已经过剩的人口开始向国外乃至别的大陆蔓延。

在从欧洲来到北美洲的三个主要殖民国家中，有一个国家——英国——"吞并"了在地理上与欧洲隔绝的地区——北美洲。在北美大陆永久定居的第一个世纪末，英国人发现自己占据了一条狭长的海岸地带，一堵连绵不绝的山脉将其与内地隔绝开来。他们以海洋和内河为界，同时建立边防。只有一条边界是真正开放的，那就是沿着西班牙在佛罗里达的领地向南的边界。因此，英国人处于一个自然划定的区域，与世隔绝，这足以给予他们殖民地生活所迫切需要的保护和凝聚力。漫长的海岸线赋予了这一海洋民族最有利的环境，大到足以确保规模，小到足以确保集中、防止过度扩张。这个沿海国家的另一边是大陆的大峡谷，被阿巴拉契亚山脉和落基山脉的隆起部分所包围，这是一个巨大的盆地，除了蜿蜒的溪流留下的微弱痕迹之外，没有遭受任何破坏。在这里，大自然没有造成阻碍，但也没有提供保护。通往这个国家的两条天然道路，东部的圣劳伦斯河和南部的密西西比河，都落入了法国人的手中，因此他们控制了这片广阔的领土。然而，事实证明，这片土地太大了，法国人无法掌控；这片范围广阔的土地，分散了法国的人口，促使他们从事冒险的、半游牧的毛皮商人职业，而不是过着舒适安逸的生活。这里有稳定的贸易站，却没有分布在阿勒格尼山脉沿海斜坡上的农业村庄。

那些来到新大陆、旨在"在美洲建立一个英国民族"的人们，在英国国内经历了人口过多带来的经济灾难。他们意识到这是一个谋生的机会；至此，他们的动机完全是自私的。他们努力在美国本土的工业中占有一席之地。大西洋和山脉之间的狭长地带得到了他们的青睐，符合他们的要求。阿巴拉契亚山脉的屏障限制了他们的视野，把远处的广阔世界拒之门外，但同时也摒除了广泛扩张所带来的诱惑。这种扩张削弱了西班牙和法国的政治目标，把猎人变成了农民，把绅士冒险家变成了烟草种植者。以工业为主的体制在所有意义上都是强有力的控制。人口分布越分散，入侵的途径就越少，这个国家的前线就越稳固。高山屏障赋予十三个殖民地一种他们本不会拥有的团结——在大革命中为他们自己而战的团结。

阿巴拉契亚山脉，连同新英格兰被冰雪覆盖的高地，为早期殖民者构筑了一道无法逾越的屏障，这道屏障从佛蒙特州的格林山脉一直延伸到亚拉巴马州松树覆盖的山丘。阿巴拉契亚山脉由平行的山脉组成，总宽度约 300 英里，在其长达 1300 英里的范围内，只有一条巨大的裂口。原始森林的覆盖和异常茂密的灌木丛进一步使山脉无法通行。居住在这片原始森林的人们不得不为自己在这堵充满生机的绿色之墙中开辟出一条道路。结果是，在人们还不知道这些山脉之前，这个沿海国家就已经建立了自己的殖民地。沿东部斜坡倾泻而下的河流不足以让人们在远离海岸的地方通航，因此殖民者无法直接进入内陆；但是当向源头追溯时，河流又逐渐展现出了其通航性。南部水系更是如此，但即使在南部，水道也有类似西部斜坡的漫长而迂回的路线，即便通过了一座山脉，下一座山脉也会构成类似的障碍，而且在找到另一个空隙之前，必须先穿过山脉之间的纵向山谷。宾夕法尼亚人通过萨斯奎哈纳河的西部支流进入了俄亥俄河，也通过另一条路线进入俄亥俄地区，从朱尼亚塔向南进入了阿勒格尼河的支流。然而，弗吉尼亚人找到了一条更直接的路线，那就是沿着波托马克河山谷往上走，从那里经过一段通往雅各根尼河的短途运输。奥格尼山脉南端起伏不平，来自卡罗来纳和弗吉尼亚的商人经常走一条几乎平坦的路线，寻找切罗基人的村庄。这条路线早就为人所熟知，但使用有限，因为它离控制着至关重要的毛皮贸易的西北印第安人太远了。

这堵大山壁垒唯一的重要裂缝在哈德逊河和莫霍克山谷的天然洼地上，从那里进入内部的通道只比海平面高 445 英尺。这条路线也可以用于当时法国人在西北部的毛皮贸易上。此外，从莫霍克河和杰纳西河到阿勒格尼河上游，再到俄亥俄河和密西西比河，都有小道。因此，很明显，早期莫霍克和哈德逊山谷成了西北贸易和军事的关键所在，因为阿勒格尼和莫农加希拉的交汇处实际上是"西部的门户"。因此，由于美国东部的地理条件，在英法之间的所有殖民战争中，这些河流都被分割成战场，正如从汉尼拔和罗兰时代起，沿阿尔卑斯山脉和比利牛斯山脉的山口流下的波河和埃布罗河的源头一直是意大利和西班牙每次北部入侵的战场。

法国人密切注视着通往西方的道路。他们可以沿着莫霍克山谷和阿巴拉契亚山脉的南端轻易地攻击英国人；但在这两个地方，英国人和敌对者之间有一个缓冲地带，那就是北方的易洛魁部落和南方的切罗基人所在地，这两个民族都依附于英国。当法国人发现莫霍克河谷在西北毛皮贸易中所占的份额越来越大时，法国人对英国人所拥有的资源长期以来的觊觎就以一种尖锐的形式表现了出来。因此，通过一系列战争，法国人试图把英国人完全赶出这个地区。英国人离中部和南部的殖民地很远，阿勒格尼人的城墙又进一步守卫着这些殖民地；因此，除了一两次零星的攻击外，法国人没有受到北方正在进行的斗争的干扰。但在哈德逊河和新英格兰沿岸的殖民地，袭击几乎没有间断。在法国和印第安人的战争中，哈德逊河上游的几乎每一英尺土地都被击退到了尚普兰湖，而对莫霍克到奥斯维戈路线的争夺几乎同样激烈。这段历史在革命战争中一再重演。在法国战争和革命中，这一地区的六个国家向英国提供了宝贵的援助。特别是在早期的战争中，这六个国家具有一定的战略地位，这一事实赋予他们一种与其人数不成比例的力量和重要性。

英国人很早就讨好了易洛魁人和切罗基人，他们把这些印第安人当作对抗法国人的前哨。但是沿海地区的其他部落并没有受到过多重视，因为他们人数不多，算不上是一个危险的敌人；由于山脉的阻隔，他们不能与密西西比河谷人口众多的部落聚集。此外，不得不与殖民者抗衡的原住民的数量很少。新英格兰殖民地南部的印第安人在两次为时不久的战争中被消灭了。特拉华人被迫离开原来的家园，移居到山的另一边。塔斯卡洛拉人被迫撤离他们在北卡罗来纳州的领地。生活在沿海国家狭窄地带的印第安人很快就察觉到白人的侵犯是不可避免的；同样可以肯定的是，发生冲突时，印第安人会因为武器的落后而遭受失败。神奇的是，阿勒格尼人保护了这些新兴的殖民地，使他们免受西北地区半游牧的印第安人和密西西比河南部的阿巴拉契亚部落的掠夺。

因此，在最初的 150 年里，英国殖民者就这样被群山包围着，他们被限制在大西洋沿岸地区。这片沿海区域不同的部分对殖民者产生了相应的影响。新英格兰低地地带只有 50 到 80 英里宽，但是当它继续向南延伸时，却逐渐变宽，直到卡罗来纳，山脉距离大海足足有 250 英里远。因此，南部地区比北部地区更适合作为殖民地。此外，北部地区经历了冰期，土地上覆盖着一层厚厚的卵石，在土地准备用来耕种之前，必须耗费大量的人力将其清除。在使用犁之前，最艰苦的工作必须人工完成。然而准备工作一旦完成，这种土壤可以耕作很长时间而不会显示出贫瘠的迹象。这一事实，加上他们所控制的区域面积小，殖民者保留了他们从母国带来并使他们扎根的契约领土观念。这后来成为美国人民的一个特点。

这种趋势进一步向南发展。在南方，更大的无障碍区域等待扩张，而这里的殖民者经营的主要领域——烟草——使扩张成为必要。在施肥几乎不为人知的年代，生产更好的烟草需要一片未开垦的土地。因此，种植园主被引导去占用尽可能大的土地。最常用的准备方式就是"环剥"树木，这是殖民者从印第安人那里学到的清理土地的原始方式。经过如此准备的土地要种植三年的烟草，然后再种上玉米。这种耕作方法只是一种权宜之计，从土壤中提取的物质从未改变。奴隶劳动进一步突显了这种农业制度的弊端，低地八年就被耗尽，而田地三年后就变得不适宜耕种。这些土地随后就会被遗弃，并重新恢复到原始状态。更多的森林被砍伐用来耕种，殖民地也侵入了荒野。1685 年，"虽然弗吉尼亚的人口没有超过伦敦斯特普尼一个教区的居民数量，但他们获得了与英格兰殖民地分布在同一区域的种植园的所有权。"这种扩张的欲望在 18 世纪早期发展起来，导致英国殖民者们敲开西部边境的山脉壁垒大门，并对法国人所声称的英国领地被阿勒格尼山脉顶峰所包围而感到不满。

因此，第一次反对法国人在俄亥俄州建立堡垒的抗议活动是由弗吉尼亚州的一位州长发起的，这并非偶然。在尤约根尼和波托马克河源头之间阿勒格尼山脊的裂缝上，法国人和英国人正在向两侧的山谷逼近。坎伯兰堡是位于马里兰州波托马克河上游的边防要塞，守卫着这个战略要地；福特尼斯蒂和"大草原之战"代表了弗吉尼亚人争取西部进入分水岭的努力，就像一年后布拉多克沿着同一条路线向迪凯纳堡行进一样。

在宣布敌对行动之前，大草原战役中的弗吉尼亚人在法国和印第安人的战役中采取了主动。像韦斯托弗的伯德和斯波茨伍德州长这样的人认可山区作为抵御敌人的堡垒的特性，并认识到自己必须赶在法国人之前掌握对这些通道的控制权。他们知道自己在这些山上的扩张是不可避免的；因此，英国人的领海主权观念对他们来说至关重要。宾夕法尼亚和纽约的殖民者也持有同样的观点，因为他们也生活在相似的扩张条件下。但另一方面，新英格兰人却对西方国家的部署漠不关心。如果这样能够保证与西印度群岛之间的贸易的话，新英格兰人似乎对将阿勒格尼山脉作为边界这一做法很满意。因此，他们的立场是狭隘的，与中南部殖民地的大陆观念相反。

从缅因州到南卡罗来纳的整条殖民地带都被征募来支持法国和印第安人的战争。这是历史上第一次所有殖民地一起行动；也是他们的共同利益第一次受到威胁。到目前为止，除了新英格兰殖民地，还没有其他殖民地被合并。新英格兰殖民地的地理条件使人口密度更大，而且某种程度的隔离强调了他们是利益共同体。南方殖民地的种植园分布得很广，起初彼此之间或与北方邻居之间没有多大关系。然而，由于向西延伸的山脉阻挡了它们，南方殖民地最终被迫向两侧扩张，填满了原本分隔它们的森林。因此，阿巴拉契亚屏障的作用是使人口保持在明确界定的范围内，人口密度得到增加，而人口密度意味着力量。1700 年，"从缅因州的波特兰市骑行到弗吉尼亚州南部是极其可能的，并且晚上会睡在一个很大的村庄里"。

随着殖民地人口迅速增加，国家的种植面积又很有限，以及农业生产方式普遍低下造成的土地浪费现象不断，耕地供应最终将会短缺，这就造成殖民者必然会进入其他产业。这种情况最先出现在新英格兰殖民地，新英格兰人很早就被迫从事工业和航海事业。他们建立了生产普通消费品的工厂，森林被征收用于造船，而且船只很快就开始被用于殖民地之间的运输贸易。

阿巴拉契亚山脉把殖民地限制在一个狭长的海岸上，因此英国很容易就能控制这些殖民地。如果殖民地在早些时候就向西部扩张，英国将会发现使其势力遍及整个地区是一项更加困难的任务。对于一个崭新的、完整的国家，仅仅是距离的因素就会使政府的机制大大复杂化，同时还会降低其效率。此外，距离将使更大比例的人口产生边界精神，即想要独立的精神。对祖国的不满逐渐发展成一种慢性病；通常，这种情绪要经过很长一段时间才会积蓄并爆发成叛乱。事实上，在英国政府的控制下，不满情绪以一种尖锐的攻击形式出现，并迅速地从抗议走向叛乱，从叛乱走向独立。更重要的是，当冲突真的发生了，这些殖民地都只有一个想法：不管他们来自哪里，他们是一个整体。激励他们的精神在很大程度上可以归因于这些殖民地相近的地理位置，而对一个拥有 250 万人口的区域的占领使他们能够大规模地对敌作战。

殖民地反抗英国时遵循的是公认的政治地理学定律。这些殖民地构成了欧洲遥远的西部边疆；所有外围领地都表现出了叛逃的倾向。历史上有很多这样的例子。其原因是根深蒂固的。地理条件、气候、土壤、经济策略的差异，以及因此而产生的政治和社会观念的差异，使殖民者迅速与母国区分开来。此外，仅仅是距离就大大增加了政府控制的难度，即使是在今天这种信息可以快速流通的时代亦是如此，正如英国后来在南非开普殖民地所经历的那样。一百年前，伯克用再也无法改进的精湛术语阐述了这一政治地理学定律："殖民地的不服从精神这一最后原因……在事物的自然构成中是根深蒂固的。英国和殖民地之间隔着3000英里的海洋。没有任何方法可以阻止这种因距离而逐渐削弱的政府的统治。海浪翻滚，月复一月；而对这一点缺乏快速的解释，就足以击溃整个体系……对于拥有广大领土的帝国来说，没有什么比这更容易发生在他们身上了；整个体系的崩溃以各种形式发生着。在较大的主体中，能量在末端的循环一定不那么活跃。大自然已经印证了这一点。土耳其人不能像统治色雷斯那样统治埃及、阿拉伯和库尔德斯坦；而且土耳其在克里米亚和阿尔及尔也没有像在布鲁萨和士麦拿那样的统治权。"

　　这是从统治权的角度对法律的陈述；那些处在遥远边缘的人也受到远离权力中心这一事实的影响。殖民地居民发现在英国很难得到听证；距离削弱了他们的锋芒，削弱了他们抗议的力量——这是心理学定律。他们还发现，英国对殖民法律的批准要等上好几个月，这会损害到他们的利益，这点很令人烦恼。由于地处偏远，殖民地居民常常由于突发危机而被迫在没有权威的情况下采取行动，因此他们形成了一种主动和独立的习惯。战争爆发后，英国第一次认识到远距离战争的困难。时间和空间都对美国的形成有利。

　　随着敌对行动的展开，地理条件影响着战役及其结果。哈德逊河谷是加拿大和英国舰队在海岸上的天然交通要道，同时也在新英格兰和其他殖民地之间形成了陆地联系。由于英国人完全控制了海洋，殖民地军队只能走陆路。因此，哈德逊河对双方都至关重要，双方从一开始就致力于控制哈德逊河。起初，对克朗角和提康德罗加的占领使殖民地军队能够指挥与加拿大的通信线路。英国夺取哈德逊河的行动沿着三条地理线。经由尚普兰路线和莫霍克山谷，两支来自加拿大的军队向奥尔巴尼挺进，他们将在这里与哈德逊河上的部队会合。尚普兰湖瓦尔库尔岛附近的海战，以及后来对提康德罗加和爱德华堡的占领，使英军从北方向哈德逊河挺进。在比米斯高地，斯蒂尔沃特和萨拉托加沿着同样的路线试图撤退。在通向莫霍克河谷的路线上，奥斯维戈、斯坦威克斯堡的地理战略位置与波托马克上游的坎伯兰堡相对应。奥里斯坎尼标志着英美两国军队之间的冲突。来自南方的入侵始于哈德逊河口的军事行动。在这里，对布鲁克林高地的围攻，哈林高地和怀特平原的战斗，以及对华盛顿堡的占领，使英国人控制了曼哈顿和哈德逊河下游。但是，反抗者成功切断了英国与加拿大在莫霍克河和尚普兰湖沿岸的交通线路，加之华盛顿阻止了豪威向哈德逊河上游移动的策略，挫败了英国控制纽约东部所做的努力。

殖民地位于美洲大陆狭长的边界上，拥有广阔的海上边界，很容易受到英国舰队的攻击。因此，大部分革命战争都是在海岸线上或海岸线附近进行的。新英格兰的沿海城镇被英国的护卫舰炮击，并强制为其提供补给品。查尔斯顿、南卡罗来纳和萨凡纳都被海军占领，舰队协助攻占了纽约。除了加拿大，英国人在陆地边界上没有基地，所以他们不得不在其船只可以到达的海岸建立基地。如果英国人的军队进入内陆，他们与大海的交通线就会受到威胁。1776 年 1 月，华盛顿占领了莫里斯敦高地，这使他能够阻止敌人越过新泽西占领费城，因为他可以切断敌人的补给。康沃利斯和塔尔顿在北卡罗来纳和南卡罗来纳山麓地区的战役主要由于对他们与海岸的交通线路造成了威胁而终止。当法国舰队抵达时，殖民地人民得以通过水路和陆路占领约克镇康沃利斯的阵地，这是英国最后一次被推翻。

阿巴拉契亚山脉的屏障使军队向东挺进。同时，殖民地奋起翻越高山，向大海进发。殖民地人民背后的堡垒保护他们免受印第安人的攻击，印第安人是被英国特工煽动起来的。虽然只有肯塔基州和田纳西州山区以外的少数殖民地面临这种危险，但由于殖民地人民普遍被禁止参加东部战役，他们可以密切关注印第安人的动向。

一百五十年来，殖民地人民被阿巴拉契亚山脉屏障所阻挡。但是，一场战争胜利所激发的能量，以及挣脱殖民地与英国之间的绳索带来的影响，使广大殖民地人民得以冲过山区的裂口，冲到密西西比河或更远的地方；殖民地人民只花了一半的时间就到达了阿勒格尼山脉的顶峰，然后在太平洋气候宜人的海岸上建立了自己的城镇。

第四章 与阿巴拉契亚山脉地形特征相关的西进运动

山系总能构成障碍，这一特征在很大程度上是因为它的地理特征。像喜马拉雅山脉这样的巨大山脉，像大高加索山脉和反高加索山脉那样的双雪冠壁垒，或者像阿尔卑斯山脉那样的一系列平行地表褶皱，都是长期存在的交通障碍，它们作为阻力的强弱很大程度上取决于它们的高度和宽度。山口的数量、分布和海拔也影响着山脉的屏障性质。相对较低的山脉，如比利牛斯山，就像一堵没有缺口和通道的墙；而阿尔卑斯山脉的许多均匀分布的通道则减少了南北平原之间的交通难度。最后，横向河谷可以像天然道路一样通向这些高耸的山脉壁垒入口，促进了跨山地旅行，而横向河谷的缺失，则使许多极好的通道没有得到利用。

将军及其军队、满载货物的商人、移民定居者和铺设铁路的工程师，会直接寻找山顶的最低点，以便穿过山顶。山口是穿过山脊最容易的道路，因此成为山脉中所有已建公路的中心。狭窄崎岖的通道上人潮涌动，他们被远方美好的梦想所吸引，而在两翼的山峰上，则是孤寂的原始森林和永恒的积雪。

山脉分布在一个广阔的基地上，由一系列平行山岭组成，一连串迂回的通道横穿于此。在奥地利阿尔卑斯山和兴都库什山就是如此，从旁遮普的白沙瓦到阿富汗北部平原的巴尔赫，沿着大篷车公路行进。但有时湍急的水流会在起伏不平的高地轴线上开凿出一个笔直的山谷，开辟出一条天然公路，这也是唯一的通道，从而贯穿了数百英里宽的山系。马焦雷湖的提契诺山谷和卢塞恩湖的罗伊斯山谷，形成了一条通往圣哥达的连绵不断的上坡路，圣哥达是阿尔卑斯山脉中部的唯一一个可以通过的山口。但是，即使河流没有将凹入的山谷切入山系的中心，而只是在外围的斜坡上形成沟壑，它们也依然是通往这些山口最容易的道路。

通过河谷和山口，迁徙的种族和个人找到了跨越高山的道路。贝尔福特峡谷连接着罗纳河和莱茵河的长河谷，是北海和地中海之间移民和旅行的历史路线。布伦纳山口是阿尔卑斯山脉的门户，辛布里人就是从这里向下进入波河流域的；东阿尔卑斯山的缺口决定了罗马向多瑙河的扩张路线，后来多瑙河使罗马人暴露在哥特人和匈奴人的入侵之下。俄国人向南推进，从沙质平原沿着哈利汝德河和穆尔加布河向上，到达西印度群岛的低谷，形成"赫拉特之门"，向东穿过锡尔达里亚山谷和奥克苏斯山脉的山谷，俄国人将自己的力量扩展到了天山和帕米尔高原白雪皑皑的通道，他们希望能够控制蒙古和中国的突厥斯坦。同样，峡谷和河流使美国殖民者能够跨越阿巴拉契亚山脉的屏障。这些天然通道的位置和分布决定了哪些殖民地应该为拓荒者提供最大的配额，也决定了那些早期西部胜利者的目的地。为了了解这种地理控制是如何运作的，对阿巴拉契亚的地形进行分析显得很有必要。

阿巴拉契亚山脉的独特之处在于，它有一条长长的中心凹陷带，东南与阿巴拉契亚山脉接壤，西北与阿勒格尼高原和坎伯兰高原接壤。这个中心槽被称为大阿巴拉契亚山谷，阿巴拉契亚山谷位于两侧高地以下几百英尺处，但其表面是由一系列平行的、平顶的、断断续续的山脊构成的，这些山脊一个接一个地隆起，就像连绵不断的海浪一样，横跨整个山谷七十五英里的宽度。大峡谷东缘的蓝岭是一系列缓坡和圆形的山顶，每隔一段距离就有一千英尺深的裂口，被奔腾的河流所贯穿。西部边缘是阿勒格尼高原和坎伯兰高原险峻的陡坡，其崎岖不平的表面被排水沟冲刷出深深的沟壑，一直延伸到草原和五大湖的低洼平原。阿巴拉契亚山脉的高度由北向南递增，但是山脉的平均海拔只有 3000 到 4000 英尺，任何地方都不足以单独构成一个巨大的障碍。阿巴拉契亚山脉是一个漫长而又完整的山系，300 英里的宽度使其整体成为一道屏障。

如果不是因为高地的排水流，这个特征会更加明显。阿巴拉契亚河从西到东或从东到西穿过山谷，只是间歇性地被山脉控制着，并沿纵向山谷的走向而行。造成这种地貌不一致的原因可以在高地的地质历史中找到。横向河道比山脉本身还要古老，当新生的山脉的峰顶慢慢地突出，或者由于侵蚀作用而凸显的时候，山脉之间就会出现水隙。北部的河流，如特拉华河、萨斯奎哈纳河、波托马克河和詹姆斯河，都起源于阿勒格尼高原，它们穿过阿勒格尼山脉、大峡谷山脉、蓝岭及其北部延伸段、南山，而这些河流的上游与俄亥俄州的水域相连，沿着不明显的分界线向西流动。南部河流则沿着相反的路线行进。如沃托加、诺里奇、霍尔斯顿以及新河，这些河流位于北卡罗来纳州山系的东部边缘，即使是在蓝岭的靠海一侧，也要一路向西，然后像田纳西河和卡纳瓦河一样流向俄亥俄河。这些河流的源头与亚德金河和卡托巴河的源头交织在一起，这两个源头沿着蓝岭的东坡一直延伸到大西洋；在西弗吉尼亚州的阿勒格尼山脊上，格林布里尔—卡纳瓦的一条北部支流，与詹姆斯河的源头只隔着狭窄的阿勒格尼山脉，在切萨皮克和俄亥俄，铁路穿过了阿勒格尼山脉。

大峡谷内的分界与阿勒格尼山脊不同；这些分界线错综复杂，几乎与一般水平面持平，所以很容易就可以从萨斯奎哈纳到达田纳西州，当河流沿着山系纵向流动时，只需沿着横向支流和中间支流前行。因此，向西的出境探路者能够通过萨斯奎哈纳、朱尼亚塔、波托马克、詹姆斯或罗阿诺克进入大峡谷，在横向分支向右或向左转弯，到达一个缺口或低洼的分水岭和山谷内的下一条横向河流，然后顺着这条河流西行到达它的源头。这样，探路者几乎可以从任何方向穿过阿巴拉契亚山脉。

田纳西州的东部水域，在离开蓝岭以西的开阔山谷之后，就不得不穿过峡谷深处宽阔而复杂的尤内卡山脉带，这个地带不容易通过。而且由于敌对的切罗基人，这个地带变得更加危险。因此，来自瓦托加河上游和诺里奇山谷的北卡罗来纳拓荒者发现，通过新河和从弗吉尼亚到田纳西北部支流的线路，让他们与西部的联系更为紧密。一百多年来，尤内卡人一直是移民者的障碍。

早期殖民边境的西进运动进展缓慢。由于随时进行海上通信需要便捷的海上交通，殖民地与海岸相连，将整个沿海地区包围至"下降线"，即皮德蒙特高原的外部边界和河道航行首次中断的地方；边境在更远的内陆，在蓝岭以东大约 50 英里。但到了 1750 年，这些远道而来的商人们在阿巴拉契亚大森林中开始建造他们的小屋，而他们的驮马松动了山口上的岩石，他们的炮艇开进了俄亥俄、大迈阿密、沃巴什和桑达斯基湾等地的海域。

1763 年，法国和印第安人战争结束，英国在美洲的领土扩展到密西西比河，标志着人口向西部的迁移；但是在 1755 年战争爆发时，殖民地的边界显示着一条崎岖的路线，东至纽约和乔治亚州，西至格林布里尔河和霍尔斯顿河。自然和政治地理条件决定了这条边界线。与从曼哈顿岛到奥尔巴尼移民的快速移动相比，在纽约，移民沿着莫霍克山谷向上推进的速度就像蜗牛爬行一样。一些后来的德国人首先从斯克内克塔迪向巴拉廷桥和阿拉伯石（靠近迦南约翰里）推进，然后在 1723 年沿着利特尔瀑布和尤蒂卡之间的莫霍克高地向德国平原推进。两边的卡茨基尔山和阿迪朗达克山，在那些日子里人迹罕至，无人居住。从 1723 年到 1784 年，纽约中部无人定居，尽管那里土地肥沃，但太容易受到法国的侵略；在消除了这种危险之后，易洛魁部落相对密集的人口成为扩张的一个障碍。因此，政治邻居封锁了定居点的边界。

在宾夕法尼亚州东部，由于山脉壁垒的倾斜和断裂，人们很容易进入阿巴拉契亚山谷。早期的定居者扩张到坎伯兰郡和黎巴嫩山谷，并建立了伊斯顿、伯利恒、雷丁、卡莱尔和希彭斯堡，而贸易商则沿着萨斯奎哈纳向怀俄明推进，穿过朱尼亚塔"无尽的山脉"，在高地山谷，他们标记"战斧声明"并准备永久定居。但是大阿巴拉契亚山谷的西部地区被连续的山脊所阻碍，不适合农业生产。因此，主要由新近来到新大陆的苏格兰、爱尔兰和德国移民组成的拓荒者队伍，沿着阻力最小的路线向南开拓到弗吉尼亚广阔的山谷。一小部分人自此经过罗阿诺克河的峡谷，来到了北卡罗来纳州皮德蒙特的亚德金河的源头。

南方殖民地的低洼海岸也并入了这两个地区。特别是在弗吉尼亚，由于大庄园主越来越占主导地位，小农场主无法与低洼海岸的种植园体系竞争，于是向西和西南方向移动到皮德蒙特和山区，在这里其他经济条件占优势。通过波托马克河和罗阿诺克河之间的蓝岭低洼地带，可以轻松到达宽阔肥沃的谢南多厄河谷，即使不能从潮汐水源中汲取大量养分，也能稳定地获取资源，但是，大部分人口是通过北方的天然通道移居到这里的。殖民地的地理秩序表明了这一点。1732 年，在离波托马克河 32 英里的温彻斯特镇附近，来自宾夕法尼亚州的约伊斯特·海特清理出第一块空地。不久之后，来自同一州的 16 户人家也跟着他进行了清理。两年后，一些小屋和玉米地出现在如今伍德斯托克附近山谷上方大约 28 英里的广阔森林中；从那时起，直到1740 年，潮水迅速上涨，甚至涨到谢南多厄河的源头，再继续涨到詹姆斯河和罗阿诺克河的源头与向西奔流的新河交汇的地方。

1755 年，就在法印战争爆发之前，温彻斯特、斯汤顿（当时的奥古斯塔），以及芬卡斯尔，都是遥远的边境哨所；但是在 50 英里以外，从弗吉尼亚很容易到达向西流淌的小溪，那里是所有殖民地中最偏远的栖息地。沿波托马克河的南部支流走 20 英里就可以到达威尔逊上校在切特河上的磨坊。就在西南方，在格林布里尔上有几间小屋和空地。威廉·英格尔斯，以及其他一些苏格兰 - 爱尔兰人和一群邓卡兹人，在弗吉尼亚山谷高处的纽特高地上拥有住所；就在南部分界线的另一边，斯托纳克——他的名字说明了他的出身——在现今田纳西边界附近的霍尔斯顿河上游建造了他的小屋。1750年，沃克博士从那里经过，去探索肯塔基州的土地。当时在北卡罗来纳州，最偏远的定居点是亚德金河的源头；不远处就是田纳西向西奔流的河流。1758 年，从沃托加山谷和诺里奇山谷可以看到在弗吉尼亚线以南的蓝岭建起的第一批防御工事。

只要殖民地被限制在低洼海岸、皮德蒙特和宾夕法尼亚大河谷的东部，阿巴拉契亚山脉就是对抗西部印第安人的有效屏障；但是，当殖民者开始向山脉内部推进，并反对法国人的领土主张时，法国人激起了印第安人对边远殖民地的进攻。然后，每一条从西部进入山区的河流都变成了印第安人的战争之路。从 1754 年到 1759 年，每一个山口或山口的分水岭都布满英国的堡垒或防御工事来抵御这些攻击：位于阿勒格尼的保罗哈纳分支上且靠近朱尼亚塔的利戈尼尔，波托马克河上游的坎伯兰堡，在新河和霍尔斯顿分水岭上的弗吉尼亚州河谷的切斯尔堡，伯德上校在田纳西州东部霍尔斯顿河上游长岛的堡垒，以及再往南几百英里，在杰利科河和沃托加河交汇处的劳登堡。这些偏远的军事前哨和周围分散的空地位于弗吉尼亚和北卡罗来纳殖民地边境以西 100 到 150 英里处。

在潮滩和皮德蒙特地区，人口总体沿水系向西北移动，与海岸呈直角；但是，在山区，人口迁移沿着纵向的山谷推进，沿着东北—西南方向，与阿巴拉契亚山脉的走向平行，所有越过蓝岭的外来移民都卷入到了这股迁移潮中。结果是，尽管各殖民地的潮道区域保持着各自独有的来自不同环境的特征，但从怀俄明谷到亚德金河的偏远山区人口显示出多种民族的混合特征——荷兰人、德国人、法国胡格诺派教人、苏格兰—爱尔兰人和英格兰人——消除了海岸人口的独特性，而其地理环境的普遍相似性促成了这种新型的边远地区的形成。从宾夕法尼亚州北部到乔治亚州，整个皮德蒙特和山区给这片森林边境的生活留下了印记。山区经济以小农场为基础，不允许大庄园的发展，伴随而来的是奴隶制的工业体系和贵族式的社会组织。到海岸的运输困难阻碍了大规模的贸易和财富的积累。没有社会阶级和财富，在荒野的危险中为生存而进行的日常斗争造就了这样一个民族：他们自力更生，思维敏捷，身体强健，充满了开拓精神。他们适合在荒野上开拓。当西进运动到来时，其推进的基础在地理上是确定的。新英格兰因隔绝而无法参加。纽约也因为法国和易洛魁没有参与其中。此外，在与法国的战争结束后，英国必将考虑其印第安盟友的权利。因此，根据 1768 年斯坦威克斯堡的条约，虽然易洛魁人放弃了位于田纳西州和俄亥俄州之间的西部土地，但是从阿勒格尼的基坦宁那里，界定殖民地的边界线沿着萨斯奎哈纳的西部分支向东转移，穿过一条小溪到达北部分支，然后到达特拉华州的沉积点，从那里沿着萨斯奎哈纳的尤纳迪拉分支直接向北，到达斯坦威克斯堡和奥奈达湖之间的中间点。这样，对于易洛魁人来说，纽约西部的安全得到了保障。英国将湖区的哨所保留到 1796 年，印第安人自身的力量和数量也阻止了殖民地的推进。1800 年，这些殖民地大都没有延伸到杰纳西河。

在阿巴拉契亚山脉的南端，有一条几乎与地面平齐的路线通往密西西比河谷，但这里和北部一样，印第安人阻断了所有向西推进的道路。1762 年，西班牙人占领了路易斯安那州，为了把这个地区的殖民者赶回海岸，他们煽动了克里克人和切罗基人。后来，由于田纳西州和亚拉巴马州白人入侵，南部和东部人口稠密，这些印第安人直到 1820 年才把佐治亚的殖民地边界限定在阿尔塔马哈河和奥克穆吉河上。

因此，只有宾夕法尼亚、马里兰、弗吉尼亚和北卡罗来纳是早期西进运动的参与者。在美国南部的三个殖民地，由于现有的农业生产方式而导致的土地匮乏为西进提供了动机，而在宾夕法尼亚州，远道而来的商人们则把注意力集中在山脉之外的肥沃地区。从 1750 年开始，来自宾夕法尼亚州殖民地和弗吉尼亚州的人在土地公司中占有重要地位，这些公司试图获得"西部水域"大面积的专有。此外，各级政府在英国国王的批准下，发出了大量的征地令，用以支付在与法国和庞蒂亚克战争中兵役的费用；这些土地使用权证在俄亥俄沿岸的弗吉尼亚州和宾夕法尼亚州的特许范围之内。之后，这个年轻的国家，土地富饶，但金钱匮乏，也以同样的方式偿还了革命中欠下的一部分债务，从而为这股向外迁移潮注入了新的动力。

地理条件有利于中部殖民地的扩张。他们西部边疆的漫长界限像一条和弦，与田纳西河和俄亥俄河形成的粗犷的弧线相接。这些支流的源头打开了通往山地的许多门户。这两条河之间的广阔领土在 1768 年被斯坦威克斯堡印第安人割让给了英国人。这片广阔领土被当作了狩猎场，因此没有印第安人的永久定居点，这便为殖民地扩张开辟了一条阻力最小的道路；而它肥沃的土壤、宜人的气候和丰富的盐泉为开拓者的家园提供了一切必需品。

阿巴拉契亚山脉的地形和两种截然不同的排水系统决定了北部的路线应

该在阿勒格尼高原被俄亥俄河的支流穿越的地方汇合，而南部的田纳西河、卡诺瓦河以及在这两条河之间的坎伯兰岬口向西部敞开了门户。这三条路线在匹兹堡汇合：一条从费城出发，经过萨斯奎哈纳河的西部支流，越过分水岭再走 40 英里的水路，经过托比克里克最终到达基坦宁的阿勒格尼河；第二条路线靠南，也是从费城出发，经由萨斯奎哈纳的朱尼亚塔支流，或者经由一条更直接的路线即福布斯之路，从卡莱尔经由希彭斯堡、利特尔顿堡和贝德福德堡到达朱尼亚塔河上游，自此通过一个山口到达利格尼尔堡的洛亚尔汉纳河，沿着阿勒格尼或穿过低矮的山脊到达俄亥俄州的分支；第三条路线是沿着波托马克河，到达坎伯兰堡，再从那里经过布拉多克，穿过分水岭，到达约根尼，或者到达莫农加希拉的雷德斯通古堡。这是连接亚历山大和巴尔的摩的天然线路。在这些北方航线上，水运占主导地位。萨斯奎哈纳和波托马克的航行都被湍流阻断了；但是对于早期的独木舟旅行来说，这个障碍并不严重。然而，随着跨山系地区的形成，波托马克河因运河化而得到改善，一条更好的道路缩短了坎伯兰堡和雷德斯通之间的距离。商人们称，亚历山大港距离毛皮场有 400 英里，比任何其他大西洋港口都要近。因此，巴尔的摩从内地获得了大部分大宗出口商品，而费城则向西部贸易提供了大部分制成品，这些制成品是通过一条更直接的道路穿过 300 英里的山区运往西部的。

一旦越过山脉，拓荒者继续他的旅程，从匹兹堡向西，乘坐平底船或龙骨船沿俄亥俄河而下。但是当时还没有在这条河上建立起运输业务，甚至这些原始的运输工具也不可靠，因为一旦到达下游目的地，运输工具就不适合返航时湍急的水流了。因此，移民常常要被迫等一个月或更长时间才能造出一艘船；其中也有工人数量少的原因。当移民制造的粗糙的船只下水时，麻烦还没有结束。印第安人的进攻带来的危险连续不断，而且迫在眉睫。但在独立战争和 1794 年韦恩击败北方人之后，特别是在西北地区开放之后，除了返回东部的路线，俄亥俄路线被广泛使用。因此，印第安人进攻所带来的困难和恐惧使西进运动的大部分参与者转而从弗吉尼亚西南部经坎伯兰岬口进入陆路。从詹姆斯河的源头到卡诺瓦河的格林布赖尔支流的中间路线，以及通往同一条河和通往大桑迪的塔格佛克河的崎岖的线路，似乎很少被拓荒者使用。布法罗小道和印第安人的战争之路指出了越过山障的最简单的办法，而边远地区的居民后来采用了这些方法。当肖尼人从俄亥俄州进入他们无情的敌人——北卡罗来纳州的卡塔瓦人的领地时，大桑迪和新河是他们的作战路线，因为这是从肖托河沿岸村庄出发的最直接路线；但是，相比殖民者的驮马和牛群，轻型装备更适合艰苦的旅行。

坎伯兰岬口是弗吉尼亚和卡罗来纳移民通往西部的天然大道，但费城的殖民者也喜欢走这条路，因为他们几乎不带什么行李，尽管从这座城市到肯塔基州内陆的距离是 800 英里。从费城出发，有一条固定的路线，即乘瓦德金的渡船穿过波托马克河，沿着易洛魁人和切罗基人古老的战争足迹，穿过新河低洼的分水岭，向弗吉尼亚山谷进发。先驱者越过了这条河，继续向西部支流进发。里德河几乎与霍尔斯顿河的源头在同一水平线上交汇。在这里，西线与另一条来自弗吉尼亚州里士满的小径相连，这里的"岔路口"是基塞尔堡，这是一座建于 1758 年的砖房，用来监控切罗基人。就在这里，荒野之路开始了。到坎伯兰岬口的距离是 200 英里。

荒野之路从霍尔斯顿河上游转向西方，通过迷宫般的缺口和山腰上流过的小溪，穿过克林奇、鲍威尔和瓦尔登山脉到达鲍威尔河，然后到达坎伯兰山口，这是一个古老的"风口"，打开了一条通过坎伯兰山到达西部的捷径。就在山口之外，拓荒者开辟了"勇士之路"，这是一条印第安人的小径，位于俄亥俄州肖托河口的肖尼族村落和田纳西州东部切罗基人的领地之间。1775 年，丹尼尔·布恩为亨德森上校所探索的荒野之路，就是沿着这条印第安人的小径穿过坎伯兰浅滩，然后沿着这条河穿过松山，顺溪而下，经过数英里，到达弗拉特利克。从这里，它开始转向西北方向，沿着野牛的足迹前进，顺着山脊一直延伸到罗克卡斯尔河。在肯塔基州，拓荒者以水牛为辅助，避开了直接的水道；与阿勒格尼河宽阔的盆地形成对比的是，这些小溪把坎伯兰高原的表面凿成 V 形的深谷，给旅行者提供了一个不稳定的立足点，使他们必须不断前进以穿过湍急的水流。

循着水牛的踪迹，沿着这条道路继续向北走，从罗克卡斯尔河出发，穿过布恩峡谷（现今路易斯维尔和纳什维尔铁路的路线），到达奥特溪和布恩斯堡的肯塔基河，然后到达列克星敦。洛根于1775年开辟了荒野之路的另一个分支，从罗克卡斯尔河转向西北，经过克拉布奥查德附近的一个天然入口，就到了现在的斯坦福镇附近的平地上，在这里洛根建造了圣阿萨弗斯车站。这条路变得比布恩的北上之路更为重要，因为它更直接地通向肯塔基州迷人的平地，经过丹维尔、巴兹敦和布利特，止于俄亥俄河的福尔斯，这里与密西西比河和沃巴什河上的法国旧贸易站联系最为密切。

罗伯逊前往田纳西乡村的路线沿着坎伯兰岬口外的荒野之路，然后转向西南方向，在水牛足迹的指引下寻找池塘和盐渍地，到达纳什维尔的"坎伯兰弯"；但是，这个新殖民地的妇女、儿童要带着行李乘平底船和独木舟，沿着蜿蜒曲折的田纳西河到达俄亥俄，再沿着坎伯兰河到悬崖上的小村庄，这是一段漫长而危险的旅程。但到1783年，一条从霍尔斯顿河和克林奇河汇合处开始的新路，可以轻松地从坎伯兰山到达坎伯兰山谷和纳什维尔山谷。北卡罗来纳的一条小径汇入到这条路线，在布罗德河的河口附近，南卡罗来纳的另一条小径也加入进来。因此，东部的几条道路都汇聚在田纳西州的上游，就像坎伯兰岬口是其他通往肯塔基州和西部道路的交会处一样。

起初，这条横贯山地的道路只是在广袤的荒野上开辟出的一条小径，后来，那些开拓者和驮马踩出的痕迹愈加明显。位于弗吉尼亚州南部的大峡谷的地面上升到1700英尺，要跨越的直线范围一般只有600或800英尺高；但每一个峡谷都像一堵墙一般挡住了西方的地平线，只有几处地方有一道缝隙露出了天际线。这些间隙在连绵不断的山脉中从来没有连成一线，因此，旅行者必须从一个山口到另一个山口，在其间的山谷中迂回而行，一场夏雨可能会把它们变成奔腾的洪流。旅行者的食物依赖于猎物或是随他同去的牲畜，一个偏僻地的住户偶尔也会给他提供一些熏肉和玉米餐。切罗基人进攻的危险始终存在，他们先是被法国人激起敌意，后来又是西班牙人，但他们的威胁从来没有像俄亥俄河上来自肖尼人的危险那样迫在眉睫。尽管面临危险和艰辛，穿越荒野的小径仍然充满了欢乐——阿巴拉契亚森林奇妙的魅力，穿过高耸树木的闪烁阳光，春风吹拂下绿色的灌木丛，向上攀登的强烈而脉动的生命活力，人们终于在峰顶深深吸了一口气，面前是绵延起伏的大地，还有远方的希望。

1790 年，跨阿勒格尼人口分布与西部快速通道密切相关。宾夕法尼亚的定居点形成了一条连续的线，从朱尼亚塔到阿勒格尼、莫农格希拉和俄亥俄，几乎一直延伸到马斯金姆河的入海口。在弗吉尼亚有一个定居点，一直延伸到阿巴拉契亚山谷的西部边缘；但是在格林布赖尔之外，拓荒者已经沿着卡诺瓦河上游，经过坎伯兰高原崎岖不平的地区，在其河口处建立了一个小型定居点。弗吉尼亚州西南部边境的农场和村庄合并成"独立的富兰克林州"，位于霍尔斯顿和克林奇山谷的平行地带。下游地区掀起了移民潮。霍尔斯顿和法国布罗德合并成田纳西州，1787 年，怀特和康纳找到了一张土地证，这张土地证是他们在大革命中服役所获得的军饷。不久之后，他们的堡垒在诺克斯维尔镇落定。1785 年，有人试图在亚拉巴马州北部田纳西河的肖尔斯定居，几年后，塞维尔和其他人获得了一块土地，就在肖尔斯以南。这里的吸引力完全是由于地理原因。由于急流阻碍了航行，因此这里成了旅客们的停靠点。此外，大熊河是田纳西州南部的一条支流，与汤比格比河和亚祖河的源头的一段很短的港口连接，从而开辟了与密西西比河下游和莫比尔湾的贸易通道。

在纳什维尔西部的八九十个小屋是沿河流 80 英里处定居的 5000 名拓荒者的活动中心，是田纳西州和坎伯兰郡所形成的水路的产物，通过坎伯兰山脉间隙的陆地路线也催生了一些聚集地。同样，肯塔基州的定居点也诞生于俄亥俄和荒野之路。坎伯兰郡和肯塔基州的殖民地与弗吉尼亚文明的边界被广阔的荒野地带——坎伯兰郡高原崎岖不平的高地分隔开来，即使在今天，坎伯兰郡的地理条件也注定了它的孤立、贫穷。除了俄亥俄州福尔斯的路易斯维尔，肯塔基州的移民避开了主要的河流，选择了较小的支流的沿岸地区。1784 年菲尔森的地图显示有 52 个村庄和 18 座分散的房屋。以列克星敦为中心的一大批城市散布在埃尔克霍恩河和肯塔基河之间的土地上，展示了利金人的南福克的几个边远定居点；另一些城市，包括丹维尔和哈罗德镇，位于离肯塔基州南部支流迪克河很近的地方；西边三分之一的城市沿着盐河的上游分支伸展。巴兹敦，一个偏远的大都市，沿着贝尔格拉斯溪和俄亥俄州的福尔斯并入了更近的定居点。肯塔基州早期人口的地理分布使得家庭制造的动机减弱，与纯粹的贸易本能形成鲜明对比，而贸易本能决定了法国人在俄亥俄州以北的定居点的位置。

　　随着革命战争的爆发，这些跨阿勒格尼定居点具有了特殊的政治意义。他们是一块楔入大西部的楔子，殖民地根据他们的契约而宣称对西部拥有主权，根据 1763 年条约和皇家宣言，英国还声称将保留跨山脉国家作为王权土地。此外，1774 年魁北克法案将俄亥俄州北部地区纳入加拿大管辖范围。但是美国人也不甘示弱。弗吉尼亚迫于土地匮乏的压力，面对着西部快速通道交汇的山区边境线上敞开的大门，比任何其他殖民地都更支持宪章的条款。弗吉尼亚委托克拉克去征服伊利诺伊州，正是这个来自边远地区的人提出了这个计划。卡斯卡斯基亚的陷落清除了来自西方的英国人。他们现在在湖泊和海湾之间没有要塞或驻军。面对巨大的困难，克拉克坚持他对伊利诺伊州的控制。西部人口稀少，从密西西比河到俄亥俄上游守卫边境的部队所得供应不足。由于该地区地处偏远，加上山区的障碍，阻碍了来自东方的援军和物资的运输。对伊利诺伊州和肯塔基州的占有废除了 1763 年的宣言和魁北克法案，并影响了最终的和平谈判。尽管他们向密西西比的拓展建立在这些谈判而形成的宪章之上，但在这些西部的土地上，有一个用斧头、犁和步枪实现了他们目标的充满活力的民族，他们对这片有争议的土地的所有权比死去的或活着的君主的黄色羊皮纸更有说服力。

第五章　早期跨阿勒格尼拓居的地理环境

　　跨阿勒格尼定居点建立在中心地带，占领了早期美国领土的八分之五。定居点被阿巴拉契亚山脉从东部阻隔，从高原向西缓慢地倾斜到密西西比，再向南倾斜到墨西哥湾，其表面是低矮的山丘或起伏的高地。独木舟可以从伊利湖穿越该地区的中心地带，到达莫比尔湾。这一区域有两个港口，一个在沃巴什河的源头，另一个在汤比格比河和田纳西河之间；而在它的西部边缘，密西西比河提供了一条从北部到南部边界的水路。俄亥俄河及其支流汇集了12000英里的河流，这些河流在早期作为运输路线，促进了人员和农产品的流动。

　　充裕的土地，畅通的空间，交错的河流，这些都促进了西部人口的扩张。坎伯兰和肯塔基之间的空地很快就被占据了；从大桑迪到宾夕法尼亚州西部，移民点像串珠一样沿着俄亥俄河连成一串。而在西北地区，沿着马斯金格姆河、赛欧托河、大迈阿密河和小迈阿密河散布着许多小木屋，这表明人口正在沿着河道迁徙。从一个国家的边界可以看出其增长或衰退指数。边界的迅速推进，不论是人们自发定居还是政治控制，都表明背后有着强大的力量；边界的衰落表明力量在下降，或是不足。沿着西部水域，一切都是充满生机的，国家渴望着发展，憧憬着更遥远的未来。在这里，这种不受限制、不受阻碍的进步给美国人的生活打上了独特的印记。

　　土地的丰富性反映在跨山国家的肥沃土壤上。在俄亥俄州的北部，地表覆盖着一层厚厚的冰碛物，这些冰碛物是由具有化学性质的岩石形成的，为植物提供养分。由于这个国家没有树木，人们得以迅速定居下来，不受砍伐森林和清除树桩等需要花费时间的工作的阻碍。在俄亥俄州南部和坎伯兰高原边缘的贫瘠土地上，蓝色石灰岩露出地面，为底土提供了取之不尽的肥料。这使得肯塔基州的牧草区声名鹊起。俄亥俄州西南部以及亚拉巴马州北部边界的田纳西州也有牧草区，但是由于北部冰碛的覆盖和南部的沙质，土壤不如肯塔基州肥沃。肯塔基州和田纳西州的西南部被亚石炭纪石灰岩所覆盖，土壤肥沃的程度几乎和志留纪一样。这个西部国家的海湾斜坡是一片肥沃的淤泥质平原，由石灰质或黏土质岩石的碎片构成，比覆盖在大西洋平原表面的水晶碎屑营养丰富得多。

西部一年四季雨量充沛，气候温和，有从西北方向吹过大陆的寒风，还有来自海湾的暖风，以及种植作物需要的漫长的夏季，这一系列因素综合作用，减轻了拓荒者生活的艰辛，增加了他们的勇气。

在这个西部地区长大的是第一批"真正的美国人"。沿海居民是生活在英国控制下的美国土地上的欧洲人，用着英国制造商提供的奢侈品。在危难时刻，英国军队为他们提供资源，英国财政部也支付了殖民地战争的部分费用。美洲的土地和大西洋的屏障在某种程度上改变了欧洲的制度和殖民者的性格；但他们的目光却依然向着大海的方向，注视着英国宫殿和议会大厅——这是决定他们命运的地方。1796 年，一位法国人在这个国家旅行时，发现了沿海地区和高山地区人民立场的不同。"大西洋沿岸的居民称这整个地区为'落后国家'，这说明他们的思想逐渐欧化，欧洲是他们利益的摇篮和中心。在我听到大运河和俄亥俄州的边境居民给予大西洋沿岸'落后国家'这个名称之前，我几乎没有越过阿勒哈尼，这表明边境居民的地理位置促使他们的观点和利益指向新的方向。

在西部荒野的空地上，越过大山的屏障，英国的制度带上了共和主义的新印记，社会变得更加民主，新生的美国人渴望依靠自己强有力的臂膀来提供帮助，依靠自己的智力来提供建议。脱离旧世界的传统，与自然亲密接触，摆脱不必要的事物，在充满可能性的条件下成长——这些造就了西部荒野中顽强的美国人。旧世界的方法和思想必须改变，这样才能在新世界的条件下生存，而条件和方法也会改变人。这种变化起初看来可能是一种倒退，但这只是长距离跑步之前的暂时一步。

独立战争结束，美国人的注意力开始集中在他们自己的国家上。随后，这个年轻的西方国家的发展潜力开始显现，尤其是对比长期战争后沿海地区经济的萧条。从新英格兰到南卡罗来纳的退伍军人，都是凭西部土地的许可证和军票到那里去的。肯塔基州和坎伯兰州的外迁人口使其比皮德蒙特和蓝岭边境上的古老荒蛮地区的人口构成更为复杂。除了同种族的人口，还有更加多样化的美国成分，在大山之外他们忘记了对殖民地的忠诚，无论是查尔斯顿的贵族之都，还是康涅狄格的清教徒之乡，都失去了往日的地方情结，取而代之的是对国家的效忠，以及与沿海各州相对的山区人口的地方主义。

在这些早期的西方定居点上，孤立主义留下了印记。连绵不绝的山脉，宽阔起伏的高原，把他们与中心城市和政府的所在地分隔开来。陆路和水路都受到了印第安人的阻碍，甚至是流向家乡的河流也阻碍了东进的西方人。密西西比河流域的大溪流使北部的英国邻居，西部和南部的西班牙邻居更容易接近这些定居点，这对新生国家是不利的。底特律河以及圣劳伦斯河和五大湖的通航水道在这个年轻国家的历史上所起的作用，与新奥尔良和密西西比河是一样的。这两个城市都是煽动印第安人——西北和西南——反对边境居民的阴谋中心，将部落建设成缓冲国，最后通过承诺将他们的产品运送到抵达海边所需的河口，从而引诱边境居民叛变。1783 年获得和平之后，英国人将湖泊区保留了 12 年，从而控制了西北地区的毛皮贸易。此外，他们还获得了西班牙人的许可，可以在密西西比河上游的西岸进行贸易，这就要求他们必须在美国境内往返于芝加哥港和威斯康星河之间，才能到达普雷里德欣的哨所。由于这种非法运输，美国在文森的贸易大大减少。

在南部，西班牙人沿着亚拉巴马河和汤比格比河在北纬 31 度的莫比尔河上交易。莫比尔河是 1783 年签署的条约中商定的西佛罗里达州的北部边界，从莫比尔河经过绵延 3 英里的港口，可以到达田纳西盆地。来自彭萨科拉的商人与东北部的克里克和切罗基人开展了密切贸易往来。沿着密西西比河，来自新奥尔良和西班牙的商人正侵占美国的领土，特别是在伊利诺斯河上游，他们与加拿大的竞争对手共享这片土地，而墨西哥湾的官员则阻挠西部拓荒者在密西西比河的航行。

　　西部楔形定居点的两边各有一大片印第安人区，由于白人的扩张和入侵，以及英国人和西班牙人的煽动，印第安人成了殖民者的天敌。他们与肥沃的土壤和广阔的荒野一样，是环境的一部分。印第安人在一定程度上控制了殖民者的社会组织，教给殖民者新的作战方式，改变了殖民者的性格。边界永远不是一条稳固不变的直线，而是一个不断变化的地带。在这里，不同群体的种族、礼仪、制度和道德相互融合在一起。与法国商人的游牧习惯形成鲜明对比的是，英国拓荒者保留了他们定居的土地，他们与一些群体保持联系。由于异族人构成的威胁，这些群体在政治上得到了进一步的巩固，从而保持了一种稳定的内在环境。因此，他们和异族人之间的界线被严格划分，没有混在一起。但是在满是荒野的印第安人环境中，坎伯兰人和肯塔基人没有严格执行这一点。在很大程度上，拓荒者是靠狩猎为生的，身穿鹿皮和毛皮衣服，脚穿印第安人的鹿皮鞋，拿着砍刀和战斧，发动了一场消灭印第安人的战争。鉴于始终存在与印第安人开战的危险，拓荒者社区的基础组织是军事性的。定居点是一个设防的村庄或车站；为共同防御而产生的民兵服务成为公民的首要职责。在肯塔基州早期的代表大会上，提议与弗吉尼亚州分离的代表来自军事机构。

　　同样是处于偏远地区，以及同样的荒野生活的条件使他们能够有机会接触到一切。机会和资源的均等，任务和危险的同一性，以及大众的进取和独立是主要发展动力。拓荒者拥有森林和空地所能提供的一切。各种各样的木制器皿都是常用的。由于翻山越岭的运输成本很高，所需物资很稀少。这里没有用来建造房屋的钉子，甚至连瓦片都是用橡木钉钉上去的。亚麻布是用荨麻做的，水牛毛也是做布的原料。皮草成了交换媒介，尽管在大革命之后"这个国家的纸币贬值幅度没有超过政府所在地的一半"。这一事实有力地说明了该区域是孤立的。起初，进口盐的价格高得令人望而却步；但不久，拓荒者就开始大量地从咸水泉中烧水取盐，后来他们学会了用钻孔来获得更丰富的咸水。在肯塔基州盐河上的布利特利克，一个正规的产业诞生了，它为从俄亥俄州到坎伯兰的边境社区提供物资。

这个国家用来交换东方商品的产品主要来自荒野，如兽皮、毛皮、人参、蛇根草和熊脂油；或者是来自拥有富饶牧场或森林的边境地区，如马、猪、咸肉、猪油、牛脂和干牛肉。很快，肥沃的土壤开始产出大量的农作物。烟草、玉米、面粉、威士忌、亚麻和麻绳都准备出口。1783 年签订条约之前，西班牙很友好，很多农产品沿密西西比河顺流而下，在新奥尔良找到了一个已成规模的市场。只有最有价值的商品才能承担得起东部沿海的上游和跨山运输的费用。

通过这条路进口的商品价格高昂，迫使边远地区的居民提早发展了制造业。因此在这一小块地区，可以看到经济发展的所有阶段——畜牧、农业和工业。生产线是由定居者最迫切的需要决定的。由于受到英国利己政策的阻碍，沿海地区几乎没有先于这个自由地区出现工业的地方。早在 1788 年，沿着莫农加希拉河、约夫根尼河和康克河，在阿勒格尼高原的西坡上发现了大量的铁，边境地区对铁的巨大需求促使熔炉和铁厂建立。1801 年，肯塔基州的列克星敦市有一家切钉厂，1789 年，乔治敦市建了一家索道厂和一家轧机厂。

1775 年，继哈格里夫纺纱机之后，美国第一台珍妮纺纱机在费城投入使用；1787 年在马萨诸塞州的贝弗利、1788 年在普罗维登斯以及 1790 年在罗德岛的波塔基特建立了棉花工厂。1789 年，在哈里·因尼斯法官和其他人士的支持下，肯塔基州丹维尔市成立了一个鼓励制造业的协会。梳理机、纺纱机和织布机都在费城生产和购买，然后人们花大价钱将其跨山运输到匹兹堡，沿俄亥俄河运到路易斯维尔，再由此托运到丹维尔。工人和经理也从费城雇用。原棉是在坎伯兰河定居点生产的，多年来一直是两个社区之间的常规贸易品；有些原棉也在肯塔基州生产。约翰·布朗——一位肯塔基州弗吉尼亚地区的议会议员，负责与工人谈判、购买机器和签订合同。这就是新的地方主义。东部一些人已经预测到这一点，如果联邦政府未能通过与西班牙的条约来确保跨山定居者在密西西比河的自由航行以及其农产品的出口，这些社区将被迫提前成为工业企业所在地，因此在经济上独立于北部沿海国家。北部沿海国家希望在他们这里找到市场，但出于利己政策，这些沿海国家希望关闭密西西比河。

大自然赋予肯塔基州、田纳西州和向南延伸的不断扩大的西北地区所需的一切资源。贯穿整个国家的是俄亥俄河及其支流，为密西西比河和亚热带新奥尔良的自然市场提供了便捷通道。古老的贸易路线经过密西西比河和新奥尔良的自然市场；鲁莽、乐观的法国航海家，穿着花哨的服装，拉着小提琴，从湖区沿着沃巴什河或迈阿密河顺流而下，到达路易斯维尔、圣路易斯和新奥尔良去做生意。随着英国和印第安人战争的停止，以及移民的增加，俄亥俄东线的重要性越来越凸显。1785 年，布朗维尔坐落在莫农加希拉河上的红石古堡，而匹兹堡作为下游旅程的起点，成为这个西部国家充满活力的集散地。在这两个地方，活跃的造船业为每周从东部来的数百名移民以及这条河上的常规贸易提供船只。肯塔基州向移民提供的船只数量超过了整个俄亥俄州；现在他们开始到这个州的北部地区安居，这个地区由于曾经遭到来自赛欧托的肖尼人的袭击而空置。现在，沿着坎伯兰高原外缘，从莱姆斯通湾到肯塔基河定居点的战争足迹变成了一条贸易公路。莱姆斯通成为肯塔基州中部人员和货物上岸的地点。在离俄亥俄 4 英里远的地方，面向河流的陡峭山脊的顶端，华盛顿城镇正在成长。在这里，用于内陆的大型货车一开始装载的货物太重，无法驶上陡坡。俄亥俄的福尔斯使路易斯维尔成为上游的一个天然港口，同时也是下游的航运中心。此外，该镇还是荒野之路的西部终点站。因此，它为贸易提供了很大的便利。

早期商业活动的范围很广泛。西部拓荒者从纳什维尔或布朗维尔沿着坎伯兰或莫农加希拉河，用自己的船只把产品运到俄亥俄，然后从俄亥俄出发，沿着密西西比河到达新奥尔良，在新奥尔良，拓荒者的货物被出售或用于交换。从新奥尔良出发，他们乘船前往古巴进行进一步的销售，然后乘船前往纽约、费城或巴尔的摩，在这些地方把钱重新投资在生产上。他们花了四到六个月的时间，以每担三美元的价格，把这些东西运过山脉，到俄亥俄盆地各处的市场上去售卖。这种循环路线带来了巨大的经济利益和广泛的生活经验，这些来自边远地区的人在某种意义上成为这个国家的人。小船满载着体积小、价值高的上等商品，有时候要从新奥尔良沿密西西比河返回到路易斯维尔。这得花费四十多天的时间。船上装着船帆和船桨，在盛行的南风和河流弯道处顺流的帮助下前进。

在肯塔基州和坎伯兰州历史上的前十年里，定居点主要依靠匹兹堡和俄亥俄来主导有限的贸易；但是随着人口的增长，新奥尔良被视为西方产品的天然市场，以及国内外产品供应的来源，而这些产品在当时美国本土是无法获得的。当革命结束时，西班牙声称密西西比河两岸，最北至肯塔基州，都是自己的领土，完全控制其航行，并声称有权征收过境税和港口税；1787年，当外交部长杰伊准备与西班牙签订承认这一权利的条约时，遭到了来自山区定居点的强烈抗议。由于贸易的增加，阿巴拉契亚山脉的屏障使密西西比河的出口的把控成为一个至关重要的问题。科洛在 1796 年计算了波托马克河和其他跨山路线的运输费用，发现与走密西西比河相比，货物从费城陆运到肯塔基州的费用仅为河运的 33%，从新奥尔良运到伊利诺伊州的费用仅为 4% 至 4.5%。此外，路易斯安那州和俄亥俄州之间的气候差异，以及由此产生的产品差异，使得彼此成为对方的市场；而海湾地区产品缺乏多样性，仅局限于棉花、糖和糖蜜。从 1785 年到 1795 年，美国对密西西比河下游的商业征收了过高的关税，再加上西班牙人实施了强制性的商业法规，使得这条河上的贸易停滞不前，这正是田纳西州到阿勒格尼的边境地区分离主义运动的原因。但其他原因也在起作用。

沿着整个西部边界，出现了分离的倾向，这是所有外围地区的特点，其原因在于定居点的偏远、阿巴拉契亚山脉的屏障作用以及西部出口的封闭。地理条件影响了这里的人民，他们的观点、需求和兴趣与沿海地区的人不同。他们的处境再现了革命前殖民者的基本特征。在不断发生的印第安战争中，来自沿海首都的军队和军火总是姗姗来迟，这种延误是危险的，拓荒者不得不自己担起责任。东部地区并不欣赏边境地区对印第安人的态度：边境地区人民看到了与印第安人条约的无效性，指责国家当局选择谈判和贿赂而不是战斗，而东部对代理人无视国家与当地人的协议而感到不满。1786 年印第安人的袭击引起了反弹，当时乔治·罗杰斯·克拉克、本杰明·洛根和西蒙·肯顿率领探险队远征俄亥俄州北部的肖尼人，罗伯逊和 130 名追随者从坎伯兰定居点出发，去围观这场战争。克里克人和切罗基人在田纳西河的转弯处遭到了围困。他们向移民者征用驮马和各种用品，以装备部队。

这类探险属于私人性质，费用不由政府支付。尽管对社区征收的费用下降了，他们感到在其军事服务没有得到报酬的情况下被征税是不公平的。消费税引发了一种特殊的不满情绪，导致了宾夕法尼亚州西部的"威士忌暴乱"，并在特兰辛山地边境的其他地方引发了小规模的抗议。偏远地区过剩的玉米，相对于其价值而言，体积很大，在被转化为威士忌之前，根本无法承受穿越山区的沉重运输成本。在这里，一项自然规律正面临着人类法律的挑战，至今在阿巴拉契亚山脉南部的偏远地区仍然如此。在宾夕法尼亚州，法律因为不公正而遭到抵制，在今天的山区，它仍然因为只是空谈而遭到人们的诟病。相似的地理条件产生相似的结果。在其他方面，控制移民潮的重担沉重地落在了拓荒者的肩上。他们有地方法院审理小案件，但是所有更重要的民事和刑事案件以及所有的上诉案件都必须送到沿海首都进行审理。这是一段 300 英里到 500 英里的路程，花费很大，而且会耽搁很长时间。因此，由于法院和税收的原因，拓荒者希望建立独立的州政府。但最重要的是，他们希望在国会有代表，这样他们就能在与西班牙就密西西比河航行问题进行的谈判中有发言权。

从宾夕法尼亚西部到田纳西河沿岸，独立国家的精神盛行一时。一些边境社区希望通过地理上确定的边界建立自己的州，而非旧殖民地的宪章界限。他们遵循随时沟通的原则。北卡罗来纳西部的沃托加定居点提议与弗吉尼亚人在霍尔斯顿河谷上游沿岸的定居点合并，因为它们共同构成了一个地理整体。当纳什维尔从克拉布奥查德穿过河流和荒野之路的南部分支时，与东部地区相比，纳什维尔与北部的联系更为紧密，这时就有了坎伯兰与肯塔基定居地联合的说法。

东部各州在争取独立国家地位的努力中受阻，对联邦政府目光短浅的政策深恶痛绝。该政策威胁要牺牲跨山社区在密西西比河自由航行的利益，并对其为维护在西班牙的权利而做出的漫无目的的努力感到愤怒。而密西西比州的商业被西班牙官员的掠夺所摧毁，这些官员在未经允许的情况下乘船下河。先驱者的定居点最终演变成了一场性质不同的分离主义运动，旨在与任何外国势力——西班牙或英国联合，承诺给他们一个通向大海的出口。诱惑近在咫尺，这是由地理因素决定的。

每个河流系统都是一个完整的整体，在那些生活在河流源头的人和居住在河口的人之间，形成了一种天然的纽带。河流的流动方向引导着商业往来的趋势以及政治融合的趋势。在第聂伯河和伏尔加河的下游，俄罗斯的贸易和莫斯科的统治权转移了。多瑙河把罗马人的影响范围带到黑海。荷兰最严重的战争的起因是法国想要控制莱茵河的入海口。20年来，西方国家的政治一直以"新奥尔良岛"为中心。拓荒者处于西部水域的地理控制之下。河流把他们带到密西西比河和墨西哥湾，在那里西班牙人提供自由航行和贸易。蜿蜒曲折的北部支流将他们从俄亥俄带到了通往五大湖和圣劳伦斯河宽阔水道的便利港口。在他们和东部的国会之间，有一道300英里宽的山脉壁垒。在寒冷、不发达的北方，他们可以找到一个就近的市场，就像在温暖、半发达的南方一样，而东边的市场则被高山阻隔。还有另一种选择，其性质相当理想，受到地理条件的青睐：与英国结盟，顺流而下征服新奥尔良。负责海湾事务的西班牙监察员一直认为存在这种可能性。西班牙人在田纳西州和肯塔基州的影响力更大，而英国人在肯塔基州和西北地区的新生殖民地的影响力更大。

所有这些密谋都随着1795年《平克尼条约》的颁布而终止，该条约确保了密西西比河的无条件自由航行，新奥尔良的存款权利不再受西班牙人的控制。密西西比河出口之争的最终结果，及所引发的讨论和带来的好处，就是美国八年后购买了路易斯安那州。

第六章　根据地理条件对路易斯安那州进行的收购

在《巴黎协议》签订的 20 年后，密西西比河作为美国西部边界最终得到人们广泛接受。但河流并不是屏障，也不是科学意义上的边界。密西西比河仅仅是经过商定之后确定下来的一条分界线，而且因为河床在不断移动，这条边界线也是不确定的。再加上河流几乎每年都要泛滥一次，密西西比河主流方向时常发生改变，下游地区沿岸的种植园有时属于美国，有时属于墨西哥。格兰德河是美国和墨西哥之间的一条理想边界。该河一年中大部分时期都处于干涸状态，看起来似乎并不是一条边界，但一旦充满湍流不息的河水，就会形成一条新的河道，将墨西哥领土的大部分地区隔绝在它的北部河岸，也使得克萨斯州的许多牧场主与祖国分离。这就引起了关于某些土地是属于得克萨斯州还是墨西哥的无休止的调查和争论。

因为所有的排水系统形成了一个整体，河流沿岸政治意义上的边界线是人为的一条线。所有支流流向一致，这使河流既容易穿过盆地，又容易沿着盆地的结构轴线移动。从伊利诺伊州的开罗到明尼苏达州的圣保罗，这段在密西西比河上的旅程，与从辛辛那提经由俄亥俄州和密苏里州到达堪萨斯城的往返旅程难度相当。移民和占据一条河流不会造成障碍。在底格里斯河和幼发拉底河流域，出现了三个君主制国家：亚述王朝、巴比伦王朝和波斯帝国，它们依次统治着整个流域。对罗马人来说，多瑙河和莱茵河作为他们的北部边界，其价值主要是在未开发的内陆荒野地区建立了固定的边界线；此外，对于训练有素的军队来说，在防御战中这两条河流也至关重要，就像德兰士瓦战争中的图格拉河所起的作用那样。但即使是罗马人也发现了夺取高地的必要性，要在莱茵河和内卡河以及多瑙河以北的达契亚之间构建分水岭。多瑙河在 1444 年成了土耳其的北部边境，但在之后 20 年的时间里，帝国占领了河对岸的瓦拉契亚，到 1672 年吞并了布达佩斯以外的整个多瑙河流域。当罗马帝国开始衰落的时候，边境线沿着河流重新变为贝尔格莱德，但仍然控制着山谷的两边。奥克苏斯河将不再是俄罗斯布哈拉地区的边界，但它的南部支流将成为俄罗斯扩张的楔形地带，将阿富汗的大片领土分割开来。

更普遍的是，移民往往倾向于占据流域的两岸。在德国人西进之前，莱茵河的两岸都被高卢人占领，他们的村庄有时会被河流一分为二，就像罗马在台伯河两岸崛起一样。接着，日耳曼人又以同样的方式分布在莱茵河流域的整个又长又深的河谷。18 世纪，在法国的侵略政策下，横跨莱茵的行省被德国所占领，但 1871 年，沿着孚日山脉顶峰的自然边界得以恢复。早期的法兰克人越过莱茵河、默兹河和塞纳河，进入高卢北部，他们通过贝尔福特山口占领了罗讷河谷。居住在这些河流流域的人都是高个子、金发的混血儿，而周围的高地则孕育着肤色较深、身高较低的人种，这些人共同构成了这片土地上的早期居民。

种族或语言的界限横穿河流流域的轴线，这种界限很少是由河流本身决定的，而且只适用于很小的范围。易北河流经德国北部的低地平原，生活在整个山谷的人口都是纯正的日耳曼人——白皮肤、高个子，留着长发；而在萨克森州的高地上，深褐色皮肤的人种占据着其中间地带；而易北河的上游，被厄尔士山脉和瑞森山脉所包围，居住着波希米亚高原上额头宽大、矮个子的人们。因此，人种分界线横切易北河谷，而不是纵向切割。多瑙河的整个山谷，从德拉瓦河一直向北到奥地利边界，都属于匈牙利人。从德拉瓦河口到铁门峡的两岸地区，以及西边的支流萨瓦河也是塞尔维亚-克罗地亚人的领地。德语的语言边界线横跨多瑙河，在维也纳和布达佩斯之间。德语–罗马尼亚语的语言边界线越过恩加丁河谷入口的因河上游，靠近伊兰兹的莱茵河上游，距离库尔大约 20 英里。所以在美国，圣劳伦斯河下游居民讲法语，上游居民讲英语。这种语言上的界限是这个国家政治机构留下的为数不多的痕迹之一，一般是在国家建立不久的时候留下的，很快就会消失，然后被抹去。密西西比河的边界线就像一道划痕，因为它只是一条想象出来的界线。西方人一到达密西西比河，就侵占并越过了它。

横跨阿勒格尼的河流为人口的迅速增长创造了必要的条件，俄亥俄、田纳西和坎伯兰在密西西比河上的汇合，引导着三股即将到来的移民潮。早在1788 至 1789 年间，就有八九百艘船经过俄亥俄州的哈马尔堡，船上载着约两万人，七千匹马，三千头牛，九百只羊和六百辆马车。这还不算拓荒者的队伍，他们用脚开拓出了一条更宽阔的荒野之路，也不算在印第安人战争结束后涌向坎伯兰殖民地的大批拓荒者。西方人数量的增加对密西西比河对岸的西班牙势力来说是不祥的预兆，而更不利的是他们的空间观念的变化。西部地区水流浩浩荡荡，西北地区大草原绵延不绝以及无边无际的阿巴拉契亚森林，都给来自狭窄的大西洋平原的人们提供了新的衡量空间的标准。在土地被完全占用之前，5000 到 10000 英亩面积的土地价值最高，几乎相当于一个农场的面积。1000 英里的沿河旅行最为普遍。从密西西比河来到美国最南端的哨所——徒步或骑马沿契卡索小道从亚当斯堡到纳什维尔行进 500英里并不足为奇。每年，从内河航行到新奥尔良的商人们返回时都会在这条路上花不少钱。

1800 年，聚居地沿着俄亥俄州的西部定居点几乎一直延伸到坎伯兰河口。此外，密西西比河沿岸还有两条偏僻的聚落带，其地形和位置都很重要。北部是现在的伊利诺伊州的西部，从伊利诺伊河的河口向南延伸至卡斯卡斯基亚河，沿着密西西比河形成了一条狭窄的河岸。它的中心是法国曾经的定居点：卡霍基亚和卡斯卡斯基亚。西班牙殖民地那一侧的圣路易斯和圣吉纳维夫的丰富货物极具吸引力，人们在那里可以买到来自新奥尔良的外国奢侈品，也可以买到从密苏里上游运来的皮货。

另一侧被称为纳齐兹地区，沿着密西西比河的断崖在与西班牙的分界线和亚祖河三角洲之间绵延了 100 英里。该地区人口包括奴隶在内大约有

6000 人，分布在皮埃尔河、科尔河、圣凯瑟琳河、霍诺奇托河、布法罗河和大布莱克河沿岸的几个大型定居点，其中大多数都在密西西比河周围 10 到 15 英里的范围内。该地区包括英国定居点的一个核心部分，创建于 1763 到 1783 年间，当时英国侵占着西佛罗里达，试图将途经密西西比河、后来被开凿成运河的艾伯维尔河和庞恰特雷恩湖之间的商业活动转移到莫比尔或彭萨科拉。1783 年签订的条约确保了该地区属于美国，尽管直到 1798 年西班牙才放弃了他们通过侵占获得的控制权，在那之后美国人口又有了新的增加。纳齐兹靠近西班牙殖民地，是与新奥尔良贸易往来最方便的地方，也是通往坎伯兰定居点的旧荒野之路的起点。密西西比河上游的断崖地区比上游或下游的低地更卫生，疟疾也少。这里的人口构成具有当地边疆地区的特点——来自古英属佛罗里达的英裔美国人、对西班牙在路易斯安那州的统治不满的少数法国人、少数西班牙人以及越来越多的西方人。

以上是对边界作为混合区域性质的描述。在密西西比河的西侧，纳齐兹人逐渐增加，而拉丁人和撒克逊人则相反。在这条大河上的驳船和平底船上生活的这两个种族几乎是平等的。俄亥俄河和密苏里河在中央水道汇合在一起的水流才能承受所有船只、人力和商品的重量。这里就像乡村里的大都市，拥有来自霍尔斯顿和阿勒格尼的沿河居住的人，来自马斯金格姆河定居点的新来的新英格兰人，来自伊利诺伊河的法国人、英国人、苏格兰商人，还有法国的航海家和几个来自路易斯安那州的西班牙人 (主要是官员)。河流上的贸易十分繁忙，它把新奥尔良和布朗维尔连在了一起。克里奥尔城从俄亥俄州进口面粉、谷物、腌肉，从纳齐兹地区进口蔬菜。因此，当美国人在新奥尔良的存款权被暂停时，这条河的交通几乎陷入瘫痪。

在路易斯安那州的北部，从圣查尔斯和圣路易斯到新马德里，密西西比河沿岸的狭长定居点以法国人和美国人为主。有些法国人原本住在这条河的东岸，1763 年该地被英格兰占领时，他们从瓦巴什和伊利诺伊州迁移过来。1787 年，路易斯安那州州长米罗通过赠予大量的土地并承诺密西西比河实现自由通航，诱使美国移民迁移到新马德里。在同样的诱惑下，许多来自霍尔斯顿和坎伯兰的人移民到了西佛罗里达。根据 1799 年的人口普查，圣路易斯的人口是 925 人，圣查尔斯 875 人，圣吉纳维夫 949 人，新波旁 560 人，开普希拉多 521 人，新马德里 782 人。这些地区都是沿河城镇。路易斯安那州北部的人口增长速度远远快于该州其他地区，这在很大程度上是由于美国殖民者的不断涌入。一场按计划进行的领土外扩张正在进行，荒野地区的人们正在移动：根据人类地理学的规律，这一种族正从河谷的斜坡下部蔓延到山上。

横跨密西西比河的乡村对开拓者的吸引力比俄亥俄北部地区的更大，因为那里的气候和土壤更适合种植农作物。这些农作物由身为奴隶的劳力种植，因为这里的奴隶制度并没有被禁止。在 1797 年到 1799 年间，丹尼尔·布恩因为一个错误失去了他在肯塔基州的土地，随后他搬到了属于西班牙的领地——圣路易斯以西约 45 英里的费姆奥萨齐山谷定居下来。他的儿子小丹尼尔·布恩早在他之前去了那里，不久后他的其他几个已婚子女也跟着去了。1804 年春，梅里韦瑟·刘易斯上尉在这个殖民地上发现了三四十户美国人的家庭，还有另外一小群美国移民，他们住在东部几英里外的邦霍姆河沿岸。所有的沿河城镇都从密西西比河的东岸并入。

路易斯安那州南部远离美国边境，因此人口中移民较少。移民现象主要发生在新奥尔良，那里的贸易优势吸引了野心勃勃的美国商人。在密西西比河和沃希托河之间，偶尔会有美国种植园主，在红河上游的纳契托什也有一些美国移民。1800 年，在菲利普·诺兰的带领下，一群冒险家潜入了得克萨斯州的布拉索斯河。他们在那里搭起了小木屋，经常捕捉野马，直到 1801 年被西班牙官员抓获。

构成美国和西班牙边界的同化区不断向政治分界线的西侧转移。路易斯安那州有被即将到来的西部移民潮冲击的危险。新奥尔良的管理者逐渐开始警觉起来，并在 1799 年颁布了各种法规来阻止美国移民。1802 年，西班牙国王禁止向美国公民授予任何土地。

西部的扩张和大河流域的统一共同促成了美国对路易斯安那州的收购。

种族权利和地理条件都在促进同样的目的。托马斯·杰斐逊理解这一点。1803 年 1 月，他敦促国会收购契卡索印第安人位于亚祖河北部一片沿着密西西比流域的领土，其目的是"至少在密西西比河沿岸，从我们的南部边界到伊利诺伊州南部间拥有一片较大面积的土地，这样我们国家才能有像东部边界一样坚固的防线"。并且，他再次坚称他对推迟占领新奥尔良政策的信心："只有我们变得更强大，拥有更强的盟友，尤其是直到我们移民到密西西比河上的人口能够进行自己的商业活动才可以实行占领政策。"

历史学家仍然坚持认为，美国对路易斯安那州的收购是多次机会中偶然的成功。一个国家发展的重大决策不是由最高执政者的一时兴起，也不是由一场长远战争中不确定的事件所决定的。对路易斯安那州的收购是一个契机，而不是对横跨密西西比河的国家进行收购的原因。收购是迟早的事。即使法国人在路易斯安那州建立了自己的国家，他们也无法长期抵御地理因素发挥的作用和西方人民的进取精神，而西方人民的进取精神在一定程度上是环境的产物。横跨密西西比河的地区，在西经 100 度以外的地方干旱严重，根本无法养活足够多的人口来抵抗美国人，而美国人在密西西比河的通航很快就举步维艰。就在关于收购的谈判悬而未决时，大西洋的广阔使得圣多明戈的黑人起义十分艰难，也让法国失去了那个岛屿。拿破仑·波拿巴将这一地理原则应用于路易斯安那州的法国殖民地，而这一殖民地又受到一场外国战争的威胁。如果英格兰从法国手中夺取了路易斯安那州——这是拿破仑所害怕的——与美国在东部广阔、富饶、水源充足的地区的密集种植相比，即使是法国优越的殖民环境也无法养活足够多的人口。在沿密西西比河和跨密西西比河的两大势力冲突中，前者拥有有利的地理条件，包括海岸线、河流、气候、土壤和可居住地区。美国人注定要控制西方世界，此次收购加快了这一进程。

目前对美国而言，在路易斯安那州，没有任何邻国比西班牙更不具威胁了。西班牙太软弱了，没有攻击性，也没有进取心，不会给美国贸易带来激烈的竞争。托马斯·杰斐逊唯一的担心是，在人口能够得到足够的发展，能够创造价值之前，美国的力量太弱，不足以掌控西班牙整个国家。1788年和1802年，西班牙在新奥尔良的寄存货物权两次被任意中止，这足以表明，西方贸易如果没有掌握在美国人手中，他们会表现出怎样的愤怒以及会采取何种报复行为。这种对于条约权利的侵犯在西方是令人兴奋的，在这里更是极度受欢迎。1799年，肯塔基州和田纳西州派出一支独立探险队去占领新奥尔良，联邦政府费尽周折进行了阻止。这体现了荒野地区的人们自力更生、不屈不挠的精神。1802年，总统获悉来自整个跨山区国家的抗议。路易斯安那州被割让给法国的谣言更是激起了人们的愤怒，肯塔基州和田纳西州要求立即采取行动，密西西比河地区的克莱伯恩州长主动提出在他管辖的地区召集足够多的志愿者，在新奥尔良被转让给法国之前保住它。

路易斯安那州对拥有这些新邻居并不放心。当时法国是欧洲最强大的国家。法国人最近所受的训练并没有使其变得平和，当其与美国人在密西西比河的水面上相遇时，他们那种不安的、充沛的、易冲动的性情肯定会促生摩擦。"世界上只有一个地方，"托马斯·杰斐逊说，"它的主人一贯是我们的天敌。那个地方就是新奥尔良，我们国家八分之三的农产品必须经过那里才能进入市场，在它肥沃的土地上不久就会生产出我们半数以上的农产品，容纳我们一半以上的居民。在新奥尔良的法国人，以蔑视的态度对待我们……法国占领新奥尔良的那一天就注定了她将被永远限制在低水位线以内。这标志着两个国家联合起来才能保持对海洋的独占权。从那一刻起，我们必须与英国及其舰队联合。"这些措施并不是人们所希望的，而是将"如同自然法则所规定的任何其他原因所带来的必然结果一样"强加于美国。如果法国坚持占领路易斯安那州，佛罗里达和新奥尔良岛的割让可以保证美国人自由进入墨西哥湾，从而与其和解。对进出莫比尔湾的所有商业活动征收的过境税也给汤比格比人的小定居点带来了困难，但密西西比河是关键所在。

拿破仑·波拿巴不得不放弃帝国殖民统治的美梦。圣多明戈的黑人起义证明了当时法国在海外的统治是徒劳的。英国的海军力量和当时英国在加拿大的军队表明，一旦与英国开战，占领路易斯安那州是不可能的。法国向拿破仑展示了从新奥尔良逆流而上的战役十分艰难，这场战役是为了保护路易斯安那州上游的定居点免受美国人的侵略，而西方人征服路易斯安那州下游是很容易的。在这位第一执政官对地理形势的洞察下，保留路易斯安那州而放弃新奥尔良显然是不值得的，因为新奥尔良才是关键。但是，导致这个西方帝国分裂的主要因素是英国在广阔的大西洋以及岛屿上的海军力量。因此，在收购路易斯安那州的所有动机中，地理因素是最重要的。

西班牙不情愿地把路易斯安那州割让给法国，但在墨西哥和持续扩张的美国间存在一个强大的缓冲国无疑是对自己有利的。然而，随着路易斯安那州并入美国领土，西班牙对北部大陆的掌控情况受到严重影响。除了路易斯安那州萨比纳和密西西比河沿岸的 500 英里以外，从圭亚那到波多黎各，几乎整个海湾地区和加勒比海岸都在西班牙的控制之下，这与它的长度完全不成比例。海岸的意义在很大程度上取决于其腹地的范围和性质。路易斯安那州海岸的后面是广阔的密西西比盆地，就像一个巨大的漏斗，漏斗口在新奥尔良，现在完全属于美国。给其背后国家带来的压力是巨大的，担心最终会冲破西班牙对墨西哥湾的限制。西班牙在佛罗里达和墨西哥的领土现在被分割了，这是一个战略性的时刻。如果路易十四在加拿大的阵地上成功地完成了征服哈德逊山谷和切断两条英国在美洲海岸线的计划，那么结果一定不同。

根据美国认证的收购条约，路易斯安那州将被法国人所拥有，包括从北里奥格兰德河到界定佛罗里达州西部边界的佩迪克洛河。但西班牙出于自我保护的本能，尽可能地限制这些范围，只转让路易斯安那州位于萨宾和密西西比河之间的海岸，密西西比河东岸的新奥尔良，得克萨斯州东部新的殖民地以及沿着这条边界的地区，并开始武装侵占萨宾和红河，意图使红河成为墨西哥东部的边界，从而除新奥尔良之外，将美国排除在海湾之外。

西班牙也试图在密西西比河河口筑坝，使得河流和国家同时向大海延伸。美国占领路易斯安那州后不久，其墨西哥湾沿岸领土向东延伸至珍珠河。众所周知，西佛罗里达州的巴吞鲁日区人口主要是英国人（这可追溯到英国在该地区的统治时期）以及来自坎伯兰郡和纳齐兹的美国人组成。巴吞鲁日地区的叛乱和要求美国吞并新奥尔良的呼吁将美国国旗带到了珍珠河。1812 年战争期间，在西班牙的支持下，英国承诺把佛罗里达海岸作为军事基地。为了粉碎这一计划，美国国会下令占领并吞并密西西比的领土。对东佛罗里达的收购会形成保障，美国定居点向西南地区的扩张最终将美国的墨西哥湾沿岸领土扩大到了格兰德河。

联邦政府在路易斯安那州的权力扩大，伴随着来自美国东部和西部各州移民不断向该地涌入。在权力移交前的六个月，在坎伯兰郡有数百人居住。1815 年新奥尔良地区（包括现在的路易斯安那州）的人口分布说明了对于河道的地理控制的作用。九万居民中的大部分是沿着密西西比河在新奥尔良以北 70 英里和以南 30 英里的地方居住的，其中大部分都是克里奥尔（指出生在这里的法国殖民者后裔）法国人，还有零星几个美国人。法国人集中在距离密西西比河下游 50 英里的莱佛士河口、在奥珀卢瑟斯下游 50 英里的特澈河河口以及同地区阿查法拉亚湾西部的一些河口附近。法国人不断占领着红河到亚历山大河一带的土地，而对纳契托什则较为宽松。在河流的上游，以及现在的门罗镇以北沃希托河的支流处，有一些零星的住宅。第一批来此处的移民选择了肥沃的冲积层底部搭建住宅，住宅一般集中在密西西比河方圆50 英里以内，而这条河是全国的主要通路。

在东岸的老佛罗里达教区，美国人占主导地位。他们的种植园分散在沃希托河以东和红河以北——老纳齐兹地区美国人聚集中心的对面，他们主要居住在新奥尔良和某些沿海城镇。法国人对现在的路易斯安那州的占领是从沿海内陆开始的，因此他们把注意力集中在河流的下游。由于美国移民是后来者，来自大陆内部，在内陆的河流上游居住，但不包括那些被海港吸引的商人。

随着移民占据旧西部荒野，轮船通航也加速发展，大量人口涌入密西西比州。1840 年移民占据了河流上下游的大片地区，将西部边界定为西经 95度和萨宾河，从艾奥瓦州一直到达海湾地区。

因此，如果根据美国强大的扩张能力，它收购路易斯安那是完全可以想象的；但是在中部各州和新英格兰，美国对这片广袤的土地的收购却遭到了激烈的反对，因为对于这些州而言，这块土地是他们的自然栖息地。持第二个观点的人在之后的国家政务会上取得了数量上的优势，他们认为这一大块土地应该划分到国家领土内，并且这块土地可能会形成一个包括整个密西西比盆地在内的独立邦联，从而削减最初邦联的范围和力量。有人认为，这条河的流向将把西方的利益从东方转移到南方。在《杰伊条约》谈判的时候，东方也提出了同样的担忧，因此他们同意封锁密西西比河，认为这一举措是应对山脉两侧移民点产生分裂倾向的手段。

幸运的是，新英格兰政治家的狭隘政策最终没有得到足够的支持。对路易斯安那州的收购使美国成为一个大陆强国。这个国家的诞生与民族帝国和大领土主权的理念是同步的。"年轻的国家不愿意被排斥在海洋之外；如果可能的话，它们宁愿从海里向陆地生长，一直到再延伸回海洋。"北美洲的所有国家，除了小圣萨尔瓦多以外，在这两片海洋上都有一个立足点，即使面积很小也不减少其重要性。

在南美洲，除了南北向贯穿该大陆的安第斯山脉的巨大壁垒沉入海洋的地方，其他地方的地形条件不利于这种海向海的扩张。哥伦比亚在太平洋和凯比恩海拥有广阔的基地。在麦哲伦海峡横贯大陆的地方，大陆广阔平坦的边缘被善战的智利人所占据，这对阿根廷是不利的。安第斯山脉不像落基山脉那样从不平缓的高原斜坡上升起，像一道墙，是向东扩张的最大障碍，而南美洲大部分地区的热带气候则形成了拉丁混血人口懒惰的性格特征。虽然高地的山谷很早就从西海岸被占领了，但在科迪勒拉山脉的山区，能够登上白雪皑皑的山脉，并从大西洋另一侧的大河谷走出的人并不多。此外，因为太平洋国家正插手其东部地区，在安第斯山脉大西洋斜坡上发生多次边界争端。

俄罗斯，这个在大陆扩张的地理条件下发展起来的最年轻的欧洲国家，从一个小的内陆地区向波罗的海、黑海和太平洋拓展了自己的疆域，并在这些地区不断建立基地，还设法通过幼发拉底河和波斯湾，或通过阿富汗赫拉特到达印度洋。

在收购路易斯安那州的计划完成的四个月前，路易斯和克拉克计划通过找寻最佳的商业陆路路线，为美国向太平洋扩张做准备。托马斯·杰斐逊希望能够利用横跨大陆的河流交通系统的优势，并且他意识到密苏里州为美国在遥远的西部创造利益方面所提供的力量。"密苏里河和居住在那里的部落并不出名，但因为他们与密西西比河的关系密切，因此大家向往与之建立联系。"杰斐逊抱怨英国商人通过加拿大糟糕的内陆航行系统从遥远的西北地区带来了毛皮和生皮，该交通系统在河流冰冻中断了好些年，而这些来自西北森林地区的货物应该通过美国水路系统到达大西洋。因此，路易斯奉命仔细地探索密苏里河，并沿着它的所有主要水流前进，这些水流有可能成为穿越山区与哥伦比亚河和太平洋之间最便捷的交通要道。

密西西比河流域注定要成为这个国家的核心，正如它是这个大陆的核心一样。其肥沃的土壤可以养活稠密的人口，廉价的水路对一个年轻的农业国家来说有着不可估量的价值。新西部的建立强化了美国地理环境最显著的特征——丰富的自由土地。一个国家不仅受地形影响，而且受领土面积的影响。新西部的存在对东部和旧西部产生了有益的影响：无尽的机会所产生的激励作用使美国的活力不会减弱，而年轻的边疆精神在整个国家培育了探索精神。密西西比河对岸的大量未被占用的土地缓和了与印第安人的问题，避免印第安人问题进入尖锐的阶段。毫无疑问，因为白人有了新的出路，对印第安人的土地收购推迟了；当这些部落被迁移到密西西比河以外时，情况开始变得简单。因此，山谷的东半部拥有了更多的空间。

第七章 大西洋海岸的地理条件与美国 海洋力量发展间的关系

1810 年，当西部拓荒地向密苏里州、阿肯色州和沃希托的下游扩展时，全国的人口中心位于蓝岭东麓，距华盛顿和切萨皮克湾潮汐涨落的地方 40 英里。甚至在 1830 年后期，人口普查地图上显示人口向西移动的那个星标，还没有越过波托马克河的上游；即使在美国收购路易斯安那州统治整个大陆之后，人口仍然汇聚在流入大西洋的水流附近，这显示出了海洋的吸引力。正如我们所看到的，阿巴拉契亚屏障的影响将英国殖民地限制在沿海平原，并在某些地区刺激海洋发展，这是因为在这块狭窄的大陆架上，易于开采的自然资源供应有限。当皮毛和玉米地资源枯竭时，人们的进取精神促使他们在海上寻找新的活动领域。

路易斯安那州丰富土地资源的吸引力并没有立即显现。企业和资本不会如此迅速地改变它们的方向。1830 年到 1840 年的十年见证了美国商船的衰落和人口的大规模流动，这使得西部边界线到达了西经 95 度，并在那里持续了许多年。后来，人们开始了大陆发展，而不是海洋性的或大陆以外的发展。"19 世纪密西西比河流域的开放给大西洋沿岸美国人民带来了航运利益……虽然这也对人们海上生活产生影响，但总体上来看，最重要的原因是能够让有胆识的人通过该流域获取利益。这个阶段之后，太平洋海岸的海洋生活有望得到复兴。"

在整个殖民时期和建国后的前四十年里，美国都是由海洋主宰的。地理位置和各种地理条件决定了这一点。最初的 13 个殖民地沿着大西洋的一条定居点汇聚成的长线，从北部的圣克罗伊河一直延伸到南部的圣玛丽；这个定居点足够长但不够宽，而且长度也是由海水的潮汐冲刷而成的。每个殖民地都与海洋有充分的接触，并沿着其海洋航线发展。从一个殖民地到另一个殖民地的陆路旅行垂直穿过水道；只有在特殊情况下，它才能利用这个年轻国家的天然道路。因此，殖民地间的旅行和交通都是通过海路进行的，沿海贸易成为人民共同生活的关键，促进他们能够团结起来。

海岸两端有很多港口。美国大西洋沿岸的特点是小缺口很少，大缺口很多。在这方面，它与欧洲形成了对比。切萨皮克湾和长岛湾是仅有的两个面积相对较大的部分封闭水域，但它们与海岸平行，对开放内陆的贡献也相对较小。这片水域的水流来自大西洋及其港湾，足以把海洋的影响带到狭窄的定居点的中心地带。

海岸大缺口较少就意味着半岛缺乏。在美国的领土上，算得上半岛的只有特拉华州—马里兰州的陆地部分、新泽西州南部、马萨诸塞州的东南突出部分，以及后来的佛罗里达州。但由于其港口贫乏，佛罗里达州对美国的海洋发展贡献甚微。美国也有少数岛屿形式的隔离地区，位于大西洋各大岛之间，北部位于纽芬兰、布雷顿角、爱德华王子岛和安蒂科斯蒂岛之间，南部是安的列斯群岛的大环线。因此，美国的大陆位置更加明显了。这些岛屿离海岸很近，是这个国家总体轮廓的一部分。它们是大陆因冰川和沉降作用形成的碎片，就像缅因州峡湾地区一样；或者是长条状的沉积带，这些沉积带从桑迪胡克一直延伸到格兰德河，几乎没有间断地包围着海岸。只有面积大的长岛和相对偏远的楠塔基特是独立存在的。在美国的军事史上，外国势力在所有的岛屿，包括北部和南部，甚至在沿海岛屿，如百慕大群岛、巴哈马群岛和安的列斯群岛的存在，表明了单一大陆地理位置的不利之处。但现在美国意识到了这些海洋的前哨价值，并在力所能及的范围内保护它们，将在很大程度上扭转不利因素。

狭长的海岸线和丰富的港口，再加上第三个地理优势，即地理位置，使美国人从一开始就成为一个航海民族。他们在人口稠密的北大西洋盆地的边缘占据着中心位置，而在这里，新英格兰拥有选择权。贸易随着墨西哥湾暖流、北大西洋暖流和赤道洋流的回流，经过了纽芬兰、英国、西班牙、非洲、加那利群岛、西印度群岛和美国海岸。美国航船沿着这条路线航行，在激流和风的推动下，依次经过了沿途所有市场，并顺利完成了这一伟大的贸易流通。如果英国不具备靠近波罗的海这片与世隔绝的海域的条件，那么英国在北大西洋的商业活动中就不可能处于更有利的地位。殖民地和后来成立的各州都位于温带，需要从西印度群岛进口热带产品。美国船只在西印度群岛之间穿梭，以交换北方的大量粮食。作为一个拥有大量来自森林、田野和海岸的产品的新国家，它依旧需要欧洲的制成品，而欧洲大陆反过来又急需美国当地的原材料。殖民时期的美国在这两个重要市场上都占据着接近中心的地位。这些都是其地理位置的一大特点。对早期美国贸易的更详细的分析将揭示出其他优势，这些优势在很大程度上归因于美国自身的气候条件、土壤条件和自然条件，这也是商人在这片人迹罕至的地方所寻求的东西。

在十三个殖民地区，由于自然条件有差异，美国人的活动和产品也呈现多样化特点，有些殖民地主要靠土地赚取利益，有些殖民地则以海上牟利为主，而事实上，这些殖民地都与海洋有充分接触。一个民族的地理环境是由其拥有的一切自然条件组成的，而不仅仅是由其中的一部分决定。海岸地区总是呈现出陆地和海洋力量的相互作用。根据可耕地的肥沃程度以及范围，或港口的丰富性和可用性，遵循解析力定律，国家有时处于农业发展阶段，有时则以海洋发展为先。在地理研究中片面地看待环境是灾难性的，正如一位作家的结论所表明的那样："然而，历史的证据强烈反对这样一种假设，即只要具备地理条件就能使一个民族发展航海事业。腓尼基人和犹太人住在同一片海岸上，但他们利用机会的方式却大不相同。腓尼基人的商业活动遍布地中海……但犹太人则从来没有发展出任何航海才能。"

这两个民族对机会的利用方式是不同的，因为无论是在陆地上还是在各自的海岸上，他们所拥有的机会在本质上都是不同的。犹太人住在一大片肥沃的土地上，从叙利亚沙漠向西伸展，却只能从卡梅尔山处的海角向南走，才能到达地中海；这里的海岸平滑且连续不断，甚至小河的河口都被从尼罗河三角洲向北来的水流携带的沙子填满了。沿海地区没有港口，而内陆地区有丰富多样的农作物、肥沃的果园和稀少的森林，这一切都促使人们从事农业生产。腓尼基人占据了黎巴嫩山脉和大海之间的狭长地带。西顿港距离山顶只有十几英里。向东扩张几乎是不可能的，只有腓尼基人沿着莱昂提斯河穿过山脉屏障才能直通大海，将他们的统治扩大到黑门山的范围。他们居住在卡尔迈勒山以北的海岸，与犹太人的海岸形成了鲜明的对比，由于这里的山基侵入了大海，海岸显现出不规则状。沿着海岸，偶尔有一个港口，一个在公路附近的近岸小岛，这些都是海上生活的一部分。黎巴嫩的山坡上生长着壮丽的雪松，为腓尼基舰队提供了原料，它凝聚了盛行的西南风带来的湿气，但是陡峭的山坡上几乎没有别的植物生长。因此，海洋和陆地的地理条件结合在一起，腓尼基人成了海洋民族，犹太人成了内陆民族。

美国大西洋沿岸的情况与此形成对照，结果也大同小异。在新英格兰，海岸线的曲折，低地的狭窄，以及冰冻的土壤都是影响海洋发展的地理因素。在纽约和拉里坦湾，相似的地理条件，加上与内陆联通的交通路线，产生了一个自然海港区域，随之而来的是航海活动。费城靠近特拉华河河口，巴尔的摩控制着萨斯奎哈纳的出海口，使其成为宾夕法尼亚州东部的港口。但是从这一点向南，尽管有海湾、海峡、水湾和深河口，海洋在控制人类活动方面还是失去了优势，而南方各州广阔肥沃的土壤决定了其侧重农业的发展。由于海岸线的长度，南部殖民地与海外势力保持着联系，但烟草和水稻作物的利润阻碍了他们对贸易的投入，因此他们把业务留给了其他殖民地，尤其是新英格兰。当时，南方各州所拥有的船只还不到美国船只总数的十分之一。

世界上最伟大的航海国家一直都是那些生活在狭小、贫瘠海岸的国家，或者是国土较大但肥沃地区有限的国家，但紧邻物产丰富的地区会让这些国家的人成为中间人以交换海洋的收成。这些民族是腓尼基人、迦太基人、希腊人、拉丁人、英国人、汉瑟镇的居民和挪威人。新英格兰岩石嶙峋、凹凸不平的海岸造就了新大陆上伟大的商船，就连英国商船也难以与之竞争。马萨诸塞湾的港口在经度上比费城离英国近四度，比南卡罗来纳州的查尔斯顿市近九度；因此，它们在与英国这个岛屿王国的贸易中具有明显的优势。英国由于面积有限，森林土地荒芜，对美洲的原材料有稳定的需求，尤其需要新英格兰北部森林的木材来为皇家海军服务。殖民地通常也将这些材料用于他们自己的海洋事业，所以供家庭使用和出口的造船业成为东北海岸最早也是最重要的工业之一。

新英格兰早期造船港口的地理分布显示了沿海海上利益的分散性，而不是像之后那样集中在少数几个地点。资源丰富的森林附近的造船厂，飞溅的瀑布和锯木厂的呼啸声几乎和岸边海浪的轰鸣声融合在一起。从1620年到1750年，从安角到康涅狄格河沿岸的许多城镇都在造船，格洛斯特、塞勒姆、马布尔黑德、梅德福、多切斯特、波士顿、普利茅斯、朴次茅斯和罗得岛的新港，以及波卡塔克河口的韦斯特利和新伦敦，都有船只下水航行。

但1750年后，旧港口附近的木材供应枯竭，造船业开始集中在马萨诸塞州东北部、新罕布什尔州和缅因州附近的海岸。缅因州的威尔斯在1767年建造了一艘88吨重的纵帆船，但造船活动的更大中心是皮斯卡塔夸河，那里的船只以每年200艘的速度生产。资源丰富的森林为其提供木材；用来装备船只的绳索、锚和帆布都来自英国。海军储备，如焦油、沥青和松节油来自北方或北卡罗来纳州的森林。当皮斯卡塔基亚开始需求更多的木材资源来建造船只时，桅杆的出口中心从朴次茅斯向东移动到了缅因州的波特兰，这证明了森林和商业之间的关系。

通过阅读新英格兰早期的商业历史，人们似乎永远无法摆脱造船工人的锤子声和下水船只在波浪上"纵摇"时的轰鸣声。早在1709年，马萨诸塞州就雇用了200艘船，平均每年向伦敦和其他地方的商人出售100艘。造船业受到了政府的视察，这是造船业的骄傲，建造者在几个港口获得了特权。其他在1650年之前就存在的制造业仍然不发达，因为造船业这个伟大的工业消耗了人们的能量和资本。美国的船只是最便宜和最好的。费城的地理位置优越，靠近阿巴拉契亚森林，又靠近大海，出产最精良的船只，但新英格兰的船只是最快速、最坚固的。

美国商船局提供了如此优越的平台，以至于造船业吸引了高级船员和军官。一艘最初装满了货物的美国船只，去往纽芬兰和巴巴多斯进行贸易，需要一个了解各地市场的专家，还需要在可能经过的外国港口之间做点货运生意。因此，在18世纪和19世纪初，美国海员的人员远远超过英国人。结果，美国船只成了海上最受欢迎的运输工具。它们可以最快、最安全的，更好地保管货物，且装卸速度最快。这降低了保险费率，从而能够以最高的利润进行最有价值的货运。

新英格兰的造船工业因北美东北海岸附近的广大渔场而得到发展，那里的大片浅滩海底高原养活着成群的海洋动物。渔业一直是人们出海的最初动机，今天海洋仍然是海员的训练学校。仅在1664年，波士顿就有300艘渔船在塞布尔角附近海域捕鱼；有约一千五百名渔民在浅滩诸岛撒网。鳕鱼成了新英格兰的主要出口商品，经过腌制和包装，满足了广泛的市场需求。最上等的鱼被送到南欧天主教国家，在那里，日常的斋戒日对鱼产品有着稳定的需求，就像15世纪人们对汉塞大渔场的盐鲱鱼的需求。中等质量的鱼留作家庭食用，大量劣质的鱼则运去供应西印度群岛甘蔗种植园的奴隶。这种贸易定期与英国在安的列斯群岛的奴隶主进行，虽然非法，但仍然广泛地在法国和西班牙的殖民地存在着。由于这些岛屿的面积有限，而且利用它们的土壤生产一些亚热带产品更有利可图，因此必须从美洲殖民地进口粮食，而进口这些粮食的前提是有更大的农业和畜牧土地，而且靠近北方的渔场。在革命爆发时，与西印度群岛商业往来的中断几乎切断了渔业和奴隶交易，不幸的奴隶们在几年内饿死了很多。

但是，鳕鱼和鲭鱼并不是把美国渔民吸引到海上的唯一原因。在早期的殖民时期，须鲸经常出没于这些海岸。如果一头死鲸漂流到陆地上，由法律规定的岸上权利决定了鲸鱼的所有权。但不久，漂鲸的数量减少了，因此，单桅帆船和其他小船开始在开阔的海洋中寻找它们的猎物，尤其是抹香鲸，于是一种正规的工业就发展起来了。这主要集中在新英格兰的东南海岸。领头的是南塔开特、长岛和新贝德福德；普罗维登斯、沃伦、罗德岛的纽波、达特茅斯和科德角地区都参加了。波士顿并没有积极参与其中，但它是鲸鱼产品贸易的主要港口。

深海捕鲸需要更大的船只，既为了安全，也为了装载大量的骨头和鲸脂。这些岛屿首先从巴哈马群岛向北到巴芬湾和戴维斯海峡，然后横跨亚索尔群岛和几内亚海岸。新英格兰很快在这一行业中走在了世界前列；当鲸鱼在北大西洋和南大西洋被消灭后，新英格兰船只就跟着到了太平洋和北极。鲸骨和鲸油已成为国内外贸易的重要商品。1763年进口到伦敦的5000吨鲸油中，近五分之三来自美国，而1761年和1762年在一个市场就存放了40吨骨头。因此，船、木材、鱼、鲸油和骨头——新英格兰对世界贸易市场的这些贡献，都与其地理位置和海岸线、气候和土壤等自然特征密切相关。

正如上面所指出的那样，地理条件决定了殖民地间的交流应主要通过海洋进行。这就为特别活跃的沿海贸易提供了条件。特别是大西洋沿岸，每个地区由于自然条件的不同，其产品差别很大。新英格兰和南部各州地理活动也受到地理条件的控制。纽约和费城，由于它们在哈德逊河、特拉华河和萨斯奎哈纳河的广泛的内部联系，成了毛皮贸易的天然港口。纽约州、宾夕法尼亚州和马里兰州北部是主要的小麦生产地。1745年，由于新英格兰有限的农业用地被耗尽，它发现有必要进口小麦，南部各州发现从北方进口谷物更有利可图。南卡罗来纳利用它的沼泽种植水稻，而北卡罗来纳长期以来一直是老弗吉尼亚的边境地区，主要进行边境地区产品的贸易，包括木材、海军仓库、牛和皮革。

早期沿海贸易中最活跃的是新阿姆斯特丹的荷兰人，他们在欧洲大陆的中心位置为其带来了其特殊的优势；但他们很快就在新英格兰发现了活跃的竞争者，这些后来者已经开始适应他们的环境。由于大西洋西岸没有大的入海口，美国沿海的商业活动不是内海的，而是海洋性的。这些活动进行的地区很广泛，实际上与对外贸易密切相关。就在革命爆发前，仅罗得岛一州就有352艘船只从纽芬兰海岸驶到乔治亚州。这艘小型的沿海船只不断地从一个港口到另一个港口进行贸易。南方各州需要大浅滩的鱼，波士顿的欧洲商品和葡萄酒，纽黑文码头的西印度群岛的糖浆、糖和朗姆酒，纽约和宾夕法尼亚的小麦；反过来，来自阿尔伯马尔湾的焦油加固了大浅滩上船只的外壳，切萨皮克的烟草提升了船长们的精神气。一般来说，从加勒比海返航的船只会在诺福克停留，用船上的一些亚热带货物来交换烟草。因此，沿海贸易逐渐转向了与附近安的列斯群岛的对外贸易。

但最赚钱、最稳定的贸易还是与西印度群岛的贸易。这些岛屿需要殖民地提供原料，作为交换，他们会提供一些需要现成市场的产品。除了鱼、咸肉和面粉，他们还需要大量的马匹，供给巴巴多斯和其他制糖地区需要碾碎甘蔗的工厂，以及用于制糖和糖蜜的桶与管棍，还有用来搭建房屋的木板，最后他们还需要奴隶。特别是奴隶贸易，有利可图而且十分简单粗暴。此外，奴隶贸易还通过朗姆酒的生产，刺激了新英格兰的工业发展。朗姆酒主要是在波士顿和纽波特的二十二间房屋蒸馏而成的，由印第安人自己大量供应的劣质糖浆制成。然后，朗姆酒被运往几内亚海岸，用于购买被绑架的黑人，并向当地居民介绍"文明"的好处。通过朗姆酒买来的奴隶，被精心包装成商品，经过简短的安的列斯群岛航行，被卖到英国、法国和西班牙的种植园，或继续向北被供应给南方各州的奴隶交易市场。这一切没有"污染"新英格兰的土壤，其存在也没有"扰乱"彼得·法尼尔这样"博爱"的交易者那颗"平静善良"之心。

对西印度贸易感兴趣的地方主要是伊普斯维奇、塞勒姆、波士顿、新港、新伦敦、纽黑文、温莎和纽约。我们注意到，长岛海峡在参与殖民海上活动方面进展缓慢，但在西印度群岛贸易中发挥了重要作用。纽黑文的财富主要建立在与巴巴多斯的贸易上。新英格兰船只访问加勒比地区时几乎不受限制，包括英国、西班牙、法国以及荷兰。因为航海法的执行不力，无法限制雄心勃勃的美国人的商业活动。从美国海岸驶出的船只通常会载着足够多的木板和制桶工人，这些制桶工人忙于架起大桶来放置换回的糖和糖浆。这些船还带来了靛蓝染料、棉花、红木、染料木、银和西班牙铁，后两种是西班牙用自己的财产进行交换的。新英格兰的养鱼业一直需要盐，一度试图从墨西哥湾的龟岛进口这种产品，但事实证明，这种产品不能满足保存鱼类的需要，于是它继续依赖主要是在马拉加装运的来自地中海的产品。

由于英国的商业政策允许殖民地与所有位于菲尼斯雷角以南的欧洲国家进行国内不生产的商品的贸易，因此美国商人与西班牙、葡萄牙以及马德拉群岛和加那利群岛之间的商业往来十分兴旺。这些国家中，信奉天主教的需要鱼产品，大型葡萄酒生产国想要木板，这两个殖民地都乐意提供盐、葡萄酒、油和水果。在这些地区，沿着非洲海岸寻找金末、象牙和奴隶是一件简单的事情。

地理条件决定了新英格兰是美洲最大的海洋地区。纽约的海岸虽有价值但很有限，加上靠近敌对的法国，后来又保留了英国在湖区的驻地，这些都阻碍了其早期的海上发展。在 18 世纪中叶，费城和纽约港口的通关加起来相当于波士顿的通关。1731 年，当宾夕法尼亚州拥有 6000 吨航运吞吐量时，马萨诸塞州拥有近 3.8 万吨吞吐量，其中一半源于欧洲贸易。在纽约早期历史中，纽约港不得不与珀斯安博伊分享利益，因为它靠近大海，而且在避免进口税和消费税方面有着显著的优势；但随着在沿安大略湖和伊利湖海岸的人口的扩张，以及发生在其边境的 1812 年的战争和随之而来的伊利运河的建设，纽约港成了"美国的东部门户"。

商船队在战时成为国家防御和侵略的重要手段。它提供海员、运输工具，它的船只被改装成武装巡洋舰，或者配备有商标证书以掠夺敌人的商业机会。殖民地的私掠船在西班牙和法国的战争中发挥了有效作用，因为很容易在圣劳伦斯湾拦截法国的补给船或商船，或在前往安的列斯群岛途中拦截西班牙的船只。在独立战争中，英国海上霸权使美国这个年轻的国家无法进行任何常规的海战。然而，随着美国的商船和海员的数量愈加庞大，他们熟悉僻静的港口和岛屿沿海的隐蔽处，于是逐渐摧毁了英国的强势地位；此外，英国有必要在这场海外战争中出口物资，其在纽约内陆的海军基地只有两个——纽约和纽波特。美国通过把所有力量集中起来进行劫掠，而劫获的商船可以部分补偿损失。因此，我们发现波士顿有 365 艘船被委任为这种半海盗服务，塞勒姆大约 180 艘，罗得岛大约 200 艘（尽管就在纽波特的英军枪口下），其他新英格兰的港口也经常派出船只。1776 年，英格兰和西印度群岛之间的海上保险费率上升到 23%，这一事实证明，他们派出的这些船只达到了目的。为政府服役的船只在公海上是最有效的巡洋舰，而殖民地的巡洋舰和私掠船在近海也起到同样作用。因此带来的军用物资和战利品大大缓解了殖民地的需要。由于以前对英国的依赖，殖民地缺乏最简单的手段去对付这种战争。从布雷顿角到马提尼克岛，这些海中的"牛虻"叮人、吃人，几乎阻断了英国的商业活动。

正如实现独立是美国人领土扩张的信号一样，这种半海盗活动标志着明显的海上扩张的开始。英国人将不再是与东方贸易的中间人。美国商人受到对他们有利的歧视性关税的鼓励，找到了前往广东和东印度群岛的途径，中途在印度洋停留，在波旁和毛里求斯进行贸易。1788 年，一艘波士顿船沿着太平洋捕鲸者的足迹，开始与美国西北海岸的印第安人进行毛皮贸易，并将毛皮运往广州，换取中国产品。在随后的几年中，新英格兰的船只不断出现在西班牙的加利福尼亚港口，在那里，其船只数量超过了其他所有的外国商船，并首次引起了国家政府开始关注在太平洋上立足。

《航海法》将英国从竞争中排除出去，美国造船设施优越，使各州得以利用其地理位置和自然设备的一切优势，在海上处于主导地位。在 1789 年到 1793 年这段时间里，美国在全国的货物贸易中所占的比例从 25% 上升到了 79%，而到了 1810 年，已经达到 89%。如此重要的利益和在如此广阔的领域里的行动需要海军给予保护。1793 年，法国船只在西印度群岛对美国商业的掠夺是新联邦建造第一艘战舰的时机，同时也从法国那里学到了报复的方法。1803 年，在直布罗陀海峡外的巴巴里国的海盗也犯下了类似的暴行，这使美国年轻的海军在指挥战役时获得了经验，从而为 1812 年更残酷的战争做好了准备。

第八章　1812 年战争中海洋和陆地计划的地理因素

　　美国在 1812 年的战争中，比在独立战争中更能感受其地理位置偏远和地域辽阔的优势。人口从独立战争时的 300 万人增加到 1810 年的 700 多万，这是这个新的国家拥有丰富的土地和资源、鼓励自然增长和吸引移民的结果。虽然有人居住的海岸线只比 1780 年稍延长了一点，但有人居住的陆地边界从尚普兰湖向西南转移到俄亥俄州的河口，并从那里向东南延伸到圣玛丽河，圣玛丽河是西班牙佛罗里达北部的边界。这里是安置地的偏远地区，除了居住在俄亥俄州和密苏里州之间密西西比河沿岸的人们，几乎所有人都参加了 1812 年的战争，包括在底特律、麦基诺城、普雷里德欣、迪尔伯恩堡、芝加哥、新奥尔良以及米姆斯堡和鲍耶堡这些地区的人，其中米姆斯堡和鲍耶堡位于到达汤比格比河定居点的路线上。

　　从地理上看，这场战争的显著特点在于它被严格地限制在陆地和海洋的边界处。只有在对华盛顿、巴尔的摩和新奥尔良的袭击中，入侵才渗透到离海洋几英里的地方。这些城市是沿海城镇；而在陆地边境，那里没有水路可以提供援助，英国人在离他们的基地遥远的边境犹豫不前。这是一场外围战争，全国大部分人民都安然无恙。这种情况只可能发生在面积大、地理位置偏僻的国家，或者像英国这样有强大海军保卫海上边界的国家。比勒陀利亚这个比德兰士瓦大十倍的地方的沦陷，不会在实质上改变布尔战争的前景，就像 1812 年莫斯科的沦陷在俄罗斯广袤的国土背景下变得微不足道一样。

　　考虑到当时美国在海上的发展，被强制征召进入英国服役的美国海员必须接受检查。在英国海军舰艇上的 6000 名美国人讲述了英国人如何充分利用机会。发动战争主要是为了维护海洋国家的权利，然而反对战争的也正是这些国家。敌对行动意味着航运的中断和商业的破坏；而他们宁愿失去水手也不愿失去他们的金钱。因此，各方在对待这场战争的态度上所产生的分裂主义是明显的。除了沿海的佛蒙特州、纽约州的大部分地区以及新泽西州和特拉华州的大部分地区之外，整个新英格兰地区都是反对者。南方和西部都支持这场战争，但马里兰州却投了三票反对，因为战争与它的土地和海洋利益冲突。不出所料，在海上主导利益推动下，带头反对的是马萨诸塞州。

这场战争可能让纽约感到不快，因为不仅其港口受到破坏，其北部边境也会遭殃。纽约与佛蒙特州和俄亥俄州东北角接壤的北部边境，是美国唯一与加拿大边境接壤的定居地区。这是从尚普兰到普雷斯克岛、伊利岛的那条危险的旧分界线，在法国战争和独立战争中曾引起过人们的关注，随着人口的增加，这条分界线向西延伸到了底特律。此外，与法属加拿大在这场冲突中表现出的漠不关心形成鲜明对比的是，美国人感受到了邻省安大略省的敌意。这里的人都是独立战争后从美国撤军的效忠者。像所有美国后来者一样，他们定居西方，反对法国移民在加拿大东部混杂，英国政府授予他们安大略湖北部偏远地区的土地，在那里他们形成后来的上加拿大政治分区的核心。

尽管战争是由于海上暴行而爆发的，却是从敌对状态开始萌芽的。由于美国海军尚处于起始阶段，英国凭借在美国水域的力量，以及他们在哈利法克斯、百慕大群岛、圣卢西亚、巴巴多斯和牙买加的海军驻地，可以封锁美国海岸，对加拿大发动进攻。这里，地理条件再次决定了战争主力在很大程度上应该由海军、舰队和步兵相结合。安大略湖、伊利湖、圣克莱尔湖和尚普兰湖是这些水利工程的所在地；尼亚加拉河和底特律河这两条分开的河流，是陆地边界的交汇处，成为持续军事活动的战略区域，在这里，双方的冲突不断。

英国人在内陆边疆占有优势。圣劳伦斯河为他们提供了一条与加拿大和英国海军与军火库连接的保护线，因此，与美国人到达哈德逊河相比，圣劳伦斯河使得边境距离英国的国库和军队更近。莫霍克路线上的航行存在缺陷，尽管它对殖民地荒野的桦木独木舟和毛皮货物很有帮助，但它不适用于重炮的运输。此外，这条路线的出口是奥斯威戈河口，为安大略湖最东端的萨克尔港海军基地供应的物资则不得不经受来自附近金斯敦站的英国船只的威胁；而金斯敦，由于它位于圣劳伦斯河的出水处，确保了英国在这条河上的交通线的安全。对双方来说，控制这些内陆水域是至关重要的，因为尼亚加拉和底特律河所有哨所的补给都依赖这些水域。

英国的陆地位置也有一些地理上的优势。安大略湖圈在伊利湖的尽头，沿着尼亚加拉河形成一个矩形半岛，沿着底特律河在安大略湖省西部的尽头也形成这样一个矩形半岛，就在离伊利湖和圣克莱尔湖相同距离的位置上。英国地处湖的两侧，受到这两条河流的特别保护，这两条河流由于其长度短、孤立且处于控制地位，以及其作为圣劳伦斯河以西唯一有人居住的陆地边界的独特性质，具有战略上的重要性。特别是莫尔登堡的英军哨所，由于它位于底特律河口的一个陆地角上，能够切断从伊利湖东端的美国移民点通过陆路运送到底特律的援军和水路补给。

上加拿大狭长的像箭头一样的楔形地理形状给英国莫尔登堡带去来自美国的财富，使其从伊利河切断上游湖泊。为了煽动从威斯康星河到桑达斯基湾的印第安人，英国人给他们在西北边境地区划分了一个行政中心。底特律可能会使英国人的努力受挫，因此它具有战略重要性，所以美国军队最早在这里开始行动。唯一在伊利湖上捕获的美国船只当时正载着来自莫米的军队的供应向底特律河上游驶去。在休伦湖河增援底特律的失败，哨所被攻占，在瑞森河上的两次战役以及英军向桑达斯基河的进军，都显示出了底特律的地理位置处于劣势，它远离人们一直以来居住的前线，而英国船只控制着伊利湖。要维持一条有效的通信线路，几乎是不可能的。英国人是伊利湖的主人，占领了偏远的麦琪诺要塞。由于美国人切断了与底特律的通信线路，麦琪诺的地位变得毫无希望。尽管一支救援队伍从圣路易斯沿密西西比河而上，努力保住威斯康星河口的这个站点，印第安人的盟友还是占领了迪尔伯恩堡和普莱利尔杜镇。

但这些胜利还是落入了敌人手中。佩里在普雷斯克岛做了一件出人意料的事：把一片森林变成了海军基地。尼亚加拉瀑布的存在迫使英军在安大略湖和伊利湖上组建单独的舰队，从而增加了在内陆水域作战的费用和难度。伊利湖上的一艘美国船被俘获。英军在伊利堡阻止了补给品和一些从尼亚加拉河上游收购船只前往普雷斯克岛的人。因此，佩里的舰队在1813年从船壳到桅杆都是从伊利湖的树林中获得的；在那里，船的装备齐全，有人值班，不过补给品必须从森林里的铁轨上拖过去，而且目的地偏远，很难找到海员。但是在夏天结束之前，这个罗德岛人凭借他在公海上的经验获得了成功，他从加拿大各省的海员手中夺回了控制权，切断了英国人的补给，并为胜利扫清了道路。美国人向梅登挺进，随后敌人从这个哨所和底特律撤退，并在泰晤士河战役中战败。

由于尼亚加拉河上的航行中断，再加上底特律的偏远和伊利湖的孤立，使这一地区被从英国手中夺回后就退出了战争。真正的战争边界在尼亚加拉河，在那里，陆地行动是战争的重点。这些陆地行动包括皇后镇高地之战，对乔治堡的进攻，夺取伊利堡、奇皮瓦溪战役和加拿大一侧的伦迪巷战役；美国人占领了尼亚加拉堡，烧毁了扬斯敦、路易斯顿、曼彻斯特、布莱克罗克和布法罗。尼亚加拉站点的命运取决于双方对安大略湖航线的维护，因为两只舰队势均力敌，双方都不敢不顾风向和位置贸然交战，彼此承担的风险都很大。因此，安大略湖上的战争是无济于事的，因为它缺少决定性的胜利。水势是如此之小，距离是如此之短，无论是美国人还是英国人都有可能避开交战，跑进本国占据点，躲在陆地炮台下面。由于这个原因，在向湖泊上游运输的过程中商店很少被掠夺，像奥斯威戈、萨克特港、多伦多或伯灵顿湾那样的掠夺也有减少，这些是安大略战争的全部。

英国人希望从五大湖的胜利中获得的奖赏是未来航行专有权，他们可以利用这一专有权阻碍整个西北地区的发展，从而使军事活动集中在安大略湖上。旧的尚普兰路线，由于它所处的地理位置不同，在历次越过加拿大边界的战争中，它都处在一个突出的位置，但由于位置孤立，在1812年的战争中作用甚微。不过，当1814年拿破仑战争暂告结束时，英国军队从欧洲大陆撤退，大批增援部队被派往加拿大、准备入侵纽约时，这条连接圣劳伦斯河和哈德逊河最短的通信线路成了行军路线。

加拿大侵略军的路线被黎塞留河和尚普兰湖阻拦了很长一段距离，需要由一支小型船队在陆地部队的护送下运送补给。在这种情况下，陆路和水路都必须与美国人进行争夺。由于预料到会有这样的入侵，一支舰队已经驻扎在尚普兰湖，但它的水域又长又窄，根本不可能航行；于是，船只在靠近海岸的地方就位，由驻扎在萨兰纳克河沿岸的陆军阻止敌人的进攻。现代战争在很大程度上由通信和运输决定。因此，英国军舰在尚普兰的失败是英国军队撤退的信号。这里是第一个被摧毁的驻扎点，正如在伊利湖一样，由于在一片孤立的水域上建造一支新的舰队困难重重，这就凸显出海军的胜利对美国人来说至关重要。如果战败，他们将处于在佩里战争胜利后英国人所处的地位。

美国不能承受沿陆地边界的任何重大破坏，这条边界穿过缅因州和新罕布什尔州。新罕布什尔州是一片原始的荒野，从佛蒙特州西过来的只有零星的居民，此外，由于距离很短，它承受的攻击有限；漫长而人口密集的海上边界，在英国海军的攻击下，显得十分脆弱。从海岸的一端到另一端，从战争开始到结束，敌人的船只对我们进行了掠夺。英国强大的海上力量使它能够封锁从缅因州到切萨皮克湾所有的主要港口，结果几艘正在建造的美国新船都没有到达大海。革命战争以前就是这样。新英格兰的渔业几近崩溃，东部各州的对外贸易也完全被摧毁。康涅狄格州的斯通顿和特拉华湾的刘易斯顿遭到轰炸。制盐者在科德角用赎金拯救了他们的建筑。在切萨皮克湾，掠夺从诺福克扩散到萨斯奎哈纳河口。帕塔普斯科和帕图克森特的河口提供了通往巴尔的摩和华盛顿的便捷路线，波托马克号把英国舰队带到亚历山大。再加上民兵的无力抵抗，在到达华盛顿城之前，他们在布雷登斯堡遇到了侵略军，敌人比在整个海岸的任何地方都更能深入内陆。

再往南，北卡罗来纳海岸受到离岸沙礁"斯卡尔加德"的保护，可以免受海军的攻击，而唯一受影响的地方是朴次茅斯村，它位于奥拉科克湾进入帕姆利科湾，位置很容易暴露。之后，在新奥尔良的失败之后，南卡罗来纳海岸被英国船只掠夺，敌人在战争中进行了规模庞大的示威。一支由五十艘船只组成的船队，载着一万两千名士兵，从牙买加岛出发。博恩湖、庞恰特雷恩湖和贝奥斯湖提供了许多通往这座城市的途径，因此，这座城市的位置比华盛顿更加暴露和脆弱。但它是由边远地区的军队和杰克逊保卫的，杰克逊来自边疆，是一个具有主动性和智慧的人，勇于开拓。他未经授权在彭萨科拉对西班牙人进行了惩罚性袭击，然后快速后退到新奥尔良，而西班牙人曾在鲍耶尔堡协助英国人袭击美国人。他从抗议的商人那里获取了一捆捆棉包来修筑路障，后来又为这种鲁莽的行为付了罚款。他在海湾设置障碍，从密西西比河获得救助，切断了敌人军队前面的堤坝，以阻止其前进或撤退。他的士兵们掩藏在棉包后面，两旁是河流和沼泽，展示了在边远地区的军事学院所学到的枪法。

公平地说，这场战争中唯一英勇的任务是由在前线接受训练的步兵、正规军和志愿军以及曾在前线服役的水手完成的，他们在公海上取得了经验。地理环境决定了其必要性和机遇。来自纽芬兰的渔民、南塔开特的捕鲸者、新英格兰的水手、商人、船长和美国造船工人组成了一支海军，这支海军甚至可以对英国的海上力量造成沉重的打击。

英国舰队的规模大到足以封锁美国的每一个港口，但它对海岸并不十分了解，因此无法阻止海军的探测船逃脱，而这些探测船的装备则要靠私营企业来提供。美国的海盗船成群结队，而海军，无论是人还是船，都是从商船上招募的。

如果仅仅按照普通学校历史记载的时间顺序来研究，这场战争中的海战只会给人留下一种混乱的印象。无论年轻的还是年长的学生，对这些海战几乎没有印象，其回忆没有什么价值。但是，对这些活动的地理分布的分析揭示了一个广泛的潜在体系，这个体系解释了这些活动的目的，并从表明的混乱中恢复了秩序。

英国在美洲大陆上的两个重要港口是魁北克和哈利法克斯，一个是他们在加拿大边境的补给站，另一个是他们在美国水域的主要海军基地。因此，在布雷顿角岛东南航行的美国船只很可能在这两处拦截补给船；此外，他们也行驶在英国商船满载货物从加勒比港口返航途中。但是在美国巡洋舰到达公海的战略位置之前，他们不得不应对从哈利法克斯出来的敌船。

根据这些地理条件，审视一下这场战争中一些重要的海战。布罗克船长和英国的"香农号"和"特内多斯号"船奉命监视德角以东的美国海岸，防止美国四艘主力护卫舰从波士顿港逃跑。当其中两艘从他身边擦过时，劳伦斯在"切萨皮克号"上遇到了挑战，他在安角遭遇了敌人，"切萨皮克号"被击败，战利品被拖到了哈利法克斯。1813 年 8 月，"宪法号"一直徘徊在黑貂岛附近的圣劳伦斯海湾的入口处，在与英国战舰"格尔里埃尔号"的一场恶战中，"宪法号"取得了胜利。两个月后，大约在百慕大和哈利法克斯之间，美国军舰"黄蜂号"与"嬉戏号"相遇了，"嬉戏号"正在护送一支返航的黄蜂舰队，包括在洪都拉斯进行交易的六名英国商人。在这场冲突中，"黄蜂号"取得了胜利，但胜利者和战利品立即被波茨提人捕获并带到百慕大群岛。

英国基地靠近美国海岸，这使得常规船只和私掠船都能对美国的商业进行掠夺。因此，一些船只被留在东海岸，以防范这种威胁。1813 年夏天，美国"企业号"在缅因州企鹅角附近的芬迪湾捕获了"拳击号"，随后向南航行，并将英国私掠船"火星号"带离佛罗里达海岸。在同样的地方，来自纽约的"孔雀号"捕获了"居维叶号"，并把它带到最近的美国港口萨凡纳。来自这些南部港口的船只也曾在近海等待牙买加护航队。

再往南，是热带信风吹过的快速通道，从大西洋的一边到另一边，开往加勒比海的英国船只，以及从圣克角向南驶往东印度群岛的船只，都可以获得丰厚的奖赏。一些最激烈的战争就发生在这条路上。美国军舰在加那利群岛以西几英里处袭击了马其顿人。"黄蜂号"在英属圭亚那海岸捕获了英国的"孔雀号"，"南安普敦号"在西印度群岛捕获了"美洲雌狐号"。在西印度群岛和东印度群岛的分岔地，离巴西东北海岸三十英里的地方，爪哇人向东方进发，顽强地抵抗了印第安人。他们勇敢的反抗"宪法号"，临时营房被占领并烧毁，因为它地处大陆，在远离自己海岸的地方缺乏海军基地，且没有较近的美国港口可以修复船只，美国在这场战争中蒙受了损失，"埃塞克斯号"上的波特船长在开普角东北方向的"克顿号"上获得了奖赏。由于英国在整个南美海岸的影响力占主导地位，而美国在该地区没有补给站，波特船长向南掉转船头，从南太平洋的英国捕鲸船获取补给品，从而提供了充足的资源，同时也保护了受英国巡洋舰摆布的美国捕鲸船。在智利海岸外，在加拉帕戈斯群岛之间，一直到他巡航的马克萨斯群岛以西，他捕获了一些捕鲸船和私掠船，但最后在瓦尔帕莱索，他与英国船只"菲比号"和"基鲁伯"号交战，并被抓获。

在英国水域对英国船只的掠夺成了自然的报复。"阿格斯号"在英格兰和爱尔兰海岸进行了一次大胆的巡航，捕获了 20 名商人，直到自己被英国"鸬鹚号"捕获。然后它的位置被"黄蜂二号"取代。"黄蜂二号"捕获了"驯鹿号"，并把它们驱赶到友好的东方港口布列塔尼。这是唯一一个美国人可以进入的偏远地区，在那里他们可以去买些补给品或者进行设备修理，或者卖掉其战利品。在其他地方，战利品必须由征服的船只来领取，或者在海上被摧毁。

在宣布和平之后，战争仍沿着印第安人的贸易航线在海上持续。"宪法号"在葡萄牙西南海岸捕获了两艘英国船只，"黄蜂号"在巴西海岸捕获了英国"企鹅号"。在三年战争中，有一千四百艘英国船只，连同几千名海员和丰富的货物被劫走。虽然美国人也是损失惨重，但航海企业精神得以延续，美国的航海技术得到了证明。在战争期间，沿海地区的对外贸易大幅减少，但到了 1819 年，通过美国船只的应对措施，占到全国货物运输贸易的78%；从 1820 年到 1830 年，达到了占比 90% 的高潮。

1830 年以后，人口中心越过了阿勒格尼山脉；国家的发展变得更加大陆化，吸引了更多大陆人口的活动。1812 年的战争显示出伊利运河的重要性，它成为人口向西流动的通道，使国家的重心离海岸更远。南方的奴隶政权开始寻找未被开发的土地，以便在一个广泛的农业系统下进行耕作，这种土地模式正扩展到更大的内陆地区。因此，海岸的优势地位下降了，直到工业发展之后，出现了一种跨大陆以寻求新市场以及国外商业活动基地的发展模式。

第九章　地理因素对密西西比河流域人口扩散的影响

　　美国人向西扩张的标志是缓慢地从沿海低地向"瀑布线"推进，并从"瀑布线"跨越阿勒格尼山脉，迅速向下游进入密西西比河，沿着西部支流向上游进入干旱地带边缘，跨越大平原和落基山脉，进入一直以来被认为是美国统治外缘的太平洋，直到其缓慢到达夏威夷群岛——这勇敢的一步才把国旗跨越"世界海洋"带到了菲律宾。

　　1812年战争结束后的25年里，密西西比河流域的人口有了明显的迁移迹象。这是由于在敌对行动停止后军队的解散。特库姆塞作为英国盟友在西北地区最终击败了他的对手，杰克逊成功地在克里克和切罗基人的土地上建立了"宁静之城"，而切罗基人长期以来阻止了佐治亚州和亚拉巴马州的扩张；从地理上讲，海湾国家是通过占领佛罗里达群岛而建立的；最后，纽约西部被迫向其边境的军事行动开放，并修建了伊利运河。在与加拿大发生战争时，伊利运河作为美国通往伊利湖的唯一一条航道具有战略重要性。因为前线运输补给方面的严重困难和延迟，以及通过莫霍克前往西部地区的人和运往东方的货物都急需更好的运输通道，所以需要将哈德逊河和伊利湖联合运作。湖泊和河流上的航线，在这个时候已经建立起来了，美国正在充分利用内河水道，作为移民和货物的通道。移民在一个季节种植作物，然后获得收获。此外，由于拿破仑战争的结束，从欧洲涌入美国的移民浪潮也在此时掀起，这些移民最终到达了密西西比河流域的无人居住之地。

　　所有这些原因加在一起，一场向大中央盆地的大规模人口迁徙开始了，强度大，影响广。这就是为什么从1810年到1820年的这段时期阻碍了接下来二十年的扩张工作。如前所述，一个民族的生活或迁移可由其边界的推进来显示，其最真实的标志就是定居点外线的凸出部分。值得注意的事实是，在美国历史上，这些凸出部分几乎总是沿着河流进行的。在18世纪早期，这些凸出部分沿着莫霍克和波拖马可河，后来扩展到越过了相邻的分水岭，终止在山脉另一边占据着肥沃山谷的河流处，就像雅各根尼河、莫农加希拉和休斯敦，或经过更崎岖的高原地区到达中部的平原地区，如肯塔基州和坎伯兰的定居点。

1820年，边境上的凸出部分以狭长手指的形态出现，似乎表明国家正沿着水流方向向外扩展。比如，在俄亥俄以南和密西西比以西，这些手指形态的凸出部分更长、更细、更明显，这证明了南大西洋各州的繁荣昌盛以及长期孕育着扩张的精神。凸起的部分连接着伊利湖的西缘，指向圣克莱尔湖，十年后，又连接到了休伦湖的出口，向上到达沃巴什和卡斯卡斯基亚、密西西比，甚至到达了得梅因的出口、涉入密苏里州的三分之二，进入阿肯色州、沃希托河和红河，并继续向西方迁移，到达相应的定居点，包括珍珠港、帕斯卡古拉、汤比格比河、亚拉巴马州、查特胡奇河海湾，直至海湾地区。河流对即将到来的殖民者不会表现出抵抗力，并在后来满足了殖民者的经济需要。

在这片荒凉的边疆上有许多空地。这些地区通常是崎岖的山地，比如纽约的阿迪朗达克，宾夕法尼亚州西北部的阿勒格尼高原，西弗吉尼亚州和田纳西州东部的坎伯兰高原。20年后，在阿肯色州北部和密苏里州南部的欧扎克蒙纳山脉也发现了类似的无人居住之地，这里土壤贫瘠的崎岖山地不利于定居。这样的贫瘠之地开始缩小，最终被填补，但即使在今天，这一地理原因仍会导致人口稀少和发展迟缓。也有其他地方由于地理原因而空置，比如在俄亥俄州西北部，西印第安纳州，南乔治亚州和沿墨西哥湾沿岸的南部各州的沼泽，或是密西西比河几条支流下游的平原，如圣弗朗西斯河、怀特河和亚祖河，周期性的洪水泛滥和持续的疟疾使此地不适合居住，直到资本和人力积累到能够在这些地方建设堤坝。在这里，人口稀疏问题遗留下来。在其他气候恶劣的地区，小溪流不适合蒸汽船航行，浓密的森林使农业耕作更加困难，导致长期无人居住。这些原因制约了缅因州人口向内陆推进，此外还因为木船数量的减少；出于同样的原因，再往西，移民潮只向北纬43度的密歇根州和威斯康星州移动，然后又转向横跨密西西比州的国土，那里有肥沃的草原和可航行的河流。今天，除了零星的冬季露营地或夏天猎人的小屋，这个北方森林地区的大部分都是无人区。

地图上显示1820年到1840年人口密度的其他空白点是由于印第安部落的存在，他们拥有大片肥沃的土地，正好处在一些最古老的定居点扩张的自然道路上。乔克托人和切克萨斯人阻止了田纳西人定居到密西西比河，并使密西西比河的人口集中在该地区的西南角。再往东，切罗基人和克里克人挡住了佐治亚人的前进，使该地区人口向亚拉巴马州的侧翼涌去；尽管后者位于这两个相当大的印第安人地区之间，在其短暂的存在期间比它的两个邻居乔治亚州和密西西比州发展得更快，但这两个州享有更大的地理优势。乔治亚州的人口，由于受到印第安人屏障的阻挡，涌入查塔胡奇河谷，并沿着河道进入佛罗里达。在伊利诺伊州北部，萨克、福克斯、波塔瓦托米部落推迟了定居在他们所拥有的大片肥沃土地上的时间。

从1830年到1840年的十年间，所有这些印第安人的土地所有权逐渐被联邦政府收回，这些印第安人的部落也迁移到他们自己的土地上。此后两年或三年内，这些地区被相对密集的人口占据，在接下来的一个十年中，人口密集程度不亚于国内的任何地区。因为没有不利的自然条件，这里没有留下空白区域。

移民人口进入西北地区以及之后的分布范围，在很大程度上是由进入西北地区的两条地理线决定的。新英格兰、纽约、新泽西和宾夕法尼亚为早期和后期的定居者提供了大量的物资；他们通过俄亥俄河进入美国，并沿着俄亥俄河的支流向北部的分水岭扩散，或者沿着莫霍克凹陷的路线进入俄亥俄北部，在1820年就沿着伊利湖的南岸延伸了一段定居地。但在更远的地方，因为莫梅河、沃巴什河和圣约瑟夫河的分水岭被沼泽覆盖，俄亥俄、印第安纳和伊利诺伊州的北部地区与从伊利湖涌入的人口切断了联系。这些州的南部从邻近的肯塔基州和田纳西州接收了相当多的人口。一些反抗奴隶制的南方移民被 1787 年的《自由州条例》中的自由州条款吸引到这里，另一些人则被当时的领土扩张所吸引。

1818 年伊利诺伊州的地理位置很有趣。除了芝加哥河上那个偏僻车站上的一群毛皮商外，芝加哥河上所有的居民都集中在最南端，那里是密苏里河、密西西比河、俄亥俄河、坎伯兰河和田纳西河的汇集处，同时也受到了南部和西部的影响。这是一个具有军事和政治价值的战略性地区。1818 年，伊利诺伊州申请加入美国。1787 年颁布的《第 1787 号法令》规定，北俄亥俄州的北部边界应遵循一条穿过密歇根湖南部弯道的线，该线不穿过伊利诺伊州在芝加哥的哨所，而芝加哥哨所是已规划的伊利诺伊和密歇根运河的出河口。即使在那时，人们心中也一直认为有一种可能性，即西部和南部各州将从联邦中退出。因此，为了加强伊利运河赖以完善的北方连接线，伊利诺伊州决定在密歇根湖上建造一条完美的海岸线，从而降低对南部和西部的依赖。因此，在政治和地理上的需要影响了伊利诺伊州的北部边界。

伊利运河于 1825 年开通，对整个湖区产生了巨大的影响，不久之后，其他运河穿过低洼的分水岭，向南进入俄亥俄，开辟了一个迄今为止人迹罕至的地区。尤其是在印第安人向西迁移之后，大量来自东部各州和欧洲的移民涌入这个地区，尤其是德国移民。1820 年至 1840 年间，俄亥俄以北和密西西比以东各州的人口总数增加了 360% 以上。连续不断的移民边界勾勒出沿北纬 43 度定居点紧凑的地区；独立的小屋和农场点缀在密歇根湖岸边，预示着未来的扩张方向。

纽约、新英格兰和德国人口为此地带来大西洋海岸和欧洲的保守理念，他们倾向于在河流之间的高地上建立中等且大小相同的农场，在这些土地上下定决心进行改革，推进他们的定居进程，边境地区缓慢而紧凑的凸出部分记录了他们在荒地的开拓。另一方面，横穿密西西比河的西部人，带着从移民中培养出来的、从弗吉尼亚和卡罗来纳祖先那里继承来的半游牧民族的本性，沿着河道确定他们的定居点，那里很容易有新的变化。他们搭起可以痛快丢弃的临时建筑物，使这片高地处于无人居住的状态。他们昂首阔步地向上游走去，脸上反射着太阳的光辉，心中向往着辽阔的草原。

俄亥俄和海湾之间的扩张比西北地区要快得多。纳齐兹地区和亚祖三角洲之间的小定居点形成了密西西比州的核心，就像在亚拉巴马州的汤比格比一样。路易斯安那州的收购将移民吸引到这个地区，但他们被迫绕道俄亥俄州或田纳西州和密西西比州的河流通行。像这样的移民通常来自北卡罗来纳州、弗吉尼亚州、肯塔基州和田纳西州。来自乔治亚州和南卡罗来纳的移民被敌对的克里克人阻挡，直到1814年杰克逊的胜利才使他们安全地穿越这片区域，从而环绕阿巴拉契亚山脉南端的天然快速通道才得以使用。因此，到1820年，汤比格比人的聚居地不断扩大，直到与特努埃斯河转弯处和密西西比南部不断扩大的文明地区的聚居地合并。

当时，肯塔基州和田纳西州被契卡索部落的一个楔形地区切断了与密西西比河的联系，这个楔形地区一直延伸到密西西比河和田纳西州之间的俄亥俄州。但是在1820年，印第安人的要求被抵制，移民涌入契卡索，很快通过奥比恩河、佛克迪尔河、哈奇河和狼河到达了密西西比河附近，那里是他们渴望已久的土地。田纳西州的南部边界标志着契卡索的边界，所以在1838年，当所有南部部落都迁移到印第安人的领土上时，这条线的扩张受到了限制。然后，移民从人口密集的契卡索涌入到密西西比北部。新开辟的土地上居住的人口主要来自他们的邻居乔治亚州、南卡罗来纳州，尤其是被称作"州之母"的田纳西州，因为其对密西西比河谷新定居点的贡献超过了美国其他任何一个州。它是亚拉巴马州北部、密西西比比和佛罗里达州人口的重要组成部分，也是密苏里州、阿肯色州和得克萨斯州很大一部分早期定居者的最初居住州。对于这些州，田纳西州都占据着中心地位，从它的边界向外辐射着河流，使它们可以通行。

然而，从1810年到1840年，扩张最活跃的地区是密西西比河沿岸的国家，尤其是密苏里州。所有躁动不安的人都来到了无边无际的西部，他们的迁徙唤起了长期沉睡在农业文明下的漫游欲望，对他们来说，迁徙已成为一种生活习惯。他们继续前进，带着魄力和胆量向密西西比河谷的西部边缘推进，把他们的海狸放养在太平洋河流的上游；他们在定居点外围的草原上放牧，并在上面搭起一个临时的栖身之所，直到有更勤劳稳定的农业定居者来驱赶他们。他们继续前进——狩猎、诱捕、围捕野牛，偶尔种上一块地，但他们总是更接近他们面前的荒野，而不是他们背后的文明。当时大多数人都属于这个群体。西部被一种断断续续的运动所包围。移民们建造小木屋，筑起栅栏；但是在木材变干或新铺的铁轨因暴露在阳光下变得锈迹斑斑时，这个地方就被卖掉。铺着帆布的马车车轮轨道与午后渐近的阴影交相映衬，显示出移民家庭的广阔前景。这样，边区扩大了，一直延伸到干旱地带的边缘。但部分地区会出现回弹现象。

密苏里州的密西西比边界是水，这里是俄亥俄河及其支流伊利诺伊河和密苏里河。密西西比河与下面的海湾相通及上面的格林湾和芝加哥港相通。从湖泊和海湾，美国殖民者都可以到达密苏里州，而密苏里州宽阔的领土上，有一条天然的通道——一条大河。美国的每一个地区都对这个新生国家的人口作出了贡献，尽管有些地区的贡献大于其他地区。

早期跨阿勒格尼联邦人和法国人在密西西比河西岸的定居点之间有贸易往来，密苏里州成为像丹尼尔·布恩和他的儿子们这样不安分的拓荒者的自然目的地。根据收购协议，路易斯安那州最初的法国居民享有拥有奴隶的权利，这一权利决定了密苏里州作为蓄奴州的未来，并使密苏里州能够接收来自其他蓄奴州的人口，而俄亥俄可以把这些人口安置在密苏里州。因此，它的主要人口来源是肯塔基州、田纳西州、弗吉尼亚州和北卡罗来纳州；俄亥俄以北的几个州也有移民，他们被"拉贝尔里维尔"的洋流吸引到了西部。其他的定居者来自新英格兰，途经伊利运河、五大湖和伊利诺伊河。1833年，大约有三万勤劳节俭的德国人来到这里。早在1820年，詹姆斯·弗林特就在希拉多地区发现了大量德国人的定居点，其中一些人直接来自本国，但大部分来自宾夕法尼亚州和北卡罗来纳州。随着蒸汽航海技术的引入，外国移民开始在新奥尔良登陆，并乘坐蒸汽船沿着密西西比河来到西部，同时，成千上万的人经由北方湖泊水路涌入美国。

直到 1830 年，在密苏里州的人口分布因素中，河流的地理控制作用一直占主导地位。定居点分布在密西西比河和得梅因河上游的狭长地带，一直延伸到该州的北部边界；在密苏里上游更广阔的地带，主要是在其北部或草原地区，一直到其拐角处为界的西部边境；在密西西比河西部的一些小支流，尤其是在梅勒梅克河、白水河和圣弗朗西斯河的上游……正是在这个国家东南部这些沼泽地，这些河流消失了。白水河上游和圣弗朗西斯的丘陵地带向东延伸，是希拉多角地区，早期被法国人选定为殖民地；这里土地肥沃，木材茂密，水源充足，有纯净的溪流和磨坊，由于这些原因，此地吸引了早期的殖民者。在这个平坦的国家，磨坊是罕见的。很长一段时间，玉米都是用手在臼里捣的。1825 年，蒸汽机在圣路易斯被引进，在其他地方，则由牛或马作动力的踏车来完成这项工作。由于缺乏水力锯木机，木材价格昂贵。

当时，通常只有河下游土地肥沃的河流两侧才有人居住，然而护林员和牧场主却在密苏里州较偏远的地方建起了小屋和篱笆。詹姆斯·弗林特说，早在 1818 年，在阿肯色河和密苏里州之间的西部州界线附近的荒野上就有白人定居者，那里离任何定居点都有 100 英里远。他们到那里去是为了给牲口找一个有新鲜牧草的牧场，或者仅仅是为了找一个"喘息之地"，这是那时边远地区居民的第一个需求。

到 1840 年，除中南部山区外，全州人口分布均匀但稀疏。肥沃的土壤下面是石灰岩，这里降水丰富，气候温和，地势平坦，无论地表还是水流，都不会造成任何扩张的障碍。这里还有各种各样的森林和草原，促使伊利诺伊州的沃巴什、俄亥俄州、田纳西州和密西西比河流路线成为自然的宝地，这也使得密苏里州人口增加。这里种植着北方所有的农作物，而在一个新国家里很难得到保障的劳动力则部分由奴隶填补。主要农作物是小麦和麻，前者作为面粉原料被大量运往密西西比河下游的新奥尔良，后者作为原材料或被制成套袋和绳索出口到肯塔基州。圣路易斯成为密西西比河上游的商业和生产中心，由密苏里河流系统运送到其入口处的西部毛皮仓库，而圣达菲的东部末端贸易是从密苏里河到达独立区，商队从那里通过美国沙漠。圣路易，由于其管辖着内河航运，早期发展了汽船用品的制造、蒸汽机械等行业，最后于1844年在建造高级汽船方面与匹兹堡，辛辛那提和路易斯维尔相匹敌。

随着密苏里州人口的增加，1830年到1840年之间，定居点从伊利诺伊州北部和西南部的核心地区向外扩张，这三个地区人口的自然扩张促成了艾奥瓦州的开端。没有人为划定的州界线，以及密西西比河无标记的流向，把伊利诺伊州、密苏里州和艾奥瓦州的定居点真正分开了，这些定居点是因为行政目的而划分的。1832年，政府从印第安人手中买下了密西西比河西岸50英里以内的几乎所有土地，从得梅因到北部威斯康星河口。拓荒者很快就占领了这个美丽富饶的草原国家。甚至在1830年，伊利诺伊州和密苏里州的河水就已经漫过了得梅因河和密西西比河之间的小夹角；现在，定居地迅速向北扩展到了伯灵顿和塞勒姆，到1840年，艾奥瓦州的东南角成为该地区人口最密集的地区。定居地带密度相似，延伸到伊利诺伊河和密歇根湖的尽头，从而提供了交流的途径。

大约在建立伯灵顿的同时，迪比克在密西西比河上游200英里处建立起来，并成为新收购地区的北部配送中心。其位置正好与一个更密集的聚落带的西端相吻合，这个聚落带界定了一条富含铅矿的宽阔地带，它沿着伊利诺伊州的北部边界一直延伸到威斯康星州的西南部。这些矿山在早期就被印第安人和法国商人开采。1823年开始了淘金热，当时那些矿山是世界上最富有的矿山。主要的矿区在加莱纳和伊利诺伊州附近，分布在现在的格兰特、拉斐特和威斯康星州的艾奥瓦，同时在密西西比河的迪比克附近也发现了丰富的矿藏。因此，这座城市的诞生紧随着1826年加莱纳的诞生。

人口沿着艾奥瓦州的排水渠迅速增长，到1836年已覆盖了"黑鹰收购"的整个地区，并向西侵占印第安人的土地。1837年政府从萨克和福克斯收购了新的土地，扩展了西部边界。1839年开始了一场新兴和强劲的移民潮流，人口远及红杉河和得梅因河流，以及西部边疆的密苏里州，超出之前的边界康瑟尔布拉夫斯城，而东部和西部之间的空地显示了艾奥瓦州定居点的位置受河流地理控制。

由于艾奥瓦州位于密苏里合约线以北，那里的流动人口主要是自由州人民。伊利运河和五大湖的航线带来了来自纽约和新英格兰的移民，以及来自德国、法国和英国的外来移民，他们的首府很小，在南方的工业体系中没有立足之地。俄亥俄河还向其北部河岸上的自由州的定居者提供了援助。

大约在 1820 年以后，人口的流动通常都是从自由州到自由州以及奴隶州到奴隶州的。西北地区和艾奥瓦州都是如此。密苏里州位于这两州之间，距离俄亥俄和北方的路线都很近。从地理位置来看，阿肯色州和路易斯安那州都属于奴隶州。他们从肯塔基州和田纳西州较为古老、人口密集的联邦地区，以及密西西比州、亚拉巴马州、南卡罗来纳州和佐治亚州的富有的种植园主那里招募人口，这些种植园主正在寻找新的土地来雇用奴隶。

移民到达阿肯色的进程非常缓慢，直到印第安人的领地在 1824 年成为一个独立的地区。从 1830 年到 1835 年，该地区人口翻了一番。这段时期，密西西比州、亚拉巴马州和乔治亚州的扩张受到印第安人的阻碍，印第安人广泛生活在他们边界内，1838 年的最后一次收购和迁移也没有让他们得到解脱。路易斯安那州是一个历史较悠久的州，与北部的邻居相比，没有更多无主的土地可以分配给这些新来者。

1820 年，阿肯色州的人口约为一万。这些土地分布在圣弗朗西斯河口附近密西西比河沿岸的一处狭长、独立的定居点内，在阿肯色河口以南 50 英里处；在阿肯色河与密西西比河汇合处 55 英里以上的地方，有一条更宽的线沿着阿肯色河向上延伸，这条线上分布着柏树沼泽、支流和牛轭湖，这些地区的河水长期泛滥且范围很广。如果不考虑疟疾和发烧等疾病，安全居住总的来说可由早期的领土行政中心阿肯色保证。一条连续不断的聚落线从这里一直延伸到现在的小石城上面大约四十英里的地方；但在更远的阿肯色州，西部边境山区的"桑树聚居地"的拓荒者渴望走出疟疾肆虐的谷底。另外两个独立的定居点的拓荒者也有同样的需要，一个在北部怀特河高地之间，另一个在西南部，被称为草原山，位于瓦希塔主河与其支流小密苏里河之间的高原上。

随着人口的迁移，这些中心不断扩大，直到在某些地方合并，但其他地方被空旷的山区、沼泽和河滩地分割开来，而阿肯色州山谷分界线使定居点迅速出现在了西北宜人的山区，这一地区与印第安人的领土接壤。1835 年，富有的种植园主被吸引到这片土地的西南角，那里的红河蜿蜒曲折，河底肥沃，适宜种植棉花和玉米。

阿肯色大河流沿岸的土壤是最肥沃的冲积层，几乎是取之不尽的。广阔的大草原和丘陵地带，由于地岩腐蚀，土壤肥沃，被发现可以产出很好的棉花，但在这个州的拓荒时期，土地是用于放牧的。半热带气候，充沛的降雨，以及通往密西西比河的便利交通保证了阿肯色州的农作物在市场的流通。

路易斯安那州有类似的地理条件和作物。这里还有沼泽、冲积层、大草原和松树林。"松林里的人们养着成百上千的牛，他们虽贫穷但过得满足而健康。下游是财富和疾病并存的糖和棉花种植园。"奥珀洛萨斯西部的大草原和特河湾上游地区主要用于养牛，还有一部分是棉花和糖类种植园。低地主要是沼泽，山谷的人口分布在 2 到 3 英里宽的带状地带，并沿着上升的边缘或宽阔的自然形成的河道堤岸分布。在这里，就像在老弗吉尼亚的河中半岛上一样，种植园主们能够在自己的码头上把他们生产的糖、糖蜜和棉花装上汽船。这是詹姆斯·弗林特在 1823 年看到的路易斯安那州。1836 年，一股新的移民浪潮避开了海岸的沼泽地带，进入了河口特河西南的可耕地，沿着海湾小溪流的源头一直延伸到萨宾河。这主要代表了红河定居区向南的自然扩张趋势，当时的种植园主将定居地向红河、瓦希塔河、黑河和滕萨斯河上游的优质棉花区推进，这些河流都位于该州的北部。如 1840 年的人口普查地图所示，密西西比河沿岸和红色地带的定居地区并入了阿肯色州。划定路易斯安那州西北边境的界线，代表了这个国家在政治上的分裂，但它掩盖了一个重要的事实，即美国人民的扩张，尽管不是美国政府的扩张，但已经远远超出了萨宾地区的界限。

早期跨密西西比扩张的研究一定会包括美国公民无序进入墨西哥领土这一点。我们已经看到，向西班牙路易斯安那州的扩张预示着这一广大领土的政治命运，然而，由于外交的迅速转变和年轻西方国家的强烈要求，它在领土扩张的自然规律发挥作用之前就实现了自己的命运。三十年后，在墨西哥，这一法律在其他政治地理信条的支持下，得到了必然的结果，正如最近在夏威夷群岛上，它对当地的细微变化所做的那样。

向墨西哥得克萨斯的进军是全面西进运动的一部分。它是由边疆的躁动、进取精神和侵略性所激发的；它主要由西南部各州的奴隶主参与，这些州的合法政治扩张被印第安人和密苏里协议线所阻碍，但它也吸收了来自联邦各州的部分人员和来自大洋彼岸的移民。对这些没有土地的人来说，广袤的草原和肥沃的德州土地已经足够吸引人了。对于商人来说，墨西哥迟来的工业和初级的商业在几次探险中就能带来一笔财富。美国政府对跨越萨宾的索赔不确定，主要忧虑是遥远的马德里，那里是难以控制的边境地区，对国内外都具有吸引力，这一切都可使美国人口扩张至得克萨斯州。

如前所述，边界总是相邻领土之间的同化区。它将更倾向于政治边界的一方或另一方，这取决于其背后国家的能量。我们已经看到，就在路易斯安那州被收购之后，西班牙是如何通过在得克萨斯的定居点、要塞和驻军来加强对这个国家的控制，把萨宾河而非格兰德作为墨西哥的东部边境。当时，美国在西南部聚集的人口还不足以对墨西哥边境构成压力。从那时起，西班牙意识到自己以前对美国移民的好客政策是不明智的，便按照荒凉边界的最初原则，竭力使得克萨斯地区无人居住，以阻挡不安的邻居们的涌入。但这一原则并不奏效。占据一块空地比占据一个有人居住的地区要容易得多。美国人继续前进，同化区变得越来越宽，在萨宾河的墨西哥一侧延伸得越来越远。

1812 年至 1817 年间，美国人几乎参与了墨西哥的每一场革命，这显示出了美国人的侵略性。美国陆军军官帮助领导墨西哥军队，支持他们的远征队分别在密西西比河的纳齐兹、红河上游的纳齐托奇和萨宾河上的盖恩斯渡口进行装备。当1819年的条约宣布美国放弃对萨宾河和比伯格兰德河之间的领土主权时,美国在得克萨斯的利益已经十分强大,以至于亨利·克莱对该协议提出了抗议。红河从纳齐兹的大门通向得克萨斯边境,纳齐兹也加入了对条约的抗议,派遣了一支由詹姆斯·朗博士领导的探险队入侵得克萨斯。当他到达萨宾以西五十英里的纳科多奇时,他那七十五人的小部队已经壮大到三百人。在那里,詹姆斯·朗发表了得克萨斯独立宣言,但他没有达到目的。1820年,所有墨西哥人起义反抗西班牙,四年后墨西哥合众国成立。当时,它的人口中包括大约3000名美国人,他们主要定居在纳科多奇斯通往纳契托什的快速通道上的第一个城镇,这也是通往圣安东尼奥的西南公路沿线地带。

急于增加人口的墨西哥,满足了美国人民的扩张精神,在得克萨斯分配出了大量的土地。斯蒂芬·奥斯汀最初来自康涅狄格,后又从密苏里州来到这里。他获得了一大片土地,从纳科多奇斯和圣安东尼奥之间的公路,一直延伸到加尔维斯顿和马塔戈尔达湾之间的海岸。作为一名创业者,他打算安置300个家庭。其他来自跨阿利格尼州、密苏里州、田纳西州、肯塔基州和俄亥俄州的承包商,或者来自纽约、爱尔兰和苏格兰的承包商,带来大约2000个家庭,并得到了类似的资助,直到几乎整个州被分成若干小部分。这是在1825年发生的;到1830年,得克萨斯州约有两万美国人。他们经过沿海的所有港口,沿着河流分布;或者,他们沿着俄亥俄河和密西西比河来到红河海岸,这条河把他们带到纳奇托克贝斯的汽船航行处,或者更远一些,到达更靠近得克萨斯边境的什里夫波特。得克萨斯州的东部边界艾厄特河沿岸主要是美国人定居的地方,河的另一边是富饶无边的大草原,可以种植糖料、棉花和玉米等优良作物。温和、健康的气候对密西西比低地的居民也有一种特殊的吸引力。

1826年,四条公路穿越了美国和得克萨斯的边界,其中一条从特立尼达拉岛的自由大道到路易斯安那州的奥佩洛萨斯;另一条来自自由港,与萨宾河相连的是纳科多契斯的支线,直通红河上的亚历山大;第三条是纳卡多契斯到纳契托什的旧公路；第四条是从前一个小镇穿过红河对岸的富尔顿到达阿肯色州的小石城。

墨西哥惊慌失措，收回了它的援助，取消了除三份赠予土地外的一切优惠，禁止进一步的殖民和奴隶的进口；为了抑制两国之间的活跃贸易，还关闭了美国一侧的所有港口，只保留了一个港口，并对得克萨斯州农业人口所需的所有制成品征收高额进口税。与此同时，扩张精神正以另一种方式显现出来。美国政府希望获得这最后一块被美国人民占领的领土，因为它曾跟随他们进入路易斯安那州和西佛罗里达州。从 1827 年到 1829 年，出于政治地理因素，华盛顿政府一再出价收购得克萨斯。墨西哥离美国水路的中转站新奥尔良很近。红河和阿肯色河的许多支流都位于墨西哥境内。当国家人口稠密时，这些河流航行的利益主体就会发生争端。亨利·克莱建议将以红河和阿肯色河为界的布拉索斯河、科罗拉多河或格兰德河作为边界；当这些提议被拒绝时，他警告墨西哥，它可能会失去得克萨斯，因为那里有大量的美国军队，如果平民之间爆发冲突，可能会把两个国家拖入战争。

终于，得克萨斯起义还是爆发了，美国国旗上的一颗新星冉冉升起。墨西哥对西班牙的反抗，就像美国革命一样，是一个边缘国家根据已经阐明的政治地理信条对中央权威的否定。得克萨斯的独立宣言多少有些相似，但也有些不同。在那里，因为纯正的后代反抗亲生父母的权威，导致几乎没有外来的血液注入。在墨西哥，西班牙征服者的民族因素在吸收大量土著人口后已大大削弱。因此，种族差异加上不熟悉的地理条件，使墨西哥人与西班牙人有所区别，并加强了解体的趋势。得克萨斯也是一个边缘州，它叛变的倾向因这样一个事实而增强：这里占统治地位的种族——不是由人数而是由能源、财富和从属关系等因素占统治地位——是一个外来种族，他们对执政当局没有与生俱来的感情。

得克萨斯州的地理位置在墨西哥领土的郊区，远离联邦权力的中心，北方边境荒凉，诱惑着东方的邻居前来。这个区域有着类似早期跨阿勒格尼人聚居地的境地，与母州弗吉尼亚州和北卡罗来纳州相连，并产生了同样的分裂主义倾向，面临着叛逃者的威胁。在政府举行听证会是很困难的。"得克萨斯州距离墨西哥首都 1200 英里……这个国家一直处于战争状态，通讯是不确定的……所有这些……已经造成了足够的延误，以致对得克萨斯造成了实质性的损失，而没有补救的可能。"这是 1834 年在得克萨斯州发布的一份通告摘录，该通告提倡对墨西哥政府保持耐心和忠诚。就在两年前，得克萨斯州违反了一份独立州的请愿书，要求脱离人口更密集的位于格兰德河以南的科阿韦拉省，因为北部边境的问题预示着一场灾难。"只有一个自由、不受拘束、独立的政府才能应对。广阔的荒野，形成了得克萨斯和科阿韦拉之间的自然边界，这是科阿韦拉发展其有效防御手段的过程中不可或缺的。"此外，气候、土壤和产量的差异，尤其是人口的差异，使得这种分离是可取的。这一推理可能来自沃托加、坎伯兰或肯塔基殖民地的先驱者领袖。

偏远的地理位置反过来又使得克萨斯人忽视了墨西哥的某些法律。长距离的路程削弱了这里行政人员的力量，我们发现墨西哥和加利福尼亚的情况也是如此。得克萨斯的美国人无视对奴隶贸易的抑制，1829 年颁布了《解放所有奴隶法令》后，叛乱的危险十分明显，以至于一段时间内该法令在这个地区不适用。即使在西班牙统治墨西哥的年代，得克萨斯和中央之间的联系也很薄弱。对该地区的控制从遥远的奇瓦瓦开始，即使从圣安东尼奥也有 500 英里之遥。圣安东尼奥附近是西班牙人在萨宾河和红河以西建立的唯一聚居区。随后这些边界河流和格兰德河之间的空地被占领，他们容易因对抗的压力而从墨西哥中心分离出去。而由于种族和利益的关系，美国正朝着相反的方向发展。在这里，一边的吸引力和另一边的排斥力作用于同一目的。

当得克萨斯起义开始时，它与美国的关系就有了意义。新奥尔良志愿者的两组人员，来自莫比尔和肯塔基，总共约 800 人，参与建立了这个年轻的共和国，同时有 200 名来自美国陆军的逃兵正在按照得克萨斯的要求服役。萨姆·休斯敦和大卫·克洛科特，他们代表了边远地区的进取和开拓的精神，在得克萨斯州的独立战争中成了引人注目的人物。

美国在当时的扩张，可以由这一事实表明：1836 年 3 月在新华盛顿，58

个代表宣布得克萨斯州独立，其中只有三个是墨西哥人，尽管美国人只占总人口的四分之一左右。他们立即申请并入美国表明在他们自己的意识中，他们并没有真正脱离美国国籍，而仅仅是扩大了农业、放牧的范围。因此，当孤星州在十年后被承认为独立州时，美国人的思想又回到了美国对路易斯安那州格兰德河边界的旧主张上，"重新吞并得克萨斯"的言论甚嚣尘上。

第十章　向西扩张的地理控制：南方路线

　　毫无疑问，美国边界线逐渐向西迁移是美国历史上最有趣的话题之一。这展现了美国人的精力、胆量、智谋和雄心；也表明国家财力的增长。这些来自蛮荒之地的人们用步枪、斧头和犁，凭借独木舟、牛皮船和驮马，怀揣着帝国的民族梦，建成了一个个坚固的贸易驿站、牧场和农场。

　　在边界这样一个区域，其宽度和特征可以讲述一个完整的故事。沿着阿巴拉契亚山东麓，有一条狭长的边界，就像1750年美国殖民地的边界一样，这条边界表明，新生的力量尚处于半发达状态，而英国对山脉壁垒的地理控制又强化了其统治力量，两者之间保持着平衡。1800年，边界的轮廓逐渐变得模糊，引起了人们的兴趣。它从阿巴拉契亚山脉向安大略湖、伊利湖和沃巴什河凸出。它的宽度表明它的扩张速度非常快。而更远的地方，在纳齐兹区或密苏里河口对面的边远地区的聚落群，以及住在西班牙境内密西西比河对岸偏僻小屋的人们，引领着先头部队，并向后方发出信号，让他们沿着河流和草原所能提供的便捷道路前进。

　　在1820年和1830年，西部边境更加崎岖不平，形成了横跨密西西比河宽阔的边缘地带。1840年的地图再次显示了整齐、狭窄的发展停滞的边界地带，这是一条接近西经95度和密苏里河向北的转弯处的线。因为这里是干旱地带的外边缘和印第安人领土的东部边界，所以在这一界限上的定居点很长时间没有变化，然而，即使在这之前，在得克萨斯土地上，新生的美国人一直占据着民间的最高领导地位，统治范围直到纽埃西斯河。落基山上的美国贸易站、哥伦比亚号上的使节和威拉米特河上的牧场把美国的疆界延伸到了太平洋，而个体商业正在使新墨西哥州的商业美国化，并影响着加州的政治。美国人民积聚的能量从未如此巨大，其疆域从未如此辽阔。干旱的平原、白雪覆盖的高山和碱性沙漠，美国疆域一直从密苏里延伸到太平洋。在那里，猎人篝火的烟雾在晚上会从落基山脉升起来，贸易商人在西部边境的空白牧场上蹒跚步行，移民在哥伦比亚或萨克拉门托的浅滩上看管着自己的土地。这条边境线的宽度解释了这样一个事实：1850 年，当不断有人在密苏里州和艾奥瓦州的西部边界定居下来的时候，美国已经在普吉特湾实现了自己的目标，美国国旗在加利福尼亚州的总统府上空飘扬。

在西部大开发的第一阶段，大自然并没有造成什么严重的障碍，尽管它也没有像俄亥俄河和大湖区在跨阿勒格尼河上游那样提供很大的帮助。大平原在落基山脉脚下逐渐上升，升到 5000 英尺人们难以识别的高度。这里没有森林阻挡前进的步伐，而且由于土壤的性质，几辆马车通行过后就能轧出一条平坦的道路。这个平坦斜坡上的河流与密苏里河和密西西比河平行，指出了通往西方的直接道路，为了水供应，行进的商队沿河前行。棉白杨在岛屿上匍匐蔓延，或者在河岸上稀疏生长，为营火提供燃料，否则就必须用平原上的"干牛粪"。世界各地干旱、无树的地区都使用类似的燃料，阿拉伯沙漠里的骆驼粪便，西藏少雨的高原上的牛粪，在植被被砍伐的印度河流域也是如此。

除了密苏里河，西部的河流无法为移民提供水道，因为这些水流只能在很短的时间内航行，而且只能承载独木舟或很浅的平底船。这些水流发源于落基山脉，向东流经一片干旱的土地，其间没有支流汇入，同时水分会在干燥的空气中蒸发或被多孔隙土壤吸收。在穿越这些河流之间的宽阔地带时，早期的商队常常要走 100 英里，却遇不到一条固定的水道。因此，商队走的路最好是在干旱区东缘的西经 95 度到 98 度之间的某个地方，从一条河到另一条河，再经过落基山脉底部的侧流，那里的河床仍然是满的。

由于这些河流通常水量稀少，水流微弱，只具有轻微的侵蚀力，因此山谷中沉积了许多风化物。在洪水泛滥的时候，这些沙质平原上会灌上一层浅水，通常有 2 英里宽；当洪水经过时，这条河被沙洲和岛屿所阻挡变成了一系列互相交织的浅水溪。这个地区的地形使密苏里州有了不同的特点。北纬

39 度到 48 度之间，这条河流很小，经过中央盆地，截留了所有从山上流出来的西部河流，这些河流将与"河流之父"汇合。密苏里州不断有新支流汇入。此外，它发源于科迪勒拉高原的最北端，那里的山脉较窄，总体上比更南的山脉要低，因此太平洋西风带带来了更多的水分；因此，这条河比普拉特河和阿肯色河有更好的水源。但这还不是全部。密苏里河上游以及其支流横跨落基山脉，从牛奶河的源头到大角河的源头，密苏里河的主流则与西方水流交汇，从广阔的高地上获得了水流。因此，密苏里河最远可以航行到提顿河河口的本顿堡，而下方的大瀑布成为进一步前进的障碍。

　　普拉特河、阿肯色河和红河的源头沿落基山脉东部斜坡伸展开来，但它们的侧面溪流交错，就如普拉特的北叉河支流与黄石公园在大角河和波德河的南部支流那样。这些地理线决定了捕猎者向北和向南行进的路线，以及后来穿越这些山脉底部的铁路路线。

　　由于密苏里河的航行性能优越，而且它的航线的北方是大片毛皮地，所以商人的独木舟和捕兽者的独木舟很自然地都上了这条航线。1804 年，刘易斯和克拉克探险队毫不费力地找到了加拿大向导和航海家，他们知道密苏里河的最北端的曼丹村落。在逆流而上的航行中，探险队遇到了一个猎人，名叫瓦莱，他在夏延河上游 900 英里处的黑山山脚下度过了一个冬天。探险队还在曼丹村庄中发现了法国商人，以及西北毛皮公司的几名代理人，这些人都是从他们在阿西尼玻河上的驻地来的，那里离北方只有 150 英里。加拿大的萨斯喀彻温河和阿西尼玻河在这里与密苏里河上游平行，它们之间只有一条狭长的湖泊点缀的分水岭；这两条河都通向哥伦比亚河的源头。这些地理条件决定了太平洋沿岸两家相互竞争的商业巨头之间的冲突。很快刘易斯发现了英国人在密苏里州的贸易，他猜测在牛奶河、玛丽亚河或其他的北方支流上，美国人有从萨斯喀彻温河进入加拿大领土，从而获得与阿西尼玻河的印第安人进行贸易的机会，而事实上这些人已经与英国人做过生意。

　　商人们向西部河流的上游迅速挺进。1805 年，小密苏里河是白人造访的密苏里河上最偏远的地方；但是在 1806 年的返航途中，路易斯在白土河的营地遇到了两名美国商人，在密苏里河的下游——去往普拉特河的路上——持续超过他们的船队。两年后，当阿斯特的队伍出发前往哥伦比亚河口，在太平洋上建立他们的贸易站时，密苏里州的捕猎者侵占了所有的西部河流。他们整个冬天都在山里设陷阱、打猎，和印第安人交换野牛地毯；到了春天，他们利用浅水河流每年上涨的机会，用独木舟或驳船把毛皮货物运到圣路易斯。上涨的河水一般可以把他们送到目的地，但也并不总是这样。1842年，约翰·查理·弗里蒙特遇到了美国皮毛公司的一些商人，他们从拉勒米堡出发，沿着北普拉特河航行。他们的船只吃水深度仅九英寸，在涨潮时迅速地往下漂游了 60 英里左右；但是，当河水湍急的时候，船却沿着宽阔但很浅的河段、隐蔽的河道和沙洲前进。在这种情况下，除了把他们的货物留在陆地上由一个警卫看管之外，别无他法，而其余的人，带着他们所能背负的那些包裹，步行前往圣路易斯。

当美国的边境军事哨所还在密苏里州和阿肯色州的西部边界上时，具有一定文明程度的贸易站和骑哨已经在所有西部河流的源头上，或在落基山脉之外太平洋溪流的源头上建立。早在 1808 年，密苏里毛皮公司就在密苏里河三叉河的山区设立了一个据点，但在 1809 年，由于黑脚印第安人的敌对行动，他们被赶走了，所以他们越过了落基山脉，在哥伦比亚河的上游建立了一个据点。北普拉特的拉勒米堡分岔有两个这样的站点，普拉特堡在河口，拉勒米堡在上游一点。弗兰堡和兰开斯特堡两个私人堡垒在普拉特的南叉支流，海拔 5400 英尺。科罗拉多落基山脉的皮毛丰富，但竞争对手位于南部阿肯色上游的本特堡和加拿大莫拉河谷的巴克莱堡，本特堡位于炼狱河河口上方。所有这些驿站后来都成为西进运动中的重要驿站。紧随猎人而来的是商人的驮马或四轮马车和定居者的白顶大篷车。

在 1810 年，圣路易斯是西部印第安人贸易的最后一个装备点。但是随着蒸汽导航技术的引进和改进，以及大草原商业的发展，装备点沿着密苏里河向西移动，首先到达富兰克林，与现在的本顿维尔镇相对，距离边境有100 英里。然后，在 1831 年，到了新的独立镇，离印第安聚落边境只有 12

英里，在密苏里州以南 2 到 3 英里。最后，为独立而登陆的汽船在离韦斯特波特和堪萨斯城不远的地方沉没。这三个地方共同控制着陆上贸易。这里是密苏里河向北的弯道，这个弯道是通往西部河流的天然终点。草原小道从这里开始。河流不适合航行，迫使西进运动采用其他交通工具。驮马和马车取代了独木舟、驳船和汽船，宽阔的草原上尘土飞扬的小道和沙质的荒地取代了树木繁茂的河岸上的水流。独立区成为马、骡子和牛的市场。在这里，落基山脉的猎人可以得到简单的装备，但正是由于与墨西哥圣达菲镇的陆路贸易，圣路易斯才得以独立，成为早期西部最大的商业城市。

古老的城市圣达菲地处落基山脉东部边缘的格兰德河，对面是天然的山脉作为屏障，在早期就是西班牙首府，处在墨西哥统治下的一个肮脏的土石小镇，大约有 3000 居民。这个地方的生意兴隆，因为它几乎供应着新墨西哥州的全部人口所需的货物，这些人口分布在圣达菲以北 1 英里、以南 140 英里、沿着格兰德山谷的村庄和牧场里。它在西班牙政权统治下储存了大量的货物，这些货物来自韦拉克鲁斯和墨西哥湾其他港口，成本高昂；但墨西哥独立后，它采取了一种不排外的商业政策，开始了来自美国的陆路贸易。之后，穿过平原的每一条马车轨道和骡道都标志着墨西哥北部和美国成了一个整体。大草原的干旱导致农业扩张暂时停止，但更广泛的商业活动使拉斯韦加斯和圣达菲成为美国城镇的商业区。

在 1805 年到 1820 年间，一些陆上贸易的先驱者通过各种途径到达了圣达菲，他们沿着普拉特河和阿肯色河到达源头，越过科罗拉多山脉，进入了陶斯城下的格兰德河上游的山谷。但是，通过 1822 年开始的圣达菲贸易，在对路线进行了几次试验之后，最终确定了所谓的圣达菲路线。

地理条件决定了独立州、韦斯特波特或堪萨斯城成为陆上贸易的起点。密苏里州东部和西部的路线介于边境和密西西比河之间，使这条河成为俄亥俄路线的天然西部延伸，这条河从美国的制造业中心带来了商品，而圣路易斯则是天然的西部仓库和集散地。在新奥尔良以北，除了圣路易斯，没有其他的商业中心，圣路易斯与圣达菲的河流和陆地距离更短、通行条件更好。

阿肯色因其独特的农业优势，并没有开发出任何可能得益于阿肯色河下游的水路的商业中心，尽管这条水路沿着加拿大河直达圣米格市和圣达菲城门。这条从阿肯色边境出发的路线比北方路线用时短几天，春季时较早开放，一直到秋季都为马匹提供牧场；这条路线与大溪流的交叉较少。由于这些原因，有时迟来的商队会在冬季选择这条寒冷的北方路线，沿着支流的小溪有更好的木材供应。但是，运输优势主要集中在俄亥俄、圣路易斯、密苏里州和阿肯色州的北部，这就决定了圣达菲古道贸易路线的地位。这条路，从密苏里州的南部最后的装备点 800 英里处，即这段距离的四分之三，以难以察觉的角度上升，似乎相当平坦，穿过大平原延伸到向东流动的小溪，然后稍微弯曲向南到达旧西班牙城的大门处，为密西西比中部的商业中心和格兰德河谷上游的配送中心之间建立了最简单和最直接的联系。

阿肯色河在西经 97 度到 98 度之间突然向北弯曲，这条河的上游与阿肯色州平行，在独立州以西，它的河谷成为俄亥俄和密苏里通往新墨西哥的天然补给线。圣达菲路线穿过供水充足的州到达阿肯色州，顺着河流向西最远到达早期的本特堡，在蒂姆帕斯溪和炼狱河向西南处转向拉顿山，越过山脊处到达加拿大河和佩科斯河上游交叉处，到达拉斯维加斯和圣米格。圣达菲坐落在西北方向 50 英里处山峦环抱的山谷里。在圣米格以西，落基山脉的外围被分割成独立的高原和山脊，在这些高原和山脊之间有一条 3 英里长、窄得只能容一辆马车通过的阿帕奇卡农山口。那里有圣达菲山谷，海拔下降至 7000 英尺处。1846 年，墨西哥军队正是在这条裂口的西端，站出来反对科尔尼将军的进攻。科尔尼将军沿着这条路把他的部队从莱文沃斯堡带了过来。

在圣达菲贸易开展的头一两年里，运输工具仅限于驮马，它们可以在落基山脚下崎岖的山地上行进；但是，当商业发展起来，开始使用马车时，行进队伍离开了阿肯色河来到了锡马伦河渡口，就在现在的道奇城后面，然后向西南方向越过沙漠，来到了锡马伦河，这条河在离阿肯色河不到 50 英里的地方，有一个明显的北向弯道。然后，这条路向西南方向，沿着半干涸的锡马伦河前行，在拉斯韦加斯的莫拉河上开辟了一条更古老的小径。莫拉河是加拿大河最北端的支流。这条路成了圣达菲路线中的固定路线。除了平原上比较平坦的坡度外，它还有一个优点，就是没有阿肯色州北部道路的漫长迂回。但是，先驱者商队穿越沙漠到达锡马伦河的努力几乎总是徒劳，这段路程充满煎熬和折磨。

这条小路沿着西部河流的河岸走了一段，而这些河流由于普遍干旱，只有几条小支流，因此美国的排水系统在这条陆路商业道路上几乎不存在。在旱季，它通过浅滩渡过没有桥的溪流，那时，人们不得不把货物加倍绑在马车上，用鞭子抽打着马群穿过流沙，以免他们沉没；在春天的溪流中人们通过水牛船和用兽皮包裹的马车避免水的影响。离开独立州后，分散的商人们开始聚集在 150 英里外的娜秀镇的康塞尔格罗夫。在那里，在一位船长的带领下，组织他们的商队。阿帕奇人在这条路上抢劫行凶，野狼也来捕食，成群的野马惊跑了火车上的牲口。晚上，马车被排成一个空心的正方形，用来防御印第安人或动物。每个人都必须轮流值班。

即将离开的商队将与新墨西哥州的非工业区人口进行贸易，他们的货物包括从盐到丝绸等各种制成品。交换的物品包括硬币、金银块、圣达菲附近砂矿里的金粉、水牛毛毯、西部猎人的毛皮、一些质量低劣的羊毛、可以在美国边境定居点找到销路的粗糙的墨西哥毛毯，以及大量的骡子和马。这些大多是一个民族徘徊在狩猎和农耕文明之间这个阶段的产物。1826 年以后，当马车经常用于运输时，从美国出口的商品价值平均每年约为 14 万美元，但在 1831 年和 1839 年，这个数字上升到 25 万美元，1843 年上升到 45 万美元。货物卖得很好，利润当然很大，但这也是危险的买卖。此外，它掌握在许多小商人手中，他们把所有的钱都投资在他们的货车上。每年这些商队的人数与交易额相差总是很大，这表明美国和新墨西哥之间的人际交往比商业往来更为重要。

不久，美国人在圣达菲定居下来，垄断了圣达菲的贸易，然后将商业活动扩展到更大的领域。格兰德山谷向南一直延伸 320 英里，就像两翼山脉之间的一条深沟，穿过埃尔帕索山脉的泉眼，开辟了一条通往墨西哥的道路。这条线曾是西班牙早期向北扩张到新墨西哥州和科罗拉多的圣路易斯山谷的路线，现在成为美国商业向南扩张的必经之路。格兰德河上游不能航行，但是沿着河岸的国家快速通道载着美国商人和他们的驮马到埃尔帕索，他们继续向南 200 英里到达奇瓦瓦，这是墨西哥北部一个重要的行政和商业中心。与这个地方的贸易特别活跃且有利可图，因此在 1830 年至 1840 年间，它吸纳了密苏里商队近一半的进口货物。

因此，美国很自然地向南方市场打开了大门。西部地区对商人来说没有这样的吸引力，但对捕猎者来说，落基山脉荒凉崎岖的高地、白雪皑皑的山脉和未被开发的野生动物保护区构成了一块诱人的区域。圣达菲的地理位置使其成为中心，在这里商人可以广泛地从事他们最喜欢的职业。因此，在下一次向西推进时，捕兽者将再次成为先驱者。贸易往返在两点之间的道路，但猎人的本质是穿过整个河流，顺着主路和分支，在高地山谷间孤立的草场上设置陷阱，捕捉海狸或猎鹿。

圣达菲位于海拔 7000 英尺的地方，在格兰德河的中间，两条向西流动的河流——希拉河和科罗拉多河——紧挨着圣达菲河，这两条河流在加利福尼亚的东南角汇合。换句话说，科罗拉多通过南部的希拉河，北部的格兰德河和甘尼森河，从新墨西哥州南部，到达科罗拉多州南部，跨越了格兰德河谷。在圣达菲，美国能源公司在落基山脉的边缘有了进一步扩张的立足点。河流沿着格兰德河两岸的古道，通向狭窄的分水岭，分水岭外是西行河流奔流不息的源头。因此，我们看到，由于圣达菲的地理位置，它成为第一个持续向太平洋扩张的中心。因此，南加州是太平洋沿岸第一个与美国有定期陆上往来的地区。

从新墨西哥州西南部的格兰德到希拉河的源头只有大约 50 英里。这个分水岭是米姆布雷山脉，该山脉比格兰德高出三四千米。在很早的时候，在这些山脉上就有了一条古道，一直延伸到铜矿，这些铜矿要么由西班牙或新墨西哥人经营，要么租给了美国人。它们位于米姆布雷河上游西北 20 英里处，距现在的银城镇以东 20 英里，海拔 6000 多英尺，从希拉河的东端出发，大约 35 英里，需要两天的路程。这条路从靠近现在的帕洛马斯村的格兰德山谷的主干道分岔出来，向西南方向通往矿场，要走四天的路程。它穿过一个美丽的牧场，越过从明布雷斯山上流下来的小溪，到达其中一个狭窄的山谷，经过一个非常容易通过的山口，然后沿着干涸的河床向米姆布雷和矿井走去。除此之外，希拉河的无数分支中也有相当数量的海狸。

所有这些地区都变成了圣达菲捕猎者的天然活动场所。希拉河笔直的西行路线不久就把他们引向了加利福尼亚的边界。这是从圣路易斯横穿欧洲大陆最短的路线。加州海岸从卡普门多西诺向东南方向明显弯曲，使得圣地亚哥比旧金山经度偏东 5 度，距离位于加拿大河莫拉山谷的古老的联合古堡只有 12 个经度。1848 年墨西哥割让这个西南部地区后，政府对沿希拉河谷修建的横贯大陆的铁路进行了第一次勘测。

1826 年，杰迪戴亚·史密斯是第一个从陆路进入加州的人，他从大盐湖的一个前沿贸易站出发，沿着更北边的路线，向西南到达圣地亚哥。但是他的目的仅仅是探索，特别是因为它没有建立定期通信，正如早期从圣达菲沿着希拉河路线的探索一样。这场运动的先驱是 1827 年的帕蒂父子。他们的职业生涯十分典型。他们是肯塔基人，后来在密苏里州当上了伐木工人。1824 年，他们加入了一支到新墨西哥从事诱捕和贸易的探险队。接着，老帕蒂在圣达菲组织了一支 30 人的捕兽队在科罗拉多河上活动。其中只有 8 个到达了希拉河口。1828 年 1 月，他们乘独木舟顺流而下，到达了加利福尼亚州南部的圣卡塔琳娜。1830 年，田纳西人尤因·杨带着一队海狸猎捕者从新墨西哥州来到这里，开发南加州的溪流。第二年，他又一次在希拉河上捕猎海狸。1831 年，杰克逊带着 9 名雇工从圣达菲南线出发，前往路易斯安那州收购骡子。在接下来的几年里，有好几支队伍走过这条路，因为这条路一直是畅通无阻的，尽管有沙漠和阿帕奇人的袭击，但其实相对安全。所有这些早期政党的成员，经过一两次旅行后，便定居在加利福尼亚，可以说是在美国向太平洋扩张的过程中的第一个里程碑。

希拉小道是基特·卡森 1846 年从加利福尼亚开始的旅程的必经之路，当时他带着斯托克顿准将给华盛顿当局的电报来到这里，报告美国人在加利福尼亚参加墨西哥战争的情况。同年，科尔尼将军负责太平洋海岸的军事行动。这条路是他的行军路线，可供马群通行，而且水源充足。再往南，米姆布雷山脉会深入到马德雷山脉高原，这为通往西部提供了一条干旱但平坦的路线。沿着希拉盆地的南缘，在海拔三四千英尺的地方向西走，然后在大拐弯处向下走到希拉小道。因此，科尔尼派他的马车在库克中尉的指挥下沿着这条更平坦的道路前进。此外，墨西哥边界委员会的 W·H·埃默里清楚地认识到，这条铁路有作为一条通往太平洋国家便捷通道的价值，后来成为美国收购希拉河以南领土的一个强烈动机。

与此同时，捕兽者不安分的活动已从圣达菲向北推进到阿尔比基乌，沿着分水岭上的查玛河河谷，向西越过圣胡安河源头，到达多洛雷斯河和科罗拉多河；这些不屈不挠的探险家已经爬上了格兰德河高谷，进入了被称为圣路易斯各的高地盆地 (7500 到 8000 英尺海拔)，从北端通过山口和河流侵蚀的峡谷，穿越了落基山脉中所有剧烈起伏的地区，并深入到科罗拉多州的上游支流，包括冈尼森、格兰德和格林河。这些地区起伏很大，山口都很高，但捕猎者的行动能力也很强。陶斯是格兰德河上游的贸易和人口中心，海拔约 6500 英尺。科罗拉多水系的源头成就了优良的狩猎场，在他们向更西部的狩猎场前进过程中，避开了主要河流。当他们到达大盆地的内缘时，离太平洋就不远了。

肯塔基州的威廉·沃尔夫基尔在圣达菲附近进行了长达 8 年的狩猎和交易之后，于 1830 年组织了一支队伍在加州捕猎。他从陶斯出发，沿着一条向北的路线，向西转了一圈，越过格兰德河和格林河，越过瓦萨奇山脉，来到塞维尔河。这是大盆地的一条小溪，从科罗拉多河的支流维珍河向北流经分水岭，再向南汇入。因此，他的路线向南转向塞维尔河，越过盆地的山脉边缘，向西南转向维珍河。即使在水量充足的情况下，所有这些高原河道上西部河流的规模，也不利于航行。因此，沃尔夫基尔在到达科罗拉多河之前就离开了维珍河，向西南方向出发，穿越广阔的莫哈维沙漠，到达了圣贝纳迪诺山脉的卡洪山口，并从那里搬到了洛杉矶。

这条路线后来被称为西班牙之路。它向查玛河上游和多洛雷斯山谷下一直延伸到格兰。这条路从现在的犹他州的摩押镇附近穿过，那里有一条岔路穿过这条河，它利用了格林峡谷的一个裂口，穿过了那条小溪，也是今天铁路穿过的地方。随着时间推移，这条路被逐渐确定下来。长期以来，每年由美国人或新墨西哥人带领的商队经由它从圣达菲迁往加利福尼亚，带来羊毛织物和扎拉皮，以换取加利福尼亚的骡子和马，或中国的丝绸和其他进口商品。1844 年，约翰·查理·弗里蒙特从加利福尼亚返回时，就是沿着这条路行进的。莫哈维河段，就像所有的沙漠小道一样，从水源处开始，蜿蜒曲折地穿过干旱的荒地，到达另一个水源处。这些泉水、水坑或小井，被狼群在莫哈德河干涸的河床上挖得又窄又深，它们敏锐的嗅觉告诉它们哪里有地下水供应。行程中，有时长达 40 到 60 英里没有水。人们不可能错过这里骨头留下的踪迹，经过 12 或 15 小时的路程，酷热使动物们都筋疲力尽，它们低着头，蹒跚前行。在野外，骡子通常跟随着商队，作为储备驮畜，它们会突然摇头作一个警告运动，嗅嗅空气，然后开始在尘土飞扬的路上飞奔。这给小道上的人带来了欢乐，因为他们知道前面 1 至 2 英里处有水源。

这就是地理位置决定的从新墨西哥到加利福尼亚的两条路线。它们的自然终点在圣地亚哥和洛杉矶。来到这个地区设陷阱的人继续沿着图莱里湖和圣华金的支流活动，过着猎人的游牧生活。尽管每年圣达菲贸易商的造访都保持着稳定，但这些南部航线从未成为大量移民的通道。捕猎者和商人都不带家畜；除了印第安人的混血后代，他们不带任何家庭成员。山脉和沙漠是屏障，早期美国元素从陆路渗透到加利福尼亚的过程非常缓慢。从 1831 年到 1835 年间，直接穿越内华达山脉到达太平洋的圣达菲派和另外两支探险队残部，只增加了 30 名猎人。更多的美国人乘船来到这里。每年大量新英格兰商船到这一带海岸来，给美洲殖民地带来了更多的货物；当离开这里时，留下残废的水手、逃兵、偶尔还有一个商业代理人。加州的美国人慢慢被招募进来，其中主要是那些娶了加州女性的男性。后来，源源不断的移民把美国的一部分特色拓展到加利福尼亚的土地上，这与居住在美国边境与加利福尼亚交界的俄勒冈州毗连地区的人们密不可分。

第十一章　沿北方小道向西的扩张

在美国捕猎者和商人找到通往太平洋的通道之时，加利福尼亚州还是个外国领地。这一事实，加之去往加利福尼亚州的路途遥远且艰辛，足以使许多家庭打消移民的念头，特别是在美国领导下的得克萨斯叛乱使美国公民不受墨西哥佃户欢迎之后。可以肯定的是，得克萨斯州曾是墨西哥领土，但它离路易斯安那州和密西西比河很近。俄勒冈州和加利福尼亚州一样偏远，被绵延 2000 英里的平原、山脉和沙漠所阻隔；但美国声称在此拥有坚实的基础和有力的控制。因此，当这种不安的移民精神开始在密苏里州和密西西比州的边界传播时，美国人的迁移就转向了密苏里州方向。

1792 年，一支新英格兰舰队发现了哥伦比亚河的河口；1805 年，刘易斯·卡斯和马克·韦恩·克拉克的陆路探险队抵达这里。1811 年，雅各布·阿斯特一方暂时占据了这里，并将它作为一个贸易点。密苏里州和哥伦比亚的线路首先通往俄勒冈州，移民大批进入这个地区，从威拉米特南方的山谷延伸到加利福尼亚州北部的大峡谷。因此，加利福尼亚州北部和南部边界，移民经由自然通道进入，而在东部，白雪皑皑的谢拉山脉和广阔的内华达沙漠所构成的双重屏障在很长时间内阻止移民进入。

科罗拉多河在经过一长段峡谷之后，将其微弱的、受沙漠侵蚀的溪流注入加利福尼亚湾，并向北一直到温哥华岛，只有一条河流穿越整个跨落基山地区，穿过两座大山流入大海。这里就是哥伦比亚，美国声称对其拥有主权，而英国也声称对其拥有主权；对两个国家来说这里都是他们向太平洋西部扩张的关键。科罗拉多河的三条支流流入太平洋中心地带，穿过科迪勒拉山脉的东部边缘；支流跨度广阔，从北部的阿萨巴斯卡水域延伸到南部的普拉特和科罗拉多河的源头，沿着大分水岭连接到密苏里河支流。这些来自哥伦比亚河的溪流，由于水量稀少，水流湍急，很少能听到船桨或船首在峡谷阴影笼罩的水面上拍击的声音。溪水从积雪消退的山脉上沿着岩石斜坡流下，迎接新来的移民。

哥伦比亚河首先从东部穿过密苏里河。密苏里河发源于落基山的西部。刘易斯·卡斯和马克·韦恩·克拉克探险队沿着这条河流抵达落基山脉中心处的分叉口，继续沿着它最西边的支流杰弗逊河向北走，直到抵达最外围的山脉，从那里，莱姆希山口和一条印第安小径一直延伸到萨尔蒙河的莱姆希支流。由于无法经由湍急的布满岩石的萨蒙河穿过沙漠，这支队伍便向北翻越山脉，沿着克拉克河而上。克拉克河在落基山脉的平行山脉之间流动，它的横向支流侵蚀着山谷横断面，在密苏里河上游和哥伦比亚河的中央支流之间的山脉中充当中间通道，其功能就像科罗拉多州格林河分支的南侧，它的侧谷为两个分水岭开辟了道路。俄勒冈小径从北普拉特的斯威特沃特分支到达纽夫港和霍尔堡的斯内克河。这就是早期横穿阿勒格尼山脉小道所起的作用；这就类似于阿尔卑斯山上冲刷而成的峡谷在人类地理上的重要性，这些峡谷从莱茵河上游、罗纳河和因河的山谷分流出来，成为意大利和瑞士平原之间的交通线路。

马克·韦恩·克拉克船长的返程路线从哥伦比亚大转弯处直接向东，沿着斯内克河和克利尔沃特河逆流而上，越过罗洛山口的比特鲁特山脉，随后沿着克拉克河的卢福克和布莱克福特山谷到达刘易斯·卡斯岛和马克·韦恩·克拉克山口，向下到达密苏里河的小迪尔伯恩河。整条路十分平坦，因为它是西印度群岛人在平原上捕食水牛的通道。落基山脉在加拿大附近变窄，这是跨越山脉的最短路线；这条路线有着最长的河道、最好的山口，它是沙漠西部最窄的一段，也是通往哥伦比亚湾最直接的通道，哥伦比亚湾是独木舟航行开始的地方，但它有一段需要向北绕行一大段的路。它与圣路易斯距离较长，离密苏里河附近的移民聚集中心的繁华地带也比较遥远。因此，我们发现，于1810年出发的阿斯特探险队在哥伦比亚河口建立了一个美国贸易站，他们沿着密苏里河向上，到达靠近阿里卡拉村庄的格兰德，然后就抄近路，向西南方向穿过平原，到达黄石公园的大角支流，从那里继续沿温德河向上，到达落基山脉的大中央穹顶（9000 英尺），穹顶包括提顿山、格若斯维崔山和肖松尼山。探险队穿过一个类似阿尔卑斯山脉的圣哥达通道，到达斯内克河的上游。

一两年之后，一群阿斯托里亚商人回来了，他们从斯内克河上游向东南方向行进，抵达格林河流域，利用落基山脉这一段地势起伏的特点，到达了斯威特沃特河、北普拉特河，最后到达了圣路易斯。这就是美国正式开始向太平洋扩张时，俄勒冈小道之后的路线所表现的主要特征。阿斯托里亚探险是一场短期行动，因为它必须与一条陆上交通线路竞争，这条线路长得令人绝望，而且困难重重，在密西西比河和太平洋之间没有任何根基，再加上1812 年战争造成的海上交通中断，随着英国的领土侵占，哈德逊湾公司积极扩张，进入哥伦比亚河谷。

英国人对哥伦比亚的主权要求基于地理位置。萨斯喀彻温河的东部和西部路线很早就把加拿大的英国探险家带到塞尔柯克落基山脉的哥伦比亚河的北部支流。根据英国人建立的国际规则，美国人发现了河口，这条大河便属于美国；但它北方的源头却掌握在英国人手中。我们已经看到，下游扩张是多么容易且自然。这个伟大的贸易公司在加拿大河流上游的毛皮站附近有一个基地。财富、组织、历史悠久的服务和强大的政治支持使他们具有很高的效率，而这恰恰是美国毛皮公司所缺少的。在战争的意外帮助下，这家贸易公司终于扑灭了哥伦比亚美国毛皮公司——阿斯托里亚的最后一丝生机。后来，他们按照加拿大的法国人一度认为有效的毛皮贸易方式，对整个哥伦比亚盆地进行了有系统地占领。

到 1834 年，落基山脉的每一个战略要地，每一个拐弯处或岔路口，每一个大型毛皮狩猎场的中心，都有了一个坚固的岗哨。乔治堡位于旧阿斯托里亚的遗址上，连接着大海。温哥华堡位于威拉米特河口上方 6 英里处的主要行政哨所，它利用该山谷丰富的农田为上游的堡垒提供面包。哥伦比亚河宽阔的支流在大转弯处汇合，瓦拉瓦拉堡在控制这条西部唯一的水路上所起的重要作用，不亚于旧迪凯纳堡在控制俄亥俄河时所起的作用。它感受到了来自斯内克河上游堡垒的野生动物的脉搏，将海狸从瓦萨奇山脉的山坡上引诱到科尔维尔堡，再到哥伦比亚山的塞尔柯克落基山脉脚下。

正如我们之前所见，原始的荒野、分散的贸易站、零落的游牧人，他们中半数已经被周围的原住民生活同化。垄断是毛皮贸易的属性。哈德逊湾公司的影响力足以把英国商人和定居者阻挡在这个巨大的禁猎区之外；他们还可以低价出售土地给美国商人。但根据1818年与美国签订的联合占领协议，他们不能把美国殖民者排除在外。法国人的经验证明，在与定居的农业人口争夺土地所有权时，贸易站的土地所有权很不牢固。起初，只有少数几名美国捕猎者从山口进入俄勒冈州境内；但很快更多的捕猎者就从远处的俄勒冈小道蜂拥而至。在车站和堡垒之间的宽阔空地上，潮水般涌来的美国移民把海狸和其他猎物一扫而空，并提出设置耕地和锯木厂以获得领地权，而不再依靠弱小的岩矿所有权。

哈德逊湾公司通过萨蒙河和斯内克河形成的自然通道，将其势力范围扩张到大盐湖、贝尔河和格林河流域；但在这里他们与美国捕猎者发生了冲突，捕猎者们从各个方向——里奥格兰德、阿肯色州、北普拉特和斯威特沃特以及大角的温德河分支——进入这个有名的毛皮场。双方竞争十分激烈。美国毛皮公司和落基山毛皮公司的交易员有时会在温德河上碰头，更多是在格林河上碰头，有时甚至在皮埃尔洞碰头。皮埃尔洞是一个位于提顿山脉以西的山谷，斯内克河的亨利分支后来从这里流经。但偶尔也有美国商人闯入英国人在大盆地贝尔河上奥格登洞的会合点。所有这些环环相扣的河流都是争夺商业利益的战场；但是，尽管美国人在向西而行的溪流上略占了一席之地，但这仅限于源头部分。美国人在西南地区有一定优势。落基山毛皮公司的阿什利于1824年在格林河上首次集会，经由著名的南向通道进入山谷，第二年便在犹他湖上建立了阿什利堡，在那里一百人留下来开发这个富裕地区的毛皮。

在1826年至1829年间，在提顿山脉和格林河地区约有六百名美国捕猎者，也有大量哈德逊湾公司的人员。他们的子孙们探索了每一个高地山谷和山口，为其他人开辟了山路，但直到 1840 年美国毛皮公司解散之前，才有证据表明他们对俄勒冈州的定居人口做出了贡献。此外，他们的人口向西迁移到俄勒冈州的时间相对较晚。

首批进入美国的移民来自大西洋沿岸的个体从业者，与国家边境扩张的移民毫无共同之处。这些人来自远离拓荒的人群，又或者来自加拿大交易商和捕猎者。他们在很大程度上来自海上，依靠与东方的海上联系获得补给、支持和发展。这就是阿斯托利亚队伍，招募的人几乎完全是蒙特利尔和马基纳克岛的苏格兰人和法国、加拿大人的合作伙伴、代理人和参与者。1832年，怀斯率领的马萨诸塞探险队从大陆来到这里，在哥伦比亚河口建立了一个贸易站。在经验丰富的萨布莱特和他的落基山捕猎者的陪伴下，从圣路易斯到斯内克河一千多英里的行程赋予了怀斯先驱者所需要的能力，他们缺乏经验但目标明确。他在剑桥大学的学术环境中精心设计的一些设备，在密苏里会合时被平原上的实干家们一笑置之；当他的驮畜体力开始减弱时，其他设备有的被耗尽能量，有的则丢失或被遗弃，以至于这一队伍人马在抵达哥伦比亚时几乎一无所有。那些计划将商品带到霍恩附近的船只没有抵达；虽然供应增援能证明他在哥伦比亚下游的瓦帕托岛和斯内克河的福特堡建立了站点，但哈德逊湾公司在整个俄勒冈州的地位太稳固了，以至于其贸易场所没有受到影响。

当那些熟悉土地的人、美国的猎人和商人还在俄勒冈州郊外的山区徘徊时，东部各州的宗教人士却在为东印度群岛的崛起进行传教，只可惜大多数时候，他们的热情与知识并不成正比。这就是 1834 年卫理公会派在威拉米特山谷、瓦拉瓦拉的长老会站和 1836 年斯内克河的清水支流传教的开始。这些先驱者沿着北普拉特河和斯内克河从陆路来到这里。在沙漠小径的河道终止处、内陆位置、这个国家的贫困以及印第安人的性格都使他们无法在此发展。威拉米特号可以到达哥伦比亚河的入海口，它从波士顿和东海岸的海上运来了当时广阔平原、高山和沙漠所缺少的物资和人员。

　　杰森·李发现在威拉米特的印第安领地传教是不可能的，而建立一个国家却有希望。于是他从传教士变成了殖民者。他在美国做的一场演讲中，主张在英国人占领之前建立殖民地从而正式占有这块西部土地，这与其他试图在哥伦比亚贸易中站稳脚跟的先驱类似。国会对"俄勒冈问题"的讨论为这个跨落基山脉的国家做了宣传。在返回美国的途中，杰森·李第一次在边境州见到了他的听众，并听到了民众对他演讲的回应。1839 年春天，两个小党派从西进运动的先驱地——通往哥伦比亚路上的伊利诺伊州出发，走上扩张之路。这是西部边境的真正扩张，开启了俄勒冈州移民的第二阶段。

　　到此时为止，俄勒冈州的定居点仿佛并不适宜——最遥远的西部带有最遥远的东部社会的政治和经济理想的印记，这些印记来自生活在广阔的喀斯喀特森林以及威拉米特和哥伦比亚荒野山谷中的新英格兰店主、磨坊主、传教士和学校教师。但是东部定居者数量少，大西洋海岸又太偏远，这种情况无法持续。由于西方非正规的探索将俄勒冈小道缩短为简单的终极路线，人们距密苏里州的边界越来越近。到 1840 年，早期的西部各州被迅速占领，除密西西比河和新奥尔良之外，西部没有其他的出口渠道，随之而来的是产品过剩，从而造成西部农产品价格的灾难性下跌。一位密苏里州的农民以一百美元的价格出售了一船的熏肉和猪油。密西西比蒸汽船有时会在熏肉过程中产生一种廉价燃料。这就是一个没有海岸的地区的生活。西方农民凭着自身的迁徙本能，向俄勒冈州的肥沃平原出发了，在那里，太平洋广阔的快速通道通往了亚洲市场。

　　从那时起，俄勒冈小道上尘土飞扬。来自阿肯色州、密苏里州、艾奥瓦州、肯塔基州、田纳西州和伊利诺伊州的先驱们驾着沉重的马车，赶着牛群，聚集在独立城、利伯蒂、圣约瑟夫和布拉夫斯的集合点。这条 2400 英里长的小径，沿着普拉特河及其北岔口向上，到达拉勒米堡，绕过布拉克山脉，沿着斯威特沃特到达南通道，穿过一片洼地到达格林河，翻越布拉克山脉的横谷，经过泥溪，到达东部贝尔河河谷边的小道。这条小道是整条长路的最高部分。它顺着贝尔河向下延伸，一直到最北端，然后穿过一片小分水岭到达斯内克河上的诺伊夫河港和霍尔堡。到目前为止，路途十分通畅。到了南通道，斜坡开始变缓，以至于难以确定何时达到顶峰。而通往贝尔河分水岭上游隘口的被草覆盖的道路有时比阿勒格尼山脉的国道更陡。小路本身很好，贝尔河谷肥沃的草地是长途跋涉的商队的天然聚集地。

霍尔堡距离独立城有 1200 英里，距离哥伦比亚河口只有约 600 英里。但道路的最后一部分是最艰难的。穿越没有肥沃土地以及任何牧场的 300 英里的沙漠，小径沿着斯内克河而行，峡谷把饥渴的牛群挡在了湍急的河水之外。这条路从萨蒙瀑布出发，绕过宽阔的河湾，径直穿过平原到达哈德逊湾公司的一个中间站——博伊西堡，从那里继续向北沿着斯内克河到达伯恩河。此时，只有蓝山山脉位于道路和哥伦比亚之间。这条道路避开了焦河峡谷，穿过分水岭到达保德河上游，峡谷对面是爬上陡坡最为容易的一条路。尤马蒂拉开辟了一条通往瓦拉瓦拉河和哥伦比亚大河湾的捷径。

连续四个月、约 2000 英里令人疲惫的跋涉，又经过平原、高山、沙漠再到高山，在湍急的哥伦比亚河上危险地航行 252 英里，在高原沙漠中，正午炎热，深夜寒冷，几天甚至几周缺乏食物和水……这些都是地理条件对俄勒冈小道生存者带来的考验。胆小的商队成员从拉勒米堡、格林河甚至是霍尔堡返回。早些时候，马车在拉勒米堡被换成了驮马；但随着这条路越来越为人所熟知，笨重的车辆驶向了更远的地方——到了霍尔堡，最后到了哥伦比亚。驮畜或役畜精疲力竭，充当了食物，财产被沿路丢弃。甚至到了哥伦比亚，这种情况也没有得到缓解。瘦骨嶙峋的牛群，与中国交易的皮革产品，可能会到达河岸，但它们无法在湍急的河流上被独木舟和小船运输。唯一的选择是在瓦拉瓦拉堡向英国人亏本出售，或者沿着一条危险的小径翻过喀斯喀特山脉壁垒，踏上另一段疲惫不堪的旅程。

但是，尽管存在这些障碍，成百上千的美国人仍然来到这里，这是一支强大的队伍，他们的耐心和热情源于他们的经验。他们坚持自己的权利，这种美国精神有些咄咄逼人，甚至过于狂暴。他们在威拉米特河及其支流的山谷、流入太平洋的尼哈拉姆河以及阿斯托里亚附近的平原定居下来。尽管英国人提出了抗议，但他们还是把自己的领土定在了普吉特湾的源头。沿着威拉米特河，他们找到了一个混合族群。处于优势地位的是最初来自纽约和新英格兰的教会定居者，他们在1843年得到了来自马萨诸塞州和缅因州的小党派的支持，这些小党派从海上来到这里，并为其提供了丰富的物质资源。他们已经建立了商店和工厂，并进行土地投机买卖。有相当多的法裔加拿大人住在东方人之中，但不愿与东方人来往，他们是温哥华堡的老员工，现在负责种植小麦。1841年，哈德逊湾公司为了加强对俄勒冈州的控制，从加拿大的红河定居点经由萨斯喀彻温省带出一个60人的殖民队伍，在普吉特湾尼斯夸里河附近占据了土地。但殖民者发现这里土壤贫瘠，于是重新搬到威拉米特河谷，击败英国的政治设计，巩固了美国的中心地位。

但是现在，威拉米特的定居点被来自密苏里州的移民占据了。因为他们的数量之多，新移民能够将俄勒冈州的东部和哈德逊湾公司的地方印记改变，并在其政治和社会制度上烙上更大范围的美国精神印记。"这些移民肩负着政治重任。"1843年，小型临时政府在教会统治下成立，于1844年做出根本改变，以符合他们自己更民主的理想。

1845年，8000名美国人来到哥伦比亚，加速了1846年"俄勒冈州问题"的解决。太平洋殖民地加入联盟的呼吁得到了西部各州的大力支持。从1843年到1846年，西部各州采取大会决议、举办纪念仪式和递交要求占领俄勒冈州的请愿书等方式，对参议院和国会进行了抨击。密西西比河谷的地理环境造成了威拉米特山谷不断扩大的趋势，哥伦比亚和密苏里州边界之间纽带关系密切。

随着俄勒冈州最便捷、最优质的土地被占用，大自然开辟的一条通畅笔直的道路——即从威拉米特山谷一直延伸到萨克拉门托的长谷——吸引着心怀不满的殖民者到北加利福尼亚州寻找更理想的土地。这已经是一条很完善的道路了。在传教士到来之前，美国的捕猎者已经驾着载满货物的骡车沿着这条路从加利福尼亚州到达温哥华哈德逊湾站现成的毛皮市场。更早的时候，在威拉米特牧场放养的加利福尼亚牛帮助开辟了这条道路，两地一直有或多或少的交流。俄勒冈州接纳了一些来自加利福尼亚的流浪移民，而加利福尼亚最早的拓荒者，如萨特，就来自俄勒冈州。从 1843 年到 1846 年，每年都有从威拉米特河到萨克拉门托河的大型聚会。

这也不是加利福尼亚州北部的第一次扩张。俄国人和英国人已经从哥伦比亚河和巴拉诺夫岛上相对较近的基地以商业方式入侵了这个地区。哈德逊湾公司在旧金山湾有一个站点，捕猎者在那里探索内华达山脉的高地峡谷。温哥华堡于陆上和海上都与其保持着交通联系。俄国的扩张是在海上进行的，因此扩张很早也很容易就出现了。1812 年，俄国在位于金门以北几英里的博德加湾附近的罗斯建立了自己的贸易站，并在法拉隆岛建立了一个分站。在最初几年里，阿留申捕猎者驾着兽皮筏子或海豹皮小艇，每年猎取 1200 到 1500 只海豹。俄国人不仅想要海上或陆上的毛皮，而且还想要从西班牙加利福尼亚人那里购买谷物和其他食物以供给他们在阿拉斯加海岸最北端的贸易站。

苏必利尔湖、温尼伯湖、萨斯喀彻温、哥伦比亚、威拉米特、萨克拉门托一直是英国通往旧金山湾的必经之路；太平洋更加宽阔的快速通道沿“俄国美洲”及其岛屿，即斯拉夫向前延伸；而美国公路沿吉拉河、西班牙小径和俄勒冈小道向前延伸。所有这些外来因素在墨西哥这个北部省份的存在表明，每一块新土地都有其广阔的边界地带。西部边界还没有形成，西部领土还没有从“无限的、不连贯的同质性”中分化出来。加利福尼亚人对美国人、英国人和俄国人都有些担心，尽管对外贸易的好处打消了他们的顾虑。1823 年，美国根据当时尚未形成的门罗主义，要求俄国停止在这一海岸的扩张，当时商定为莫斯科人在美国统治的南界。

与此同时，美国在这片领土上的势力正在增强。非正式扩张在得克萨斯州的有效性是美国人将同样的方法应用于加利福尼亚州的实践思维的一个证据。早在 1841 年，公众对“天定命运”的看法就已经相当明确了。正如我们所看到的，早期移民的侦察队发现了加利福尼亚山体的南北裂缝；但是现在，军队开始向前挺进，越过内华达沙漠的广阔沙地，攻击塞拉斯强大的壁垒。

自阿什利和邦纳维尔发现大盐湖并在那里建立贸易站之时起，在犹他湖往南的地方，一小队捕猎者和探险者被洪堡河引导着向西穿过沙漠，用他们的装备爬过高山，进入了加利福尼亚的大峡谷。他们在急流的上游发现了许多地势较高的通道，急流从陡峭的斜坡上冲下来，被下面吸水的沙子吞没。但对于满载移民的大篷车来说，这些都是不切实际的。由于对加利福尼亚的描述引起了各州更大的兴趣，1841 年，一批移民探险分队在比德威尔和巴特利森的带领下从贝尔河北弯的俄勒冈小道上撤离，向南几乎到达了大盐湖，然后转向西行，将近一个月后发现玛丽河或洪堡河，然后沿着溪流向西到达洪堡河床。从那里，他们继续向南走到沃克河，沿着沃克河的山谷艰难地向上爬，越过索诺拉山口附近的山脊，忍受了无尽的寒冷和饥饿，到达了斯坦尼斯劳斯河边的圣华金山谷。

俄勒冈最好的土地被占用了，流入加利福尼亚的水也越来越多；因此，人们又开始努力寻找一条去往萨克拉门托山谷的直接路线，无须绕道到俄勒冈州或洛杉矶。最后，寒拉斯的特拉基山口于 1844 年被发现，而加利福尼亚小道则一直延伸，从俄勒冈小径和斯内克河分支偏离出来，大约在霍尔堡下方 100 英里处，向西南方向攀升至斯内克河的南部流域——古斯克里克，越过洪堡河的源头。随后它离开了位于贝尔河的俄勒冈小道。从洪堡河床开始，加利福尼亚小道向西直接穿过特拉基河，沿着洪堡河向上到达特拉基山口，然后沿着加利福尼亚州贝尔河的西部斜坡向下，到达萨克拉门托山谷。苏特堡位于贝尔河河口附近，是从俄勒冈州萨克拉门托路线和加利福尼亚州小道来的移民的聚集地。这个以土坯房为主的定居点以及它的各个行业形成了商队，在萨克拉门托、纳帕和索诺玛山谷填充卸载货物。随着加利福尼亚州之路的开通，移民政党的规模不断扩大，从 1845 年起开始出现家庭移民。北加利福尼亚州正在美国化，而苏特堡则成为集结地。这个边境的贸易站，远离来自蒙特利或洛杉矶的墨西哥人的控制，美国人源源不断地从东西两个方向涌入，可以"为加速美国占领的成功做出实质性贡献"。

但是加利福尼亚比墨西哥的得克萨斯离美国边境远得多。陆上旅行的漫长时间和大自然的阻碍都限制了大规模的移民，但正是这些移民使萨宾和布拉索斯从一个拉丁区变成了一个盎格鲁–撒克逊国家。1845年底，加利福尼亚州的外国男性总人口仅为680人，但其中大多数都是美国人，他们聚集在萨克拉门托山谷和旧金山湾附近。

但是，如果说加利福尼亚州离美国很远，那么它离墨西哥也差不多一样远，这里的墨西哥人并没有那么多：总人数6900人，其中有3550人分布在加利福尼亚北部。与墨西哥城的行政中心相比，加利福尼亚州明显是一个边缘州，有背叛的倾向。遥远的首都并不了解北部的情况。墨西哥州长和官员对此十分不满意。在1836年和1844年，一场成功的革命确立了基于国家效忠原则的自治原则，该原则反对集中制，同时提倡完全独立。加利福尼亚州的官员忽略了来自首都的指示；墨西哥城的联邦当局发现他们的控制效率因贫困而大大降低，这增加了在偏远区域管理军队的难度。在许多问题上，加利福尼亚州人和墨西哥人的观点有根本的不同。1843年，美国移民到加利福尼亚的人数开始显著增加，墨西哥接到的指令对这些新移民不起作用，比如理应禁止外国人在这里从事零售贸易，以及将海岸贸易留给墨西哥人；在加利福尼亚没有人试图执行这些法令。相反，美国移民受到良好的待遇，他们很容易获得政府赠地；为了保护波士顿沿海的贸易船只，加利福尼亚州州长对从墨西哥港口进口的所有外国货物征收关税。长期的宽松政策削弱了权力的力量。

联邦情怀在南方最为强烈。圣地亚哥在1836年的革命中争取集中制，而洛杉矶则是墨西哥反对蒙特利和北方革命浪潮的坚实后盾。加利福尼亚南部是1846年唯一顽固抵抗美国征战的地方。与蒙特利和旧金山相比，加利福尼亚州的这个地区通过加利福尼亚州湾和太平洋与圣拜厄斯国家港口有着更为紧密的海上联系；这条路线将吉拉河步道与圣达菲和奇瓦瓦连接起来，也是通往墨西哥北部索诺拉省的一条更加靠南的路线。

另一方面，加利福尼亚州与中央政府进一步隔绝，同时对美国人通过两条北方小道进入的这种影响更为开放。与俄国和英国的商人不同，美国人在农场和牧场定居，在很大程度上垄断了国家的商业，并迎娶了来自加利福尼亚的妻子。因为在特拉基通道被大规模使用之前，移民中的女性人数很少。财产、商业和婚姻的纽带将美国殖民者与加利福尼亚人联合起来，他们充分认识到这种进取精神对社区的好处。毫无疑问，他们之间产生了某种感情上的共鸣。1846 年，当美国和墨西哥之间的战争迫在眉睫时，许多加利福尼亚人预见到美国政权将给他们带来经济利益。瓦列霍将军是北方边境的守卫者，也是这个地区墨西哥臣民中最勇敢的人之一，他赞成把加利福尼亚并入美国。在北方各地，抵抗入侵威胁的精神则不激烈。

自 1835 年以来，美国一直将贪婪的目光投向加利福尼亚州。它需要这片山地海岸的港口。弗吉尼亚州的弗洛伊德在 1822 年主张占领俄勒冈州，主要是为了确保哥伦比亚河口成为美国捕鲸船的港口。在杰克逊政府时期，为了确保旧金山湾的安全，曾有人出价购买北纬 37 度至 42 度之间的那部分加利福尼亚州土地。几年后，人们不再考虑如此激进的措施。西佛罗里达和得克萨斯教给美国人，商人的驮马和牧场主的牛群的壮大是领土扩张最可靠的保证。因此，他们有很大的耐心，尽管有个人和媒体的收购呼吁，加利福尼亚州的移民却稳步开展工作。兼并的问题是可以自生自灭的。时间是唯一必要的东西，美国人觉得他们有足够的时间。

但美国政府并没有放松。俄国人退出了战场。加利福尼亚州哈德逊湾公司分散的捕猎者和孤立的站点无法与不断扩张的农场和持续壮大的美国殖民者队伍相抗衡。但是一段时间以来，那些对墨西哥政府的货币贷款有很大需求的英国人一直在为加利福尼亚或其他地方的领土割让进行谈判，以此作为支付或担保。英国政府尚未参与其中。任何外国势力夺取加利福尼亚任何地区的企图都会根据门罗主义加以制止。这是一直存在的原则。美国对加利福尼亚采取了这样的外交手段：如果该地区宣布脱离墨西哥独立，美国应该鼓励和支持，并随后邀请它加入联盟。这个答案是否可行取决于美国殖民者和美国的影响力。

然而，加利福尼亚州的美国人没有政府那么有耐心。当美国和墨西哥之间战争的谣言越传越大时，正如一些人认为的那样，这些远离救援的人面临着被赶出他们得来不易的家园的威胁。加利福尼亚人在数量上超过了他们，但他们却并未被加利福尼亚人打败，这源自他们的行为是基于在平原和边境地区孕育的自助本能。他们在萨克拉门托、纳帕和索诺玛山谷中举起反抗旗帜；1846 年 7 月 11 日，美国国旗在苏特堡上空飘扬，索诺玛号在美国的命令下被缴获。这是一场阻挠议案通过的冒险，尽管它通过对抗加利福尼亚而使这个国家变得更加复杂，但却也巩固了斯劳特在海岸上的地位，并在基尔尼的部队沿着吉拉小径向西挺进然后出现在南加利福尼亚州时支持他们。

在 1848 年的条约中，美国不仅迫使墨西哥放弃美国军队已经占领的新墨西哥州和加利福尼亚州，而且还迫使从格兰德河到太平洋，从吉拉河以北到俄勒冈州边界的所有介入者投降。同新领土的通信线路必须得到保障，这样美国就实现了美国人民从一片大陆到另一片大陆的"天定命运"。

第十二章　美国成长为一个由地理位置决定的强国

　　美国从大西洋沿岸的一条狭长地带稳步向西推进，直到拥有了太平洋上最理想的海岸地带。在这种从大洋到大洋的发展过程中，在直接作用和间接作用的累积效应下，地理条件对于盎格鲁–撒克逊种族的扩张能力具有重大的影响力。一个缺乏应变力的种族很难对这种特殊环境作出应对。

　　北美大陆远离文明中心和欧亚大陆人口众多的影响，成了一个巨大的领土保护区，仅仅由那些处在原始状态最初级阶段的一小部分人口占据。这里没有那些被分隔开的小片地理区域，这些区域会限制着原始部落的游荡本性，并使他们过上安定的生活。此外，他们通过保护环境来守护他们文明的萌芽，并在这片小区域里以温馨互动的生活方式推动着发展。原始和未开化意味着人口稀少，土地使用权有限，以及抵御侵略的堡垒脆弱。因此，该地区土著部落没有成为美国西进运动的阻碍。

　　这种野蛮占领的结果是使美国成了一个有着丰富的未开发资源的国家。大西洋的屏障是早期殖民者自然选择的基础，因此，一般来说，只有最适合生存、最强壮、最有进取心的人才能到达美洲海岸。在这片处女地上，大量的机会不断吸引外国移民，从而增加了美国人口数量。易于谋生的条件促成了早婚以及随之产生的大家庭，这成为国家扩张的一个因素。随着人口的增长，竞争变得更加激烈，土地变得更加稀缺，人们对等待经济状况的改变已经失去了耐心，边境居民继续向西迁移去占领未用尽的土地，这是一片未使用的"范围"，并寻求无拘无束的生活。这对处于原始状态的人来说具有巨大的吸引力。因此，充足的机会孕育了迁徙的本能，而地理条件有利于发挥这种本能。

　　正如北美大陆的建立对独立小国的发展不利一样，它对一些大国的自然环境也没有好处。北美大陆的地形以范围广阔而单一为特征——两个平行的山地系统，两个海洋斜坡，以及从北冰洋到墨西哥湾的一个巨大的槽状山谷。独立的山脉、岛屿、半岛和深湾等小型地理特征是十分稀缺的。除了在亚极地地区的半潜式低地外，这里没有任何地方存在高度多样化的地表或高度清晰的海岸：海岸线和内陆同样具有结构单一的特点。这种统一性在该大陆的政治分区中亦有所反映。

　　欧亚大陆是由欧洲和亚洲组成的大陆块，其广阔的边界连接起了半岛、岛屿和大片孤立的山区，因此形成了多样化的地区和独立的政治领土。它的内部是一片连绵不断的低地和平原，沿大陆高地向下延伸，从西伯利亚轻微隆起的高地一直延伸到波罗的海沼泽覆盖的平原。这是欧亚大陆上一个强国——俄国的领地。俄国人的统治从第聂伯河和伏尔加河上内陆帝国的核心向东扩张，沿着西伯利亚人口稀少、阻力最小的路线，于 1645 年到达太平洋。俄国向西扩张也没有遇到地形上的阻碍，但是波罗的海沿岸的原住民，在德国和瑞典的增援下，阻止了俄国人的前进。直到 1720 年，彼得大帝才使俄国成为一个跨洋强国。

　　澳大利亚由于其地形结构不复杂，岛屿性质特殊，面积不大以及居住面积较小等特点，注定要成为一片单一的政治领土。北美大陆的面积大约是澳大利亚的三倍，这使其无法在初期成为帝国的中心；但是，随着领土主权不断扩大的普通法继续发挥作用，将会形成地理上统一的政治联盟，除非有某种更强大的力量去抗衡。

　　除了小圣萨尔瓦多之外，北美所有的政治区都从一个大洋延伸到另一个大洋。在墨西哥和中美洲，大陆逐渐变窄，使得这种扩张变得更为容易。尽管有孤立的屏障，非洲大陆还是受到军事征服。北部的广阔区域在穿过美国之前就已经横穿加拿大。这里的地形条件有利于早期的扩张，特别是远程扩张。在早期，这种扩张没有受到像阿巴拉契亚山脉那样的阻碍。圣劳伦斯河在早期具有重要意义，因为它独自开辟了一条从东方进入欧洲大陆中央山谷的道路。再往前，五大湖和萨斯喀彻温区域的低洼平原把早期的探险者从大陆的四分之三处带到落基山脉脚下，落基山脉在进入加拿大领土后呈向西走向。由于高原地势较低、宽度较窄，加上山区地势不高，又没有沙漠的阻碍，移民在加拿大陆地上的前进速度得到进一步加快。从圣劳伦斯湾到普吉特海湾是最容易也是最早从大西洋到太平洋的扩张路线。此外，加拿大气候严峻，征服的该国农业动机较小，而对游牧民族毛皮贸易的诱惑更大，这一切刺激了移民向西部进军。这些地形和气候条件解释了刘易斯·卡斯和马克·韦恩·克拉克探险队主要由哈德逊湾公司提供的数据进行探险的这一事实。

在美国，地理特征并不利于西部扩张。大陆的边界上有着阿巴拉契亚山脉作为屏障，但是这里有五条很好的路线贯穿或围绕着它——圣劳伦斯和五大湖、哈德逊河和莫霍克山谷、波托马克河和俄亥俄河、阿巴拉契亚山谷和坎伯兰峡谷以及佐治亚州北部的开放式道路。此外，为相互交流而修建的强大的密西西比河系统提供了随时进入落基山脉门户的入口。科迪勒拉山脉幅员辽阔，东部是干旱的平原，与连绵不断的定居点边界保持着一步之遥。西部是广袤的沙漠，由于开凿的峡谷河流排干了水，不适合航行，又缺乏草料或营火用的木材，美国扩张的难度大大增加。

但困难始终是相对的，只有克服它之后才能进行衡量。阿勒格尼处于一场比赛的初期，而落基山脉在同一场比赛中则处于鼎盛时期，但二者都面临严峻的挑战。密西西比河和密苏里河沿岸的边界环境造就了一批能够应对 2000 英里山地旅程的人们。对他们来说，对奢侈生活的需求已然不存在，在平原和偏远地区生活已经成为他们的第二天性。仅仅是广袤的空间、无拘无束的生活、水牛猎捕或者一场与印第安人的争吵都足以让人感到快乐。在美洲大陆广阔而清新的环境中，英国人获得了新生，充满了年轻人不可抑制的活力。环境的不断变化使他们适应能力大大增强，巨大的机遇孕育了他们的创业精神。一切似乎没有什么是不可能的。

从阿勒格尼山脉到密西西比河，以及从密西西比河到太平洋的推进是很自然的。在这一进程中，欧洲大陆庞大而简单的结构使美国人保持作为一个民族整体。每一座高山都被看作是一个可能的政治分界线，直到机械力量的发展使得分界线间和邻近溪流间的交流成为可能。年轻的跨阿勒格尼联邦的分离精神是短暂的。在太平洋沿岸——美国领土上真正最隔绝的部分也出现了分离倾向。人们普遍认为，根据地理条件，加利福尼亚州和俄勒冈州必然要组成一个独立的州。国会不止一次表达了这种观点。收购加利福尼亚州后，对建设跨州铁路的调查表明政府担忧失去这种外围资产。然而，建设工作长期推迟。直到1862年，有传言说，太平洋沿岸的人们厌倦了等待陆路交通，提议建立一个独立的国家。并且南方联盟入侵新墨西哥州的报告也促使国会向太平洋联合铁路公司提供政府援助。

美国每一步的扩张都意味着一个更加精确的边界的形成。在完善政治领土轮廓的每一步背后都有着地理动机。密西西比河只是一条分界线。早在购买路易斯安那州或发现哥伦比亚河之前，托马斯·杰斐逊就看到了太平洋前线的价值。落基山脉的分水岭线，尤其是由于远处沙漠的存在，成了路易斯安那州交界处的高度科学的分界线；海洋是唯一的绝对边界，分水岭线之外便是太平洋。海岸之所以有价值，主要是因为它的港口。而在这些港口中，普吉特湾以南的太平洋沿岸，在其辽阔的海岸线上，虽有轻微的凹进，但却没有港口。美国最初建立在北纬42度和哥伦比亚之间的狭长海岸上，只有河口可以作为港口；普吉特海湾的开阔入口是由加利福尼亚解决旧金山湾的"俄勒冈问题"所确保的，而在1848年与墨西哥签订的条约中，国际边界在吉拉河口和海岸之间稍稍向南偏西弯曲，以便将圣地亚哥的优良港口包含在美国境内。美国还保证了从加利福尼亚湾和科罗拉多河到吉拉河交汇处的自由航行。

1853年加兹登购买了南部分水岭的土地后，墨西哥割让的吉拉河边界得到了修正。这再次代表着边界线从非科学领域向科学前沿领域的进步。吉拉河位于北美和墨西哥科迪勒拉山脉之间的洼地上，这是"北美最重要的地形特征之一"。作为穿过西部山区和沙漠的自然通道，它具有战略价值。因此，它的控制权不能与另一个国家共享。正如我们所看到的，穿越山区和沙漠最容易的一条路是沿着吉拉河的南部支流蜿蜒前行。从得克萨斯海岸到太平洋的天然航线，在那里，一位向西旅行的旅客在海湾的快速通道上下车的地方比密苏里汽船把他带到堪萨斯城的地方距目的地还要远 100 英里左右。在吉拉大萧条时期，对横贯大陆的铁路进行第一次勘测后，这条路线被认为是最容易的路线，国家在山谷的南侧建造了南太平洋线。"加兹登购地"被谴责是浪费一千万美元购买了 45000 英亩的贫瘠土地。但这钱花得再好不过了。这片土地的价值不能用它是否适合农业来衡量，而应用其通往太平洋的战略重要性来衡量，当北方的路线被大雪封锁时，由于其地势低且位置更靠南，这里的道路总是通畅的。

南部边界继续沿着格兰德河沿岸的陆地延伸，这是一条方便但相当不可靠的分界线。美国领土再次从这条河的河口到达海洋。墨西哥湾向西弯曲的大海湾为美国创造了一个南部海岸。从基韦斯特到格兰德河，尽管被大西洋海水冲刷，但美国面对的是南美洲而不是欧洲。美国最初被限制在萨宾河和庞恰特雷恩湖之间的狭长地带，通过不懈的努力扩大其在海湾的基地，以便控制南部和西部的自然出口，并使其成为海洋的绝对边界。

除了缅因州的一小部分外，美国的东部和西部边界完全是海洋。南边界的西半部是土地，东半部是水，北边界也是如此。加拿大和美国的国际边界从苏必利尔湖沿平行于格鲁吉亚海峡的第四十九段陆地向西延伸，从那里继续向南部和西部穿过哈罗和圣胡安德富卡海峡到达太平洋；东起明尼苏达州北部，北至纽约，边界由五大湖区、三条相连的小河和宽阔的圣劳伦斯海峡所界定。这些"地中海"是淡水，尽管它们没有纳入像密西西比河这样的大型流域来增强其重要性，但它们就像墨西哥湾通往内地的海上高速公路那样，起到了很大的作用。

美国各地区的领土轮廓都很简单，起初尽可能地按照自然边界分割而成。在西部把美国和加拿大分开的任何一条线都是人为的，因为一个国家边界处的山谷、平原和山脉大多数情况下会一直延伸到另一个国家。此外，在遥远的、几乎无人居住的西北地区，人为划分出这样一条政治分界线十分容易。然而，新英格兰的国际边界是漫长而不规则的，它只沿着圣劳伦斯河流域、圣约翰河和圣克罗伊河延伸了很短的距离。与西北边境和墨西哥边境形成对比的是，"它标志着与一个旧的、有组织的国家在与一个政治上新的、无组织的国家接触并产生了对比"。

这是美国在 1853 年为自己设定的限制。美国所获得的领土几乎完全局限于大陆，这是它的显著特征。它的岛屿很少，面积很小，且离海岸很近。尽管在缅因东部边界的谈判中，为争夺帕萨马科迪湾的边远地区而产生了一些激烈的外交斗争，但在大陆扩张的斗争中，美国放弃了对岛屿的收购。

美国成为大陆强国的另一个地理因素是它与欧洲的隔绝。大西洋这一障碍促进了美国政治和经济独立，并使得自然资源的开发变得愈加广泛而不是密集。这涉及了扩张。1776 年这个年轻的国家背弃了旧世界，面向自己广阔的腹地进行扩张；1783 年，一项大陆政策在阿勒格尼山脉到密西西比河以外的地区提出了领土要求，推动了这场战争。这一政策在路易斯安购地案和刘易斯·卡斯与马克·韦恩·克拉克探险队中产生了更明显的影响，20年后在门罗主义中得到了最终体现。

这一国家原则因为地理条件而成为可能。地理上的隔绝决定了其最古老的主张，即较少受到欧洲大国的影响。华盛顿说："我们的独立门户要求我们走一条与欧洲不同的道路……为什么放弃这种特殊立场的优势呢？"这个主张的前提是欧洲不干涉美国事务，最好的办法是停止欧洲人在美洲大陆的殖民。在大西洋、海湾和太平洋附近建立军事基地，与遥远的欧洲列强抗衡，使欧洲列强在加勒比海立足点丧失，也会使美国在洲际战争中占据优势。

美国在宣布门罗主义时，在美洲大陆承担领导地位，其背后的基础是地理条件。同占统治地位的民族一样，加拿大和美国的气候、土壤、地理位置和其他自然特征往往是决定因素。在这种领导地位的扩张竞争中，英国是美国最危险的竞争对手；它在这片大陆上拥有巨大利益，而这片大陆可能会被其对手的新领土拨款严重破坏。但与美国相比，英国的权力中心位于大陆之外。加拿大广阔的海洋带不足以把西部大陆牢牢地拴住。"美国的所有部队都驻扎在当地，在世界其余部分没有分散的利益。在所有有争议的领土上，英国都做出了让步。得克萨斯州在没有反对的情况下被吞并，俄勒冈州被分裂，加利福尼亚被征服。"

北美的隔绝逐渐消灭了美国在西半球较小的欧洲对手，通过确保这些欧洲国家之前在大陆的部分资产，美国得以实施大陆紧缩性增长政策，这为其在与英国争夺大陆控制权的斗争中提供了支持。紧凑的政治领土几乎没有可暴露的边界，因此，难以受到攻击，这使它可以更容易地向任何一个方向扩张其势力。总体而言，美国当时只在一件事情上诉诸努力，它的精力没有像英国那样被分散、被消耗，因而最终取得了成功。

地理位置一直是决定领导地位的最强大的因素；它使美国长期凌驾于巴西和加拿大，它们是西半球仅有的另外两个领土大国。和美利坚合众国一样，加拿大也处于大洋之间，但它还不能使人们感受到其影响力；气候也太过恶劣，使人口发展受到限制，而人口密度是发展所必需的。巴西有丰富的人口和广大的面积，但其地处热带的位置，这会消耗人的精力；而巴西对太平洋和加勒比海岸的需求把自己的势力范围限制在了大西洋。

美国占据的温带地区，从一个大洋延伸到另一个大洋。因此，该国土地广阔而肥沃，雨水充沛，人口众多，气候适宜劳作。它向太平洋的延伸使美国与南美西部建立了联系；而美国在墨西哥湾的漫长海岸线使它在加勒比地区拥有话语权。美国位于北大西洋，与欧洲相对，这使其成为西方世界的海上守望者。因此，北美大陆的这一中心地带在地理上成了新半球的控制中心。

美国在世界政治中的地位演变很有意思。在殖民时期，美国作为欧洲的西部边缘势力和旧世界的附属国，受制于国际力量。欧洲战争在美国领土上时有发生，从瑞斯威克到巴黎的所有条约都包含了关于美国领土的条款。独立战争后很短的一段时间里，这个年轻的国家对法国所负有的一些责任使其处于尴尬境地，这些责任是从它成为欧洲政治体系的一部分时起就传承下来，这使得法国认为美国可能会作为盟友对抗英国。但在隔绝的新环境下，美国很快切断了与欧洲的联系，决定了自己成为一个国家的命运，并逐渐成为一个大洋间的大陆强国，之后又作为西半球的超级力量，开始主导北美和南美的国际事务。

在很长一段时间里，美国对其领土范围很满意。地理隔绝十分显著，以至于不必受任何大陆外政治活动的诱惑；但即使在这个表面平静的时期，进一步扩张的种子也在萌发，这种扩张使美国超越了半球的限制。隔绝使这个新生国家获得了保护，在很大程度上促进了政治发展，正如希腊城邦的隔绝环境在小规模上实现了类似的发展一样。之后美国从封闭在西半球的状态中走出来，长时间参与太平洋和亚洲的事务。

美国的规模在很大程度上是由北美大陆决定的。我们看到了它简单的结构促进了扩张，形成了民族意识。我们还看到，定居点是如何紧密地排列在山脉和海洋之间狭窄的大西洋沿岸，中枢线是如何被北部的五大湖和南部的海湾所环绕，密西西比河是如何把征服者带到南方的海湾，俄亥俄支流如何把他们带到北方的湖泊，密西西比河的长度又是如何成为下一次推进的基础。1783 年，由于地理知识的不完善，这条河的源头被误认为在伍兹湖的西北部，由于一个巧合的错误，西北边界的起始点被定在了密西西比河源头之外，从而增加了美国沿 95 度经线的长度。

受湖泊和海湾的限制，新兴力量的自然出口朝向西部。即使大陆再宽阔一些，也会掌控其范围；即使密西西比河再长一些，其长度也能被控制。受大陆建设的影响，加上五大湖和海湾的制约作用，美国拥有了一条重要的东西向路线，其长度是南北方向的两倍，并保持在相对狭窄的地带性范围内，远离热带的炎热或极地的寒冷，同时带动着 300 万平方英里的广阔领土。

到目前为止，地理条件使得可利用的区域进一步扩大。北方的寒风和海湾温暖潮湿的微风吹过大陆的中央低谷，进而改善了明尼苏达州和得克萨斯州的气候。落基山脉北部宽度狭窄，海拔低，使得来自太平洋的海风可以吹入，给蒙大拿州和达科他州带来温暖和湿润。可能没有任何其他政治区域具有如此广阔的领土，且适合人类居住。土地规模最终要根据它所能供养的人口数量来衡量；人口的数量和劳动力又是力量的衡量标准。

美国人从不害怕距离。如果是加利福尼亚人，他会"跨越山脉进入内华达州"，如果喜欢的话，他会步行，丝毫不费力气，就像在拐角处散步一样；或者乘火车横跨半个大陆，只为在芝加哥停留上两天。因此，美国人的观点是在广泛的地理经验及与高度混杂的西部各州人民的交往中而产生的。美国观念的危险在于具有混淆"大"和"伟大"的倾向。

生存的斗争就是对空间的斗争。美国充裕的空间意味着所有人都有足够多的机会崛起。因此，北美的隔绝帮助早期殖民者摆脱了欧洲君主制的统治，这个国家通过机会均等使统治阶级和群众保持了几乎平等的地位。在任何地方，人们都倾向于从周围人群中招募自己人。

美国人民的跨大陆扩张使他们成为"太空斗争"的主导者。未来他们将如何使用他们获得的权利？

第十三章　内陆水道的地理位置

　　构造的简单性使得北美洲大陆山谷、平原和山脉的特征很少，这也主要决定了北美洲只有为数不多的几条可通航河流。这些地区地域辽阔、水源充足、地形简单、坡度平缓，而西欧复杂而零散的地形无法形成大型的水系。澳大利亚的大陆结构有利于像密西西比河这样的大型中央系统的诞生，但它的山脉位于东缘，阻挡了信风带来的湿气，使宽阔的内陆山谷失去水源。非洲高原上有几千英里长的通航水道，但这个布满方山的大陆上陡峭的悬崖挡住了每一条入海的河流，海岸处皆是瀑布和急流。

　　除了跨落基山脉地区外，在北美洲的各个地方，平缓的坡度保障着从高地到大海的逐渐下降。航行中的天然障碍很少而且很小。从阿勒格尼山脉边缘到河口的俄亥俄河，在路易斯维尔所谓的"瀑布"中，只有一次航行部分中断。然而，在一年的大部分时间里，蒸汽船都从这里通过了。密苏里州水流从蒙大拿州西部大瀑布沿着其平滑的坡度向下倾泻2700英里，从落基山脉的第一个阶地倾泻而下，没有其他的水流进入河口。密西西比河河床的坡度只有在圣保罗时才变得明显，微不足道的变化几乎不足以阻止其来自劳伦特湖的支流或来自北方的红河。它穿过温尼伯湖，通往哈德逊河湾。

　　在落基山脉以东，主要排水系统在一个或几个位置的某个低分界处接近、汇合。在树皮独木舟和海狸皮货物的时代，这里是拓展内陆商业网络的关键地。后来人们在这里修建了运河，以满足日益扩大的定居点和贸易的需要，并把大西洋河流与圣劳伦斯河、五大湖和密西西比河的东部支流连接起来。该国的地形可以通过人工方式扩展丰富的水路使之相互连接。哈德逊河、伊利运河、五大湖的水道，东经和西经各延伸了18度，从纽约延伸到了德卢斯。密西西比河、密苏里河和俄亥俄河的主要横向支流连接着蒙大拿州西部的本顿堡和匹兹堡，中间直线距离 1800 英里；俄亥俄河和伊利湖之间的运河将这条水路延伸到了大西洋。俄亥俄和湖泊路线的东西向是早期东西方结合的重要因素，削弱了密西西比河的影响。更早的时候，波托马克河和俄亥俄河距离接近，他们各自航海源头间的交通便利，这都是把国家首都设在华盛顿的主要原因之一。

　　自然原因加之运河的修建使得大西洋河流都可以通航了，这促进了东西方的连接。密西西比河系统是南北边界最重要的纽带，从俄亥俄和密苏里向北，一直到堪萨斯城的大拐弯处。西部的密苏里河上游和东部的俄亥俄河的每条支流都汇入主流，这些支流与湖泊之间有运河相通。从俄亥俄州向南，只有密西西比河的干流与墨西哥湾相连。早期贸易商的独木舟使用的第二条平行路线，从田纳西州的大河湾向南到布莱克沃尔河或汤比格比河，这条线路尚未被用于建造运河；但是，从田纳西州到莫比尔湾的潮水海域间建一个排水口是内陆航行的一项改进，其条件是确保在山顶有充足的水源供应。密西西比河横跨美国五大湖和墨西哥湾之间的狭窄地带，具有极高的水道价值。而在这两个地中海水域——淡水湖和盐水湖——发现的强大溪流的连接水路进一步提高了它们的价值。

　　如果不考虑缅因州向东突出，我们很容易发现西经 97 度是美国的中轴线，也是丰富的内陆航线的西部边界。科珀斯·克里斯蒂是墨西哥湾沿岸航行的西部终点，红河和阿肯色河的通航终点几乎完全位于西经 97 度。在这条线之外，只有密苏里河流经到了落基山脉脚下。这里降雨稀少，河床又浅又易移动，使得河流不适合运输。

　　美国西部被科迪勒拉山脉隆起的山带所包围，由于复杂的地形和极端的干旱，这里没有形成可以从海上航行的长河系统。干旱形成了大量峡谷地形，造成了水量稀少的现象，水上只能漂浮最浅的船只。科罗拉多河下游，在它从大峡谷流出后，将会把一艘吃水深度 18 英寸的船从内华达州南部的埃尔多拉多运送到 400 英里的入海口处。但是，由于地处沙漠地区，人口稀少，这条唯一通往南方的河流几乎没有什么价值。大盆地中被圈住的河流和湖泊只是提供了一排绿洲，指引着加利福尼亚小径的路线。由于群山环绕，干旱使得这些小溪流无法汇合成一股力量来切断这个小障碍，也无法沿盆地北部的斜坡向北形成水系。

内华达山脉和喀斯喀特山脉的平缓曲线标志着跨落基山脉美洲内陆水道的东部边界。在这些山脉屏障后面发现的东西价值不大，甚至一文不值，而这些范围之外的东西数量也是很小的。普吉特海湾拥有 19000 英里的海岸线，主要是南北走向，其最东端距大海只有 120 英里。哥伦比亚河距太平洋100 英里。可通行远洋船只，但它的连续通航能力只有一百英里，从喀斯喀特山脉的狭窄通道奔流而下，只能到达达尔斯。它的内陆高原航线可以在华盛顿州内航行多达数英里，但却由于无法从海上进入而几乎无法通行。东部的内华达山脉和喀斯喀特山脉以及西部的海岸山脉形成的长谷被威拉米特占据，向南通过水下河口，形成旧金山湾及萨克拉门托和圣华金的支流，提供了一条总长 350 英里的南北水道可供蒸汽船和内河船航行 125 英里。但是像普吉特海湾一样，除了哥伦比亚河之外的所有这些河流，位于沿着山脉轴线的一个巨大的纵向山谷中，都到达距离太平洋不到 125 英里的地方，并且只形成了一条海岸通道，位于广阔的科迪勒兰高地脚下。

东部内陆水道的丰富性和西部的贫乏性在很大程度上将这两个地区的经济史区分开来。在很大程度上，除了土壤肥力之外，其可航行的河流是早期发展的最重要因素。前者是财富生产的基础，后者则是财富分配和交换的基础。像希腊、挪威、英格兰和新英格兰这样拥有深海海岸线的小国可以放弃大河系统的优势；但是，在俄国、阿根廷、委内瑞拉、美国、加拿大、埃及、印度和中国，国家的政治和经济历史与其大河的历史有着不可分割的联系。面积大意味着距离远，因此运输线路很长，天然水道运输最容易，也最廉价；充分利用这些自然优势一直是商业优势的条件和衡量标准。威尼斯和伦巴底联盟发现其地理优势在亚得里亚海，横跨阿尔卑斯山通往北部，东部和西部，以及波河和阿迪杰河。由于横跨西欧的罗纳—莱茵河通道，莱茵河城镇联盟繁荣起来。从布鲁日一直向东到俄国诺夫哥罗德的汉萨诸塞城市，其商业霸主地位在很大程度上归功于其背后从谢尔特到伏尔加河的大河。在法国，工业和商业显著发展的标志是科尔伯特在整个 17 世纪法国中部高原修建了一系列运河，旨在统一其所有辐射溪流，并建成一个完美的内陆水道系统。中国的内贸曾经完全是通过河流和运河进行的；这个国家仍然是水路至上的典型例子。外国的影响范围一般用中国的大江大河来表示，因为这些"范围"是商业地区，是河流通道的支流。

正如我们在前几章中看到的，美国早期人口定居和扩张主要是由于水路设施而发展起来的，但在铁路交通迅速发展之前较为缓慢，并被限制在该大陆供水充足的大西洋斜坡上。河流和湖泊汇集并向西运动，沿着偏远的支流分布着新的定居者。第二年他们将新开放的土地上收获的产品运回海岸市场。每有一股向西方移动的人流，就有一股贸易回流，其数量、种类和价值都在稳步增长。后来，当铁路被引入时，水路仍然是廉价竞争对手，牵制着从湖泊到海湾、从大西洋到西经 97 度的陆路运费。

在跨密苏里州的国家，由于其水道设备的匮乏，给运输的历史带来了极大的改变。在干旱地带的边缘，独木舟、平底船和汽船都被丢弃了，由驮马、牛车和骡队长途跋涉穿过一望无际的草原和沙漠。对于西方而言，帆布覆盖的货车和铁路快车的速度之间没有任何关系。

凡是缺少廉价的江河湖泊通道的地方，铁路就必然发展得更快。沿途人口稀少，减少了当地的生意，利润也相应降低了；但由于没有水路竞争，他们可以不受约束地制定自己的政策，确定自己的关税，并遵循商业利益所要求的原则。在澳大利亚，铁路具有不可估量的重要性，因为那里缺乏永久通航的河流。同样，在南非，一个年轻的国家，白人人口稀少，没有水路交通，开普殖民地、纳塔尔、罗得西亚、奥兰治河殖民地、德兰士瓦和葡属东非被迫修建了超过 5500 英里的铁路，这一庞大的规模用以满足商业和军事需要，并计划继续扩大。

同样地，尽管人口稀少，但经济使得两个跨海洋贸易区域的海岸相连接，西部以极快的速度发展了铁路。由于不受竞争水道的管制，西部铁路处于垄断地位。但他们的"利益共同体"体系面临着更大的危险，西部各州也在与之进行着激烈的斗争。陆上通道的竞争对手是麦哲伦海峡，在墨西哥湾和巴拿马地峡的海上和陆上也有部分竞争对手。第一个主要的竞争对手是地峡运河，它将向北延伸至加拿大太平洋铁路。由于在西部地区缺乏水路，加利福尼亚的萨克拉门托和圣华金这样的小河流所产生的重要性令人惊讶，这些河流可承载分别通往萨克拉门托和斯托克顿的大型轮船。但是，为了抗议南太平洋铁路的垄断，它们被广泛地用于载客和货运，即使造成不便也在所不惜。

在跨落基山脉扩张开始 25 年后，一条横跨大陆的铁路把太平洋和大西洋海岸连接起来。在遥远的西部，交通发展从小径发展到铁轨，一方面减少了修建公路的中间阶段，另一方面又不受水路的阻碍。在美国东部，陆地航线在早期的内陆航行竞争中随处可见。丰富的优质水道往往会阻碍快速通道的建设，但除了穿山道路，如从费城到匹兹堡的旧长途汽车公路，从波托马克到威灵顿的运河通航终点坎伯兰国道，以及横跨南部巴拉契亚山的荒野之路，或者横跨主要河流的中轴线道路，如从纽约和费城沿海岸向南至南卡罗来纳、查尔斯顿的早期驿道，还有穿过俄亥俄州北部支流到哥伦布的坎伯兰国道的延伸部分，经过了哥伦布、印第安纳波利斯、泰瑞豪特和万达利亚。由于缺乏内陆航线，新英格兰地区最早建立了完整的收费站系统，后来又建立了铁路收费站系统；即使在今天，它仍然是骑行者最喜欢去的地方，因为在其他地方国家忽视快速道路的建设，骑行者们饱受痛苦。

因此，丰富的水道意味着在一个国家经济发展的早期阶段普遍存在着水运；国家规模越大，距离越远，对内陆航行的需求越大，航行规模也就越大，存在的时间也越长。由于大西洋平原的宽度狭窄，其东南坡和"下降线"从未远离海岸，大西洋河流作为运输渠道的历史很短，范围有限。除了哈德逊河，它们只服务东西部的交通。南北之间的交往靠沿海航行，沿海航线发挥着密西西比河在内陆的作用。

这些大西洋溪流的重要性在殖民时期是最大的，由于当时使用的是小型海船，在技术上内陆航行和海上航行之间的差别不大。此外，这些河流很小，由于通航水道的收缩而受到相对较大的损失，这也导致了早期用大型汽船代替浅水船。最后，由于在所有水上运输中，成本主要取决于装卸费用，小型大西洋河流处于"短途运输"的经济劣势。因此，只有能够让在海上航行的船只才能保持它们的重要性，比如哈德逊河、圣劳伦斯河和特拉华河下游。

在密西西比河的大峡谷中，内陆水道被证明是最有力的经济和政治因素。这个盆地面积达 1240000 平方英里，包含 15410 英里长的溪流，适合大型内河船舶航行，在独木舟时代它的航程更长，早期其水路交通的优势得到发挥。然而，由于整个山谷的定居点迅速扩大，需要覆盖的距离越来越远，而人口稀少，无法承担路费，甚至无法为道路建设提供劳动力。在拓荒者时期，移民定居者要顺流而下，沿着俄亥俄河、田纳西河和密西西比河中游到达新的定居点，然后再把农产品运到新奥尔良市；但随着经济的不断发展和交流的日益广泛，人们迫切需要更有效的上游航行，以及更快速的水上交通。因此，引入蒸汽作为推进力解决了西部水域航行速度的问题。

1811 年，蒸汽船首次在俄亥俄河航行；1812 年至 1836 年间，八个州加入联邦。造船业成为一个重要的产业，主要集中在匹兹堡、辛辛那提、路易斯维尔和圣路易斯。所有这些城市都位于东西航道的航运和交通要道上；他们拥有丰富的木材供应，还有机械和建筑所需的铁，这些铁来自俄亥俄州北部的矿区；最后，北方移民的涌入提供了熟练的劳动力，在更远的南方蓄奴地区是找不到这种工业技能的。在工业上，俄亥俄是一个边界地带，包括了北方和南方的经济体系。新奥尔良尝试建造蒸汽船，但从未像俄亥俄沿岸那样发展。此地掌控着一条通往欧洲和北大西洋各州制造业中心的海上航线，以及一条用于运输食物的下游大河通道，使它除了帆船和驳船之外，不依赖任何船只。但是，位于上游的人需要蒸汽船。

1818 年，匹兹堡建造了五艘蒸汽船，威灵建造了一艘，辛辛那提建造了四艘，路易斯维尔建造了四艘，总共十四艘；1819 年，路易斯维尔建造了十二艘，辛辛那提建造了六艘，匹兹堡建造了二艘，惠灵建造了一艘，新奥尔良建造了两艘，共二十三艘。通过对密西西比河流域以及大西洋沿岸和五大湖地区的统计数据进行比较，可以看出西部河流对建造蒸汽船的拉动效应。在大西洋沿岸和五大湖，帆船就足以满足当时的需求。到 1820 年为止，五大湖上已经建造了四艘汽船，总重达 831.84 吨。在大西洋沿岸 (新英格兰除外)，有 52 艘汽船，总重达 10564 吨，而在密西西比河流域，则有 71 艘汽船，总重达 14207 吨。但是在接下来的十年里，当人口连续不断地到达休伦湖的南端，伊利运河开始刺激内海的交通时，也只建造了八艘汽船。

1834 年，西部河流上有 230 艘蒸汽船，总吨位为 39000 吨，1842 年共有四百五十艘船，总重量为 9000 吨。在 1843 年汽船数达到了 600 艘，在 1848 年达到了 1200 艘。这样显著的发展反映了在一个新的、广阔的、生产力高的领土上拥有水道的重要性。这些船的吃水量最小，可以阻挡湍急的河水。他们运载重型货物，包括农产品和制成品。大型、装备精良的客船经常在辛辛那提或圣路易斯和新奥尔良之间进行冬季航行。在这些客船上，愉快的社交生活伴随着夜间舞会，给密西西比河上的旅行增添了一种别样的地方色彩。从穿着鹿皮衣服的航海者划着沉重的独木舟泛起的波纹，到大桨轮和灯火辉煌、音乐悠扬的漂浮宫殿发出的有节奏的水花声，还不到五十年。

河上贸易的运输业务吸纳了俄亥俄河沿岸大城市的大部分资本及最好的能源和人才。路易斯维尔的情况尤其如此，它利用其位于瀑布旁这一地理优势来实现连续航行。瀑布的低水位使船只无法通过这些急流。因此，路易斯维尔是俄亥俄上游的天然港口，也是下游的航运中心。此外，河流交通的重要性和价值日益增加。因此在 1830 年，有人建议在瀑布周围开凿一条运河，但费用过于高昂，以至于往来于路易斯维尔和南方之间的船只只能在急流下面的波特兰装卸货物，这样，路易斯维尔的地理位置的特殊性并没有改变。与此同时，来自社会最高阶层的蒸汽船船长正在聚敛财富。

同样，圣路易斯凭借其在西部水道网络中主导性的地理位置，成了密西西比州商业的重要代理。在圣路易斯下游，密西西比河的深度为 6 英尺或更多，而在圣路易斯上游，密西西比河的深度只有 3 至 5 英尺。这一事实说明了上游和下游河流交通的差异，并使圣路易斯成为一个转运点。在 1813 年到 1844 年间，它成为少数几艘早期蒸汽船的装备中心，这些蒸汽船将远离密西西比河的物资运送到在其上游航行的印第安商人和驻扎在圣安东尼瀑布附近的斯内灵堡的军队处。它也成为密苏里河上独立城和康瑟尔布拉夫斯的船只的装备中心，为陆地上的小路供应物资。它还成了美国毛皮公司的蒸汽船的装备中心。直到 1850 年，它们是唯一能深入康塞尔布拉夫斯上游密苏里州荒野的汽船。人们开始收集冬季狩猎和诱捕的收成，随着毛皮场的消退，他们向上游越走越远，1831 年到南达科他州的圣皮埃尔（1330 英里），1832 年到黄石河口（2000 英里），那里长期以来一直是航行的中心。从 1859 年到 1860 年，随着人口开始沿着艾奥瓦州西部的密苏里河向上游扩散，每周都有一艘船只从圣路易斯驶往苏城，苏城是大型船只的通航终点；1868 年，当这里成为苏城和太平洋铁路的终点时，一家蒸汽船公司与它联合运营，运送个人、军队和印第安人的货物到本顿堡 (2663 英里)，也就是通航终点。

与此同时，圣路易斯的商业线路在数量和范围上都在增加，交通量也在日益增长。1845 年，当河流运输达到顶峰，还没有开始感受到铁路的竞争时，一份关于圣路易斯河贸易的报告记录的汽船到达量为 2050 艘，总计358045 吨，此外还有 346 艘龙骨船和平底船。在这些蒸汽船中，有 250 艘来自新奥尔良，它们带来了外国或新英格兰制造的精美商品，以换取北方各州的面粉和培根；406 艘来自俄亥俄及其支流沿岸的港口，满载着运往圣路易斯市场的农产品，或从大西洋沿岸经东运河路线运来的制成品；298 艘来自伊利诺伊河沿岸的港口，643 艘来自密西西比上游，249 艘来自密苏里河，204 艘来自其他港口……这些数字反映了一个年轻国家由于拥有丰富的水道而实现的商业发展。同样的故事还有另外一个版本。开罗位于俄亥俄和密西西比的交汇处，是记录河流流量的绝佳地点。记录表明在 1840 年期间通过该点的所有船只数量为 4566 艘。

随着蒸汽航运的发展和国家的安定，密西西比河上的商业增长迅速，并开始要求国家改善水道。早在 1819 年国家就开始了相关调查，但到了 1827 年才有了实际改善，并在接下来的十年里迅速推进。这一时期的受益者是密苏里、俄亥俄、瓦巴什、坎伯兰、田纳西、阿肯色、雷德（Red）、巴尤特谢，以及主要的密西西比河及其入海口。在早期，出水口的水深足以满足船只的需要，但现代远洋蒸汽船在 1875 年后才可以进入新奥尔良。位于大河入海口的海港总是许多内陆航线和海上航线的交汇点。商业利益要求尽可能完善河流和海洋的联系。一个较大水系的出水口值得投入大笔资金，特别是在三角洲地区，那里的河道分支增加了通往大海的道路，但由于它们有淤塞或位移的倾向，需要人工辅助才能保持其通畅。因此，在莱茵河、斯凯尔特河、波河和阿迪杰河的三角洲地区，就像尼罗河、恒河和中国河流的早期一样，与海洋的交通已经通过运河得到了扩展和保障。同样，在美国，政府已经花费了大量的资金来改善密西西比河下游的通道和河口。拨款已经确保了巴拉塔里亚、阿查法拉亚、泰勒博恩、布莱克和拉福什湾的通航能力，而运河则通过萨尔瓦多湖、庞恰特雷恩湖和博尔恩湖为新奥尔良向墨西哥湾提供了额外的海湾出口。新奥尔良市的水路网络在某种程度上类似于布鲁日、阿姆斯特丹、埃利斯、开罗和其他三角洲中心。

由于下游河道的划分，这一航线的出口延伸，增加了与大洋快速通道的交通线路，即通过运河将两个排水系统结合起来，扩展了内陆航运。

美国东半部的缓坡，以及把五大湖流域和哈德逊河流域与密西西比河流域分隔开的分水岭，有助于形成运河系统，这样可以完成从圣劳伦斯湾和纽约湾到海湾的航行。每一条早期的河流和运输独木舟的航线，都经过有着湖泊点缀或沼泽覆盖的分水岭，然后到达另一条河流或内陆湖泊。第一个来到这里的测量员是雷德曼人，他来卖他冬天猎到的毛皮，还有带着华丽的商品与印第安人进行交易的旅行者。每一条这样的贸易路线，无论从哈德逊河和萨斯奎哈纳河到北方湖泊，还是从长长的湖泊链到俄亥俄和密西西比水域，都是一条计划中的或已建成的运河。就像在毛皮贸易的年代，莫霍克、伍德克里克、奥尼达湖和安大略的通道使荷兰人和英国人能够把大西北地区的毛皮从圣劳伦斯河运到哈德逊河，伊利运河使湖区的小麦、木材和动物产品运到纽约，这损害了蒙特利尔和魁北克的利益。因此加拿大计划沿着过去航海者的内部线路，修建一条从格鲁吉亚湾通过尼皮辛湖到渥太华河下游铁路的运河，沿着航行者内陆路线前行，这样可以确保对曼尼托巴和西北地区不断增长的小麦出口的控制。

　　像乔治·华盛顿和托马斯·杰斐逊这样的人，他们对全国范围内的交通所带来的政治和商业利益都很清楚，看到了运河在完成巨大的内河航道循环方面的可能性。"扩大东部海域的内陆航行，尽可能使它们与向西流动的水域相通——向俄亥俄州开放这些水域——同样也对从俄亥俄州向伊利湖延伸的水域开放——我们不仅要吸引西方殖民者的产品，而且要把湖区的毛皮贸易也吸引到我们的港口……用一根永不断裂的锁链把人民和我们连在一起。"1786年，国会宣布俄亥俄盆地和五大湖之间的运输方式均为公共道路。阿尔伯特·加勒廷在他1808年的著名报告中指出了密西西比河以东的三个低分水岭的地形特征，这使得东西部之间的运河交通成为可能。还有大西洋半岛底部的四个陆地颈，可以穿过去，为波士顿到南卡罗来纳的沿海航行提供一条便捷而安全的通道。报告中提出的许多运河已经由私营公司尝试部分建造。迪斯默尔沼泽运河（1785年至1794年）甚至在那时就把北卡罗来纳州森林里用于建屋顶的木板用2英尺吃水深度的驳船运到切萨皮克湾，而卡隆德莱特运河(1808年)则恰好为新奥尔良提供了一个通往庞恰特雷恩湖的出口。1825年7月，当从杰维斯港到金斯敦的特拉华和哈德逊运河开通时，特拉华和切萨皮克的贸易正顺利进行。1838年，拉瑞坦湾与位于波登敦的特拉华河由通过一条横跨新泽西半岛的人工河道相连。

　　巩固国家的当务之急是促进东西方之间的交流。根据阿尔伯特·加勒廷的计划，在阿巴拉契亚屏障南端要修建一条全长550英里的运河，从乔治亚州到查特胡奇河和莫比尔河的上游，再到密西西比河，但是由于印第安人的占领，这个计划被推迟。直到铁路的引进，这个计划在交通发展的最后阶段才得以实施。波托马克河直接从阿勒格尼山脉的中心流过，这表明有一条运河穿过了分水岭到达俄亥俄河的源头。这条海峡是从华盛顿到达坎伯兰的，但由于无法开发而被废弃。宾夕法尼亚河的曲折航线穿过阿巴拉契亚山系，从西北向东南平行流动，支流在高山峡谷之间交错，可以利用这个山地形貌与俄亥俄州的运河通航。舒尔基尔号、利哈伊号和拉克万纳号沿着航线航行，穿过中间的山脉到达萨斯奎哈纳号，但没有找到任何方法把这些航线向西延伸。随之，费城和哥伦比亚之间的铁路被取代了。因此，跨越河流的运河开始于哈里斯堡，距离萨斯奎哈纳稍远一点，沿着这条溪流及其西部支流进入阿勒格尼山脉的基地。在山顶上还有一条较短的铁路连接西部运河，沿着科内莫河和阿勒格尼河到匹兹堡。这条所谓的"货运铁路"取代了一条拟建的隧道运河。

这条由河流、运河和铁路组成的迂回而复杂的路线，虽然对宾夕法尼亚矿产的出口很有价值，但却不能满足建跨阿巴拉契亚运河的目的。这一任务留给了莫霍克洼地，那里的山脉下降到海拔只有 445 英尺的高度，目标不是建成像俄亥俄河那样只有五英尺深可通航的单一水系，而是建成一条内海链，长度近 4000 英里，可由蒸汽或帆推动的大型船只航行，并为俄亥俄河和密西西比河上游的广大地区提供运河交通运输。

开凿伊利运河的第一个建议是 1785 年由纽约立法机关提出的，旨在改善奥尔巴尼和奥斯威戈之间的内陆航运。随着运河的不断发展，安大略湖仍然被看作是其西部的终点站。这就是加勒廷的报告中所提及的运河，尽管即使在 1808 年，纽约议会也讨论了更长的直达伊利湖的路线的优越性，并提出了一项调查建议。对这条路线的探索揭示了这样一个事实，即纽约中部位于高地的湖泊将排除在山顶建造昂贵水库的必要性，因为运河将占据这些天然盆地出口洼地。这里有一条 363 英里的跨国水道所需的一切——一条从这片土地上最好的港口向北行进的深水河，一条自西而来从宽阔低矮的山峡流下的支流，还有山顶上的湖泊补给，以及一个内陆海域的终点站。

安大略湖和圣劳伦斯河的竞争已经使纽约的大部分内部贸易转向加拿大

港口，而萨斯奎哈纳号则把大部分产品运往切萨皮克湾。1812 年的战争证明了建立一条完全由美国人保护的、没有西部边界的水路交通线的战略必要性，这条线应该避开安大略湖的延伸部分和尼亚加拉瀑布带来的障碍。军事和商业上的考虑决定了将这条运河的一条支流延伸到尚普兰湖是明智的，在敌对行动中，尚普兰湖所占的位置同佩里行动时的伊利湖一样重要和独特，并且它作为加拿大边界的天然通道，具有更深远的战略重要性。对塞利纳的主运河到安大略湖上的奥斯维戈的另一条分支的控制完成了对纽约边境湖泊的控制。因此，1825 年，当哈德逊河正式开通，三条不同的商业河流通过哈德逊河流入纽约湾港口。1826 年，伊利运河和尚普兰运河的 19000 艘船只和木筏经过西特洛伊城顺流而下，造船业作为尚普兰湖上的一个常规产业发展起来，为南方大市场的手杖、瓦片、木板和瓦罐提供运输。仓库沿着布法罗的运河出现，接收谷物、木材、铁路、威士忌、毛皮和毛皮制品，然后将它们运往海岸，而从东部穿过运河的船只将盐、家具和日用品运往熙熙攘攘的伊利湖港口。

伊利运河决定了纽约市的命运，迫使它迅速成为全国的入境港和出口贸易中心。它把远离波托马克的跨阿勒格尼路线从蓄奴的南方农业区，转移到北方工业区，并把它置于新英格兰的后门，从那里迎接涌来的清教徒移民潮，把强大的能量注入了从杰尼西河到密苏里州和明尼苏达州的所有北部地区。这些西方人耕种的草原，通过湖泊和伊利运河，与哈德逊河口不断发展的大都市相连。纽约现在变成了大西洋岸边的商业中心，就像以前在军事上的地位一样。巴尔的摩、费城和波士顿失去了许多方面的重要地位，直到铁路公路使它们能够重新建立内部联系，才恢复了部分地位。

纽约州中部受到的影响同样显著。农民发现小麦的价格翻了两番，新开垦的土地上的木材也进入了市场。在运河开通后的 26 年里，从布法罗到奥尔巴尼的运费由每吨 88 美元下降到了每吨 5.98 美元。克利夫兰和底特律的农民也从这些优势中获益。但是，伊利运河沿岸的土地价格并没有像预期的那样迅速上涨，因为上游湖泊沿岸廉价而富饶的草原就像他们的产品一样被吸引到市场上，根据经济学原理，交通设施的每一次扩建都会扩大竞争范围。

然而，运河及其上游湖泊所开发的丰富的水力资源对工业发展的推动力是有补偿作用的。重要的磨坊和制造厂沿着整个纽约州的运河拔地而起，就像后来的俄亥俄运河一样。尤其是木桶、浴盆和木制用具，是由邻近的森林通过转动由水驱动的车床制成的。这些制成品在伊利运河的东西部都开辟了市场。水力虽然便宜，但位置是固定的；因此，它必须配套运输设施，否则无论在技术上多么完善，都是不可用的。伊利运河沿岸的水力与水路相匹配，因此在一定程度上再现了新英格兰早期以制造业为主城镇的经济地理优势，这些城镇位于河流瀑布和海潮交汇的地方。

伊利运河对西部产生了显著的影响，不仅为其带来了新的人口和农产品，而且还刺激西部各州开辟运河，以便从东部的通水渠中获利。这种影响首先在俄亥俄州出现，其北部长湖边界，伊利湖与南部和东部的俄亥俄州通航路线之间狭窄的宽度，流动的内河，以及靠近运河西部终点的位置，提供了建造人工水道系统的可行性并展现出优势，而其相对密集的人口，由于接近东部旧的定居中心，使国家能够负担这种改善的成本。伊利运河工程于1819 年开工后不久，这个问题就提交给了俄亥俄州的立法机构。在四种可能的路线中——大迈阿密和莫米山谷、桑达斯基河和赛欧托河、凯霍加河和马斯金姆河、格兰德河和马奥宁河——有两条被选中了。在 1825 年到 1835年之间，迈阿密运河 (265 英里) 建成，连接辛辛那提和莫米河，俄亥俄运河 (306 英里) 通过赛欧托河、中马斯金姆河和凯霍加山谷连接了俄亥俄的朴次茅斯和克利夫兰。这对国家的发展和繁荣产生了巨大的影响，特别是大草原农场的中心地带——一个孤立的地区，与俄亥俄和五大湖的快速通道都被切断了，但现在他们与外界交流增加。克利夫兰和托莱多发展成为活跃的湖港，拥有与纽约相似的优势，而亚克朗市、马西永和其他靠近运河的制造点由于可获得的水力资源而繁荣起来，就像纽约中部的罗马、雪域和罗切斯特市一样。

伊利运河的刺激效应对西部更远的地区也有影响。印第安纳州急于利用其东北地区的低分水岭，将沃巴什河与莫米河、密歇根湖与伊利湖连接起来；但是，它的内部改进计划因覆盖领域太过广泛，以至于一个新国家稀少的人口无法承担这笔费用，不得不放弃已完成一半的工程。1816 年，毛皮商人从密歇根湖出发，沿着伊利诺斯河顺流而下，这条路似乎特别适合开凿运河。作为密西西比河和密歇根湖之间的军事和商业水路，这条河引起了全国的注意。1812 年战争中发生在芝加哥河口的大屠杀凸显了西北湖区的孤立。1817 年，梅杰·朗在提交给国会的报告中认为，这条运河"在全国四分之一的地区中是最重要的"；然而，由于技术和财政上的困难，尽管于1825 年完工，但直到 1848 年才投入使用，而且后来证明，作为一项投资，它令人失望，主要原因是伊利诺斯河上游需要人工援助才能使船只航行。格林湾、福克斯河和威斯康星的航道也面临同样的困难。连接威斯康星州大弯和福克斯上游的运河只有二又三分之一英里的长度，但是威斯康星州的沙洲，福克斯河上游浅而曲折的路线以及下游需要众多运河的湍急河流，使得这条水道的大部分价值丧失，并迅速败于铁路竞争。这些横跨五大湖流域的西部水道，比伊利运河和俄亥俄运河建造得晚，因为处在殖民地的边界上，在还没有建立起来之前，就受到了铁路对他们的影响，而且由于到达密西西比河的航道不总是通航，他们也受到了不利的影响。

五大湖水道向西的最后一段是圣玛丽河的运河，这条运河使苏必利尔湖变得触手可及。通过开发尼亚加拉瀑布上方的伊利湖，伊利运河把韦兰运河的建设工作留给了加拿大；但是从密歇根湖到苏必利尔湖需上升 18 英尺高的水闸，这对美国来说是一项必需的任务，因为它有更长的海岸线，因此美国对这些更北部的湖泊兴趣更大。出于商业和军事方面的考虑，加拿大在其境内修建了一条类似的航道。苏必利尔湖是由大西洋、圣劳伦斯河、五大湖、加拿大太平洋铁路和太平洋组成的广阔陆地和水路交通系统上的一个环节。

1856 年开通的苏运河在 1877 年得到加深，成为一条航行运河，1896 年再次加深至 20 英尺，容纳大型船只以降低运输成本才能充分发挥它的重要性。其结果是影响深远的。它导致炼铁工业从阿勒格尼斯东部向西部转移。

来自密歇根北部和威斯康星州的铁矿石现在得以以较低的运费运往伊利诺伊州、俄亥俄州和宾夕法尼亚州西部的生产地，而从伊利港向西返回的煤炭运输，填补了原本空荡荡的船只。它们以每吨30美分的极低费用运往德卢斯，使在矿山附近生产铁成为可能。自1881年以来，铁矿石已占运河总吨数的一半左右。

苏运河在极大地提升了密歇根湖和伊利湖南部边境的制造业利益的同时，也为密歇根州、威斯康星州和明尼苏达州的苏必利尔湖县带来了大量的人口，刺激了苏必利尔湖港口城市的发展，如德卢斯、苏必利尔市和阿什兰。铁路向西发展到雷德河流域，面粉、小麦和其他谷物从那里运来，增加了苏运河的运输费用，使它比苏伊士运河还要繁荣。

商业的快速增长对大型船舶的建造提出了更高要求，比如必须由钢铁制成。苏必利尔湖附近的矿场提供了这些材料，并在船只准备投入使用时为其提供货物。结果是，自苏航道加深以来，美国在湖区的商船数量大幅增加。1877年，其湖吨数只占大西洋、海湾和太平洋沿岸总吨数的五分之一；1887年，这一比例将达到近四分之一；1901年，其在这两个大洋的排水量为3526024吨，不包括夏威夷和波多黎各带来的少量增加，而北方湖泊的排水量为1706294吨，几乎是这个数字的一半。截至1901年6月的年度财政报告，在这些湖上建造的吨数几乎占美国建造吨数的一半，占到钢船吨数的将近三分之二。

加拿大和美国在五大湖商业中是天然竞争对手。美国的北邻，通过它的深层运河系统，完成了从苏必利尔湖到蒙特利尔的航行，而水浅的伊利运河，由于船闸很小，除了最小的船只，其他船只都无法进入。然而，从圣劳伦斯到蒙特利尔的航行十分危险，后者对开往加拿大港口的船只征收了很高的保险费。因此，伊利运河尽管有其局限性，但仍有近三分之二的出港货物通过水路运往目的地。然而，这些内海上的大部分交通限于苏必利尔湖和南部湖泊之间，伊利诺伊州、俄亥俄州和西宾夕法尼亚州的大型制造厂生产的原材料成为成品，往往能够承受铁路运输到海运的巨额费用，减少了运河到大西洋港口的货物运输量，这对纽约和蒙特利尔都造成不利影响。

纽约正面临着将伊利湖转变为航船运河的问题。这是迫切的需要，因为它昔日的卓越地位正在流失到费城、巴尔的摩、诺福克，甚至新奥尔良。但结局还没有到来。《纽约商报》的最新报告显示，房价的下跌不仅是相对的，也是绝对的。1902 年纽约议会上对伊利运河的改进提议进行了热烈的讨论，这也说明了这个问题的重要性。该项目旨在把运河加深到 9 英尺，扩大船闸；另一个提议是让一千吨的驳船航行 12 英尺。尽管这个计划雄心勃勃，但由于花费巨大，纽约无法承担这些债务，甚至使帝国政府也感到沮丧。但从地理角度来看，这是合理的。

有八个州毗邻五大湖，面积达 416360 平方英里，人口总数为 27150437，它们将通过一条运河出口获利。此外，这条运河还能利用毗邻的加拿大领土。五大湖链是一个内陆海域，为全球提供最大的内陆深水航行系统。这一水系向东西两个方向延伸，从纽约延伸到大陆的中心。从苏必利尔湖西端到太平洋的距离只有 1700 英里。它的年运输量为 4000 万吨，由 3253 艘船运载，为钢铁工业和粮食出口服务，这是美国最重要的两大经济产业。这应该由国营企业承担业务。

伊利运河是根据 1812 年战争的经验建造的。湖岸仍然是 1000 英里的边境海岸。在这片水域的另一边，一个外国势力占据着最繁忙的通道。鉴于两国目前的友好关系，同英国开战似乎是不可能的，但国家间的友谊是断断续续的。加深的伊利运河，允许海军在战时使用较小的船只，其军事重要性将与未来的地峡运河、法国拟建的地中海—加隆河谷运河或俄国的波罗的海—黑海类似，只是能量要小一些。这一切都意味着两个分离的水域边界的统一。就五大湖而言，这种连接更为重要，因为圣劳伦斯河和加拿大的运河足够深，可以容纳英国船只。因而从军事角度来看，这种改进是国家政府的一项任务。

美国自然资源的巨大优势加速了这些资源的开发利用。尽管有河流和运河，生产最终还是超过了销售。铁路的快速发展是对内陆水道经济不足的有效补充。交通因为冬季的冰冻和夏季的干旱而中断，通过运河或曲折的河道时速度缓慢而受阻，无论货物的最终目的地在哪都受到港口的地理控制，这些因素限制了一个经济发达国家持续发展。1820 年至 1860 年是美国水路运输的黄金时期，当时汽船的设施得到了改善，运河扩展了内河航运系统，铁路还没有开始严重侵犯水路运输领域，因为美国的总体经济发展尚未度过农业阶段。森林和农场生产的产品体积庞大但价格低廉，当时的低价水运有助于运输。但随着工业的发展，出现了体积小而价格昂贵的制成品，这些制成品能够承担较高的铁路运输费用。因此，铁路在这个国家的工业地区发展得最早，而水路在农业和森林地区保持其价值的时间最长。即使在今天，河流在经济衰退的农业地区仍保持其原有的意义，如阿肯色州和路易斯安那州北部，以及坎伯兰高原的未开发地区。在那里，政府改善了大卡纳瓦河、大桑迪、利奇河和俄亥俄的肯塔基河支流，坎伯兰的凯尼河和欧贝河支流，以及田纳西河的支流，这些河流都是大自然对这个国家的恩惠。在这里，木材、铁路枕木、木桶杆和木瓦的贸易很快就促进了农产品和矿产品的运输，而矿产品的出现则是铁路发展的信号，因为铁路总是在寻找经济活动更活跃、人口密度更高的地区。密西西比河及其主要支流商业的衰落，被各地开发的小支流带来的改善所抵消。

第十四章　内战的地理因素

文明从底端看是一个经济问题，从高端看则是一个伦理问题。在经济的背后是地理条件，而这些是形成伦理标准的因素。美国的奴隶制问题也是与气候问题和土壤问题相关，富饶的冲积河谷和肥沃的海岸平原的气候温暖潮湿，会让人感到虚弱乏力，与之相对的是崎岖的山地和冰川覆盖的草原或海岸，气候寒冷恶劣，但却更令人振奋。想脱离联邦的奴隶制度，长期以来一直是一个有争议的事实，直到新英格兰发现奴隶工业在经济上不适合这块布满卵石的土地，才带头对其进行了讨伐。南方有利于种植的条件使得奴隶制度有利可图，于是他们在经济和道德方面维护该制度。

各种综合因素共同推迟了南方发现其工业体系中经济不适应性的时间。奴隶制的存在是对白人移民到南方各州的一种威慑，贫穷的白人往往移民到自由州，或者从南方的阿巴拉契亚山区撤退。在那里，种植园生产方式的竞争不会影响到他们。此外，由于奴隶制下粗放农业的特点使土壤迅速枯竭，需要开垦新的土地。奴隶主迅速扩张所占领的土地也受到纺纱机发明后对棉花需求增加的刺激。白人人口稀少，又没有外来新势力的加入，减少了白人之间为生存而进行的竞争，这也阻碍了在棉花和糖料种植园进行自由劳动的可能。

因此，南方有着超越时代的奢侈经济条件，即地广人稀。种植园主与土地的关系使人回想起法裔加拿大人在他们辽阔的国土上的皮毛交易，规模更大，因此对经济的控制也更少。南方气候良好，土壤肥沃，而在北方的加拿大则气候不佳，土壤过于贫瘠，地理条件有利于密西西比河流域的扩张，就像大湖通道进入广袤的森林腹地一样，均产生了类似的经济结果。因此，南方在其领土范围内找到了自身政治优势的基础，它在美国参议院展开了激烈斗争，而北方各州人口稠密，他们在众议院拥有控制权。

蓄奴州和自由州均衡地加入联盟成为政治军事演习的常规特征；但是北方比南方拥有更多以政府管辖形式而存在的原材料。在这里，地理条件也发挥了显著作用。宾夕法尼亚和马里兰之间的分界线位于大约北纬40度，是梅森线和迪克森线的起点，这条线将自由州和蓄奴州分隔开来；但根据1787年颁布的禁止在俄亥俄北部的领土上实行奴隶制的法令，这条河成为分界线的延伸。因此，分界线沿着河流的西南方向一直延伸到河口，在梅森线和狄克逊线以北向南延伸了3个纬度。在法国和西班牙统治时期，从密苏里州东南部，沿着密西西比河的吉拉多角和新马德里，参照俄亥俄河作为东部的大河路线建立了早期移民定居点。根据《路易斯安那购买条约》，这些定居点必须位于1820年得到承认的密苏里州，其中包括拥有奴隶的权利。因此，位于密苏里的分界线可以追溯到俄亥俄河。

这条线对北方来说非常重要。1820年，尽管北纬40度至分割线南移的趋势剥夺了奴隶势力的大片领土，但密西西比州以东的奴隶区在路易斯安那州增加了近23%，超过了自由劳动地区的面积。落基山脉的分水岭越来越向西北后退，这使自由州的疆域扩大了很多。但是，根据《密苏里妥协案》条款，1850年得克萨斯被吞并和墨西哥战争之后，大量的领土收购意味着奴隶权利可能会延伸到太平洋地区。落基山脉西北方向越来越多的地区经济衰退，扩大了自由地区的范围。然而，地理因素使这条完全人为的分界线消失了。由于地处偏远的跨落基山地区，加利福尼亚没有黑人居住，居民主要是来自北方各州的移民或来自南方各州的小农。因此，在1850年申请加入联邦时，它宣称是自由州，尽管根据《密苏里妥协案》，它的南部仍属于奴隶势力领土。

由于南北方之间缺乏交流，这种源于气候和土壤差异的地域感进一步加强。巨大的自然交通路线，波托马克河—俄亥俄州和伊利运河—五大湖，也作为1860年的主要铁路线横贯东西。此外，这些航线上的交往特别活跃，因为它们的真正终点不是在萨凡纳、查尔斯顿、诺福克、巴尔的摩、纽约或波士顿，而是在大西洋以东更远的西欧港口。这两个敌对地区之间的沿海贸易只涉及这个国家的南部外缘。即使是密西西比河的南北两端，在整个跨阿巴拉契亚地区有着牢固的天然纽带，也不足以抵消东部对西北各州的控制，这些州由俄亥俄河和五大湖的两条线所控制。

这些伟大路线联合的影响没有局限于自由土壤国家的边界。地理上没有严格的分界线，也没有明显的过渡。河谷的地理统一性往往反映出其人口的同质性，这种同质性不仅反映在构成种族的因素上，而且也反映在制度和思想上。因此沿波托马可河，俄亥俄州和密苏里州出现了"边境州"的现象。这些州位于奴隶势力领土的北部边界，在此形成了一块较大区域以同化南北方的冲突，并展现了每一个边界都会出现的内部和外部的摩擦。

肯塔基州和密苏里州由于土壤、气候、工业体系以及海湾地区的地理条件等因素，是支持南方的。尽管他们的大部分人口来自弗吉尼亚、北卡罗来纳和马里兰，但他们在很大程度上是受蓝岭前线的非蓄奴自耕农的吸引，这些自耕农沿着荒野之路向西迁移。与此同时，俄亥俄河吸引着来自宾夕法尼亚州和纽约州北部源头的农民和工匠，或者是沿着国家通道前往威灵顿的移民和定居者；其中许多人定居在其南部海岸，或继续向西到达密苏里州，密苏里州也通过大湖获得类似的入海口。这些北方人或自耕农的后裔充其量只能说可以忍受奴隶制。当涉及奴隶制或联邦问题时，他们的回答是迅速而果断的。

经过短暂的内战，密苏里州被联邦政府控制。在肯塔基州，兰草区强大的种植园主是该州的贵族，他们同自耕农、北部边境内的工人和外来定居者，特别是坎伯兰高原崎岖高地上的非蓄奴人口共同生存。在那些贫瘠的山坡上的农场、无路的森林和山谷里，山区经济对种植园开发是无法实现的。"石灰石地层土壤肥沃，居民中绝大多数人支持奴隶制，而生活在较贫瘠砂岩地层的居民则普遍反对奴隶制。这种政治理念的地理分布在整个南方很普遍。"因此，整个阿巴拉契亚南部地区都不赞同南部的工业制度；此外，与种植园主的贵族社会组织不同的是，这些山民所特有的民主精神和保守主义维护着既定秩序。

因此，当北方和南方发生分裂时，这些山民宣布支持国家，在南方各州的中心形成了一股不满的阻力。当这种阻力与山脉的物理阻碍同时发生时，情况就更加严重了。但是，在查特努加陷落之前，由于贫穷、孤立和远离联邦基地，尽管同情这一地区，但联邦在对联邦军队提供援助方面不积极，只提供道义支持。肯塔基山区的一个县享有向联邦军队提供与联邦各县人口成比例的军队配额的殊荣。当东田纳西州脱离联邦时，敌对行动爆发，高地地区对分裂进行了激烈的抗议。在北卡罗来纳州西部的山区、佐治亚州的北部、亚拉巴马州，甚至在南卡罗来纳州的山区，情况也是如此。西弗吉尼亚州是一个多山的地区，主宰着向北流动的溪流，并在俄亥俄州附近使其分道扬镳。地理分割线是有意义的，它说明了高地和低地之间的自然对立。

在老弗吉尼亚，有潮汐的县和有高地的县之间长期存在着利益冲突，这促使他们在 1850 年前制定了分离计划，并在同一年制定了新的宪法，以平息西部的不满。在 1861 年彻底决裂时，威灵通过的第一个法令只覆盖阿勒格尼山脉以西的几个县，并沿着山顶划定了边界线。旧的自治地区继续向南扩展，控制着广阔肥沃的弗吉尼亚山谷和一条小河——新河；但是在北方，年轻的联邦占领了东到谢南多厄河山和大北山，北到斯利匹河山脉的拟议划分的山脊。1862 年 7 月 10 日，国会通过法案，将西弗吉尼亚州确立为一个独立的州，因此它只延伸到谢南多厄河谷的西部边缘。这个地区过去在地理上是弗吉尼亚山谷的一部分，适应了种植园文化；但是山谷下端的伯克利县和杰斐逊县，由于处于波托马克河岸的前哨位置，是北方定居者从阿巴拉契亚山脉的大低谷顺流而下的自然目的地。在 1863 年夏天，当大多数南方邦联的支持者在南方作战时，这两个县通过居民的投票加入了西弗吉尼亚州。这个新州的东部边界很不稳定。

西弗吉尼亚州的地形使其成为唯一一个忠诚的边境州。肯塔基中立的态度是合乎逻辑的，因为在它的疆域内，北方和南方支持者的力量是均衡的，但从地理条件来看是不重要的。位于战场边缘的州，如堪萨斯州或密歇根州，也可能会保持这样的中立。肯塔基州夹在南方邦联和北方联邦之间，东起阿巴拉契亚山脉，西至密西西比河，跨越了南部的门槛。密西西比河、田纳西河和坎伯兰河穿过它的领土，为入侵的军队开辟了通往南部邦联心脏的畅通大道，而坎伯兰河峡和田纳西东部的大山间的山谷则提供了一条从肯塔基边境到乔治亚州北部的快速通道。因此，肯塔基州在整个国土上都是一个战略要地，这对南方来说至关重要。此外，因为俄亥俄河北部边界没有桥梁，也几乎没有森林，在密西西比河谷中形成了一条坚固的防线。双方都急于夺取肯塔基州的所有权，因此不顾立法宣言，侵入其边界，迫使其脱离中立。肯塔基州的领土被划分到联邦地区；但它的延伸部分跨越边境进入田纳西州，加入南方的麾下。

在马里兰州，地理位置也是决定该州命运最重要的因素。这里占主导地位的经济和相应以种植为主的人口，使分裂主义者的感受更加强烈；但是，由于马里兰州位于波托马克河的后方，这使其成为北方军队前去保卫首都的必经之路，因此，这条道路很快就会被联邦军队占领。华盛顿的安全并不是唯一要达到的目标。拥有马里兰州意味着拥有切萨皮克湾，这是一条通往弗吉尼亚河河口的受到保护的海路。

西弗吉尼亚州和马里兰州加入联邦，使得这个古老的自治州成为一个政治半岛，在西部和北部扩张到敌对领土的海洋，而东部切萨皮克湾的水域则由敌方的舰队控制。这一暴露的位置为弗吉尼亚的大部分冲突提供了庇护。此外还有一个事实，半岛上层统率着联邦首都，而基地则庇护着邦联的首脑。因此，波托马克河和詹姆斯河之间的区域在整个战争期间成为两军防御和进攻行动的战场。

弗吉尼亚州的战役主要由三个地理特征控制：切萨皮克湾的北部和南部地区，这使得联邦军队可以在弗吉尼亚海岸的任何地方进行海上运输，之后，当詹姆斯河和约克河的指挥权得到保障后，给养被运送到里士满或彼得堡战役中被占领的部队；弗吉尼亚河的东南方向，这里可以跨越前进或后退的界线；最后，谢南多厄河山谷，作为一支向北行进军队的道路，使南部联邦的军队构成了对华盛顿的威胁，同时，切萨皮克湾使里士满的位置也变得不安全。在几乎每一次联邦和邦联军队的调遣行动和反调遣行动中，海湾、居民和山谷这三个要素都发挥了作用。

这条线穿过格林维尔、彼得堡、里士满、汉诺威、弗雷德里克斯堡、马纳萨斯、费尔法克斯和华盛顿，相当准确地指出了把潮水和弗吉尼亚州皮埃蒙特分开的"落差线"。这条线也标志着两个首府之间最短的路线。在这条线以东的地区地势低，多沼泽，被许多平行的河流切断，使得侵略军的行动十分困难。因此，除了从切萨皮克湾向里士满的詹姆斯河和约克河上游推进所引起的交战外，弗吉尼亚境内所有的重大冲突都发生在这条战线以西。此外，他们对横向河流也有一定的了解，从拉帕汉诺克河和拉比丹河向南，到奇克哈莫尼河和阿波马托克斯河，每一条横向河流都是里士满的天然防线。

皮埃蒙特·弗吉尼亚的这些战役表明地理条件最终迫使联邦指挥官进入了入侵线。1862 年春，乔治·布林顿·麦克莱伦为了避开潮水地带前进的困难，率领他的军队经切萨皮克湾进入约克河和詹姆斯河，攻打里士满；但是，他的失败，与其说是由于罗伯特·爱德华·李将军保卫了南方邦联的首府，不如说是由于军队向南方撤退时华盛顿已经暴露，他们没有注意到潜伏在谢南多厄河山谷中的危险。因此，到了 1862 年秋天，乔治·布林顿·麦克莱伦再次向里士满挺进的计划被否决时，接替他的伯恩赛德选择了一条穿越弗吉尼亚中部的路线。波托马克河的南向河道连接阿奎那河的东侧河湾，阿奎那河位于拉帕汉诺克河的弗雷德里克斯堡北边，该河段的上游形成了波托马克河下游向西的自然延伸。因此，拉帕汉诺克上游成了南部邦联的防线。罗伯特·爱德华·李将军的军队集中在弗雷德里克斯堡，当南方邦联的狙击手执行致命的任务时，联邦军队用平底船和渡船在拉帕汉诺克河上的推进十分困难，所有这一切加在一起，给这支军队带来了灾难性后果。

拉帕汉诺克河位于两国首府之间，长期以来一直是联邦和邦联之间的防线。炮台在河岸上划出一条条沟壑，每一座渡口和桥上都竖起了尖桩。波托马克河从华盛顿向南延伸至阿奎达，并在早期就占领了马里兰州，这使得弗吉尼亚州东北部落入联邦政府之手。拉帕汉诺克河标志着南部邦联军在东侧的边界。因此，它见证了 1862 年的弗雷德里克斯堡战役、1863 年的钱塞勒斯维尔血战，以及 1864 年的荒野之战。

拉帕汉诺克河对南部邦联军十分有利，因为它的源头水域通向蓝岭的北部关口，而蓝岭通向谢南多厄河山谷，这是弗吉尼亚战役中第三个重要的地理因素。山脉的本质在于它有助于制定策略。山上的岩石壁垒将军队的行动隐藏在其射程范围之内，并保护他们免受意外袭击。其隘口为突然袭击平原上的敌人提供了机会，又为迅速撤退开辟了道路，只要一支小部队就能掩护撤退，他们守着狭窄的山门，抵御追击的敌人。关隘作为这一屏障的突破口，是具有军事和政治意义的战略要地；纵谷是天然的快速通道，人们可沿山地区域轴线而行。例如，新都库什山阻止了从阿富汗向俄国的扩张，但是莫斯科军队已经从他们在高原绿洲梅尔夫的基地向南沿着穆尔加布河挺进，到达其不断扩张的源头，控制着西部兴都库什山脉的关口，就像拉帕汉诺克河和拉比丹河的源头在蓝岭上分叉形成一系列的裂口一样。莫斯科人的哨所也与特吉德河平行，这些哨所沿着特吉德河向上延伸，一直延伸到被称为"赫拉特之门"的陡峭山坡的宽阔缺口；因为从这一点开始，上游的赫里河沿着兴都库什水系的纵深山谷流淌，向东穿过一片富饶的地区，沿着阿富汗北部的国道，通往卡布尔河的源头，再从那里顺流而下，到达开伯尔山口和富饶的印度河平原。

所有这些阶段都在谢南多厄河谷的军事史上发挥了作用。作为大阿巴拉契亚山谷的一部分，我们已经看到，在殖民扩张期间，它如何从宾夕法尼亚州的大峡谷吸纳人口，并将一些自己的元素传递到东田纳西河谷；所以现在它的军事史与北方的黑格斯敦、钱伯斯堡、南方的卡莱尔、威斯维尔、诺克斯维尔和查特努加都有明确的联系。此外，作为大西洋平原战役的一个地理因素，谢南多厄河山谷就位于东田纳西州河谷和密西西比盆地之间，有一些局部的变动。在每一种情况下，都有一道山脉壁垒和一条孤立的山谷道路位于邻近低地的侧翼。坎伯兰岬口和田纳西河在查特努加形成的通道是坎伯兰高原悬崖陡壁的两个开口，可通往东田纳西河谷，因此是西部作战的两个战略要地。但是，每隔几英里就会有许多"风口"出现在蓝岭的顶部，这使得谢南多厄河山谷变得更容易到达，并使弗吉尼亚州的两支军队能够在屏障内外玩捉迷藏游戏，这给南部邦联军提供了突进这些关口的机会，无论是进攻还是支援，就像约瑟夫·约翰斯顿在布尔朗战役的第一次战役中，及时从马纳萨斯峡谷撤退，增援南方军队一样。

拿破仑·波拿巴说，安特卫普作为莱茵河的一个出口，是一支指向英格兰心脏的手枪。谢南多厄河的深沟就像南部邦联手中的一支枪，对准了联邦的心脏，从枪管里射出了斯通威尔·杰克逊、罗伯特·爱德华·李和朱巴尔·安德森·厄尔利军队的致命炮火。山谷的东北和西南方向对准了华盛顿、黑格斯敦和钱伯斯堡，因此这些地方不止一次地遭到了毁灭性的炮火轰炸。在阿勒格尼山脉以东的联邦领土中，唯一遭受入侵的地区就是谢南多厄河谷前的这一地区。因此，南方邦联的领导人总是有可能威胁到华盛顿。他们在两方面产生了分歧：是否促使联邦军队放弃对里士满的行动，以及是否把部队集中到某一目标点上的时间推迟到本阶段结束。这就是1862年春天斯通威尔·杰克逊从谢南多厄河突袭的目的。

联邦政府意识到谢南多厄河谷对南部邦联的重要性，不止一次地试图占领它；但是，由于山谷呈西南走向，他们每一次向山谷上游推进，就会把他们带到离里士满越来越远的地方，因此，除了清除这条道路上的敌人，他们别无他法。一旦联邦军队撤离，邦联军就会在每一个缺口中再次涌入。1862年春天，当乔治·布林顿·麦克莱伦向里士满挺进时，班克斯将军率领一支联邦军队从谢南多厄河向南推进，最远到达在斯汤顿以北大约24英里的达哈里斯堡。为了切断班克斯的退路，斯通威尔·杰克逊率领两千人穿过更北的蓝岭，击溃了驻扎在皇家前线守卫马纳萨斯山口的联邦军队。班克斯成功地将他的部队带到了斯特拉斯堡北部，从那里撤退到山谷里，斯通威尔·杰克逊跟在他的后面，穿过波托马克河。联邦军队被召集到山谷中去驱逐入侵者——翰·查理·弗里蒙特和他的军队从西弗吉尼亚州出发，乔治·布林顿·麦克莱伦从弗雷德里克斯堡出发，在翰·查理·弗里蒙特的支持下，乔治·布林顿·麦克莱伦开始进攻里士满。乔治·布林顿·麦克莱伦一直被指望来对付里士满。紧接着斯通威尔·杰克逊撤退到山谷，经历了十字岛和波特里帕布利克的战斗，最后他通过蓝岭逃跑回到了里士满的南部邦联军队。

　　乔治·布林顿·麦克莱伦对里士满的战役，由于缺少了斯通威尔·杰克逊在谢南多厄河上所需要的增援部队，因此以失败告终。罗伯特·爱德华·李为进军马里兰州和首都扫清了道路。1862 年 8 月 9 日，在拉比丹河以北的雪松山战役中，斯通威尔·杰克逊给班克斯将军沉重的一击，他和西格尔带着他的部队从温彻斯特和米德尔顿的山谷出发，穿过蓝脊，经过卢莱峡谷，在桑顿河上游的斯佩里维尔驻扎下来，桑顿河是拉帕汉诺克河的一条支流。这个阵地就在勒雷和桑顿峡谷的前面，其战略意义是保持对谢南多厄山谷的控制，阻止南方军队沿着这条大道向北方进军。与此同时，这些通道构成了联邦战线的西端，沿拉帕汉诺克到弗雷德里克斯堡和波托马克河上的阿奎达，覆盖了通往华盛顿的道路。八月底，在旧布尔溪战场、森特维尔和尚蒂伊的激烈战斗中，南方邦联军队沿着通往巨岩点的波托马克河上游的路线前进，罗伯特·爱德华·李的军队就是在那里越境进入马里兰州的。在这里，波托马克河很窄，一般是可以涉水而过的；因此，联邦军队后来在鲍尔斯布拉夫和洛夫茨维尔附近入侵了弗吉尼亚。9 月 10 日罗伯特·爱德华·李占领了马里兰州大山谷内的黑格斯敦；但在 9 月 14 日，联邦军队来到了黑格斯敦，他们在南山的可兰普顿和特纳的缝隙中战斗，南山是蓝岭在马里兰州的延伸。罗伯特·爱德华·李退回到安提塔姆河流入波托马克河的地方，以防止乔治·布林顿·麦克莱伦切断他的退路，而第二天斯通威尔·杰克逊在谢南多厄河和波托马克河交汇处占领了哈珀斯渡口，以确保逃跑的道路。9 月 17 日，安提塔姆战役迫使南部邦联军撤退，但他们找到了一条通往谢南多厄河的安全路线。

　　在弗雷德里克斯堡击退了联邦军队之后，罗伯特·爱德华·李在 1863 年夏天对北方的第二次入侵也是在谢南多厄河谷发动的。他带领军队穿过蓝岭，经过拉帕汉诺克和拉皮丹山口，而尤厄尔则通过切斯特山口进入更北的山谷，把他前面的敌人赶出温彻斯特、马丁斯堡和波托马克河。与此同时，离集结在华盛顿附近的联邦军队最近的蓝岭上的阿什比和斯尼科斯缺口被朗斯特里特将军占领了，斯图亚特将军的骑兵被派往前面去守卫着通往蓝岭的道路。在阿尔迪、厄普斯维尔和米德尔堡的交战都是在山区进行的，目的是确保后方山口的安全，并保护罗伯特·爱德华·李将军在谢南多厄山谷的前进。沿着山势进行的防御战，如果战事足够猛烈，人们会在山口前面很远的地方发动进攻，在那里打击对入侵的敌人，就像罗马人马略在旺卡塞克斯提亚战胜条顿人，或者苏格兰人通往高地之前在班诺克本取得胜利，或者这些南部邦联军在蓝岭缺口前取得了胜利一样；或者用少数人保卫山口，就像希腊人在塞莫皮莱，摩尔人在龙塞斯瓦勒斯，阿富汗人在开伯尔山口抵抗英国人，或者南方邦联军在南部山脉的克兰普顿和特纳山口那样。

因此，联邦军队每次试图深入山区都被斯图亚特的骑兵击退了，南方邦联军队的安全部队沿着阿巴拉契亚大峡谷向哈格斯敦、钱伯斯堡、卡莱尔和哈里斯堡推进了几英里。但是现在，宾夕法尼亚州大河谷东面的多个缺口使得联邦军队能够拦截罗伯特·爱德华·李将军的通信线路，就像斯通威尔·杰克逊之前能够攻击并威胁班克斯撤退的线路一样。因此，罗伯特·爱德华·李将军转身穿过南山，前往葛底斯堡与前进的联邦军队会合。在他失败之后，谢南多厄河谷再次为他提供了一条安全的撤退之路，而米德和联邦军队则越过巨岩点上洛弗茨维尔附近的波托马克河，往南向沃伦顿进发。在拉帕汉诺克上游北部，他可以看到蓝岭的隘口，目的是一旦罗伯特·爱德华·李将军的头探出山壁，就给他最后一击。罗伯特·爱德华·李的目的是通过斯尼科斯和阿什比缺口撤退到弗吉尼亚州的劳登县，可是波多马克河突然上涨，使他无法前进，耽搁了他的行程。在他准备搭建浮桥时，米德占据了这些通道。然而，接连不断的开口拯救了他。他佯装要将军队从马纳萨斯山口挤过去，把大部分联邦军队带到别处，然后迅速向南行进到罗亚尔前线，由切斯特山口向卡尔佩珀进发，而尤厄尔的部队则沿着桑顿峡谷向南走了几英里，这样就避免了整支部队挤在一条通道上耽搁时间。

　　因此，谢南多厄河谷使南方邦联的领导人能够实现目标，把波多马克的军队撤回北方，转移和减少入侵北卡罗来纳和弗吉尼亚海岸的部队，并在夏天结束前破坏敌人的作战计划。最后，在 1864 年春天，尤里西斯·辛普森·格兰特对里士满的最后一次进攻开始时，他开始着手围攻彼得堡，历史在谢南多亚山谷重演。和以前在班克斯一样，联邦军队被派往山谷，以防止可能发生的反对华盛顿的示威活动，但是在纽马克特被南方邦联打败并被驱逐出局。之后在新领袖的带领下又重新集结起来，沿着山谷一直向上推进到斯汤顿，在南方邦联战线的西端对林奇堡构成威胁，但是由于在敌人国家的中心地带面临危险，他们撤退到西弗吉尼亚的山区。然后，为了让尤里西斯·辛普森·格兰特放松对彼得堡的控制，罗伯特·爱德华·李尝试了 1862 年和 1863 年的权宜之计。他命令朱巴尔·安德森·厄尔利将军率领一支强大的南方邦联军队，横扫谢南多厄山谷，入侵马里兰州，威胁华盛顿。朱巴尔·安德森·厄尔利顶着首都的枪声，带着一火车又一火车的战利品撤退到山谷里，向北进入宾夕法尼亚，又一次使钱伯斯堡感到了邦联军队的压力。

　　然后是谢南多厄的军事史上的最后一章。尤里西斯·辛普森·格兰特不会从彼得堡转移。他派菲尔·谢里丹将军去清理山谷。这不仅意味着要驱逐南方邦联的军队，而且意味着摧毁一切能够供给敌人给养的东西。谢南多厄河谷资源丰富，对南方事业忠心耿耿，年复一年地把它的收获品奉献给弗吉尼亚的军队；但是，菲尔·谢里丹完成了他的工作之后，南部邦联的粮仓就被烧毁了，行军停滞，荒凉和宁静笼罩了山谷。

　　正如通往蓝岭关口的弗吉尼亚河在内战的东部战役中划定了联邦和邦联的防线一样，在跨阿勒格尼地区，河流和山口决定了军事路线。密西西比河谷的战役虽然大体上与大西洋平原的战役没有联系，但本质上是对南部邦联军的一场大规模的从侧面突袭，山脉的南端在那里改变了方向。因此，从格鲁吉亚和南卡罗来纳州前进的联邦军队能够将邦联军队带到后方，而另一股力量从田纳西沿大峡谷的侧道而来，在蓝岭的南口切断了罗伯特·爱德华·李将军从里士满撤退的道路。

也许在其他历史战争中，河流从未在叛乱中扮演如此突出的角色。这种重要性反映在联邦军队的名称上，如"波托马克军队""詹姆斯军队""坎伯兰军队"和"田纳西军队"。虽然弗吉尼亚河是东西走向，简单地画出了两方所采用的防线。在詹姆斯河下游，浅滩、桥梁、突然上升的河水切断了前进和后退的道路。通往山峡的西部河流，因其规模大、通航性强、南北走向及占主导地位，在通往敌方中心地带的安全、便捷的水路运输中，发挥了更为重要的作用。在西部战区的广大领土上，由南下的联邦军队维持着漫长的交通线，使得西部河流比铁路更有效地成了交通要道，而它很容易被南部邦联骑兵摧毁。这条河流路线不需要监视，北方在汽船制造方面的巨大优势给了它所需要的一切设备。

密西西比河从伊利诺伊州的南部边界穿过南部邦联进入墨西哥湾，而在东部，田纳西开通了一条通往亚拉巴马州北部和由坎伯兰到田纳西州的快速通道。因此，这三条河流的平行线路为联邦军队提供了明显的前进路线；而控制着这三条路线入口的俄亥俄河，是南部邦联军的天然目标。因此，获得肯塔基州的支持对于南部事业十分重要，两军不可避免地要入侵肯塔基州中立的土地。波尔克率领的一支南方邦联军队进入肯塔基州，在哥伦布的田纳西防线上的布拉夫斯占据了优势，从而确保了密西西比河的安全。但是尤里西斯·辛普森·格兰特预料到会有进一步的行动，他占领了帕杜卡，帕杜卡控制着田纳西河和坎伯兰河的河口。这样，俄亥俄防线就被南部邦联军攻破了；因此，后者从密西西比出发，在那里加强了哥伦布、新马德里和10号岛的防御工事，向东靠近肯塔基边界，在亨利堡和多纳尔森堡穿过田纳西和坎伯兰河，到达坎伯兰岬口，开辟了一条与弗吉尼亚州的沟通之路，并通过东田纳西州的山谷，与佐治亚州和亚拉巴马州连接。

亨利堡和多纳尔森堡于尤里西斯·辛普森·格兰特的陆海空部队联合前陷落，南部邦联军在坎伯兰高地米尔斯普林的溃败是为了保持与坎伯兰岬口的联系，迫使南方军队撤离纳什维尔，放弃坎伯兰防线，沿着田纳西河的转弯处向南退到第二条线路。这条铁路的关键点是科林斯，它是连接密西西比河和墨西哥湾与弗吉尼亚和卡罗来纳的两大铁路的交汇处，也是查特努加、阿巴拉契亚山脉的南部门户。亨利堡和多纳尔森堡陷落后，通过田纳西河的快速通道立即把联邦运输工具和炮艇运到河的上游，在匹兹堡登陆，但是这里的夏伊洛战役阻碍了向科林斯推进的计划。然而，匹兹堡在几周内就被占领了。1862 年秋季，沿着这条线的卢卡和科林斯之战，以及田纳西州斯通河或默弗里斯博罗之战，代表了联邦军队向东挺进查特努加山口所做的努力。

　　匹兹堡对于南方邦联来说至关重要。它控制着通往亚特兰大和南大西洋各州的道路，控制着沿大阿巴拉契亚山谷向上通往弗吉尼亚和肯塔基州中部的山间小路。穿过西部的谢南多厄河谷，南部邦联军可以派他们的军队越过坎伯兰山，通过小通道进入肯塔基州中部，躲避坎伯兰峡的联邦军队，威胁弗兰克堡垒，甚至辛辛那提。然后撤退，驾驶着他们从富饶的肯塔基俘获的马匹和运货马车，沿着古老的荒野之路再次消失在群山之中，消失在几乎无人敢去的堡垒之中。即使入侵是通过坎伯兰河中部的平原，就像 1862 年布拉格的突袭，东田纳西州的山谷也是安全的撤退路线。因此，只要南部邦联军占领查特努加，他们就能在密西西比河谷对联邦军发起安全的侧翼进攻，就像谢南多厄河谷道路在弗吉尼亚和马里兰给了他们同样的优势一样。但是作为补偿，西部的田纳西河，就像东部的切萨皮克湾，给了联邦军队轻松进攻南部联盟侧翼的防线。

　　联邦军队沿着田纳西河向南进攻的同时，也沿着密西西比河向南推进，因为他们沿着较小的河流冲进敌人的领土，使得他们在密西西比河上的边远阵地不安全或站不住脚。此外，这条河的某些地貌特征决定了南部邦联军向下游撤退应该需要很长时间，因为只有在很短的时间间隔里，这条河的两岸才会出现可以加强防御的据点。这条河蜿蜒曲折地穿过广阔的冲积平原，只是偶尔会冲刷东部的悬崖底部。从断崖顶部耸起的河岸障碍物能改变河流的进程，早期炮艇的炮火无法穿透这些断崖。这些天然防御点仅存在于哥伦布、皮洛堡、孟菲斯、维克斯堡、大海湾和哈德逊港；南方邦联军集中力量在这里修筑防御工事，以此做好准备占领这条河。他们放弃了其中一个位置，后退到下一个类似的据点。只有 10 号岛，由于它的中游位置靠近新马德里要塞，给他们提供了另一个安全的基地，可以在那里与联邦舰队竞争航道。

当多纳尔森堡和亨利堡陷落后，南方军在哥伦布的阵地仿佛是敌人海上的一个孤岛，因而不得不被放弃。新马德里和 10 号岛成了河流的前哨。当这些防御工事也屈服于联邦步兵和舰队的联合进攻时，南部邦联军退回到皮洛堡。由于联邦军队占领了远在南方的科林斯，皮洛堡变得不堪一击，不得不被遗弃，邦联军退到孟菲斯。当孟菲斯向联邦舰队投降时，密西西比河开凿了 400 英里，一直延伸到维克斯堡；但是，在密西西比河边 200 英尺高的悬崖上，这个几乎坚不可摧的阵地一直抵抗着进攻。

与此同时，密西西比河上游也从河口被征服。在田纳西河的通航航线得到控制之后，西部战争的下一个问题是密西西比河的指挥官。因此，南部邦联的这一部分可能会被一分为二，就像英国在独立战争中对哈德逊河的控制使殖民地的军队分裂一样。因此，沿南部各州整个海岸的海岸封锁，可能会延伸到西部的河流通道。在法拉古特的舰队把这条河的钥匙交给联邦政府之前，新奥尔良就沦陷了；但是孟菲斯和新奥尔良的两支联邦舰队没能拿下维克斯堡。穿过敌人领地的这条河很长，很难控制，因为这条河的中心要塞没有被削弱。于是舰队撤退了，一支向北到海伦娜，另一支向南到新奥尔良。南部邦联军抓住机会，加强了哈德逊港的防御。哈德逊港位于巴吞鲁日上方几英里，但位于红河河口下方。他们现在控制着从这里到海伦娜的五百英里的河段，这对他们来说是最重要的一段。红河和阿肯色河给他们带来了跨密西西比沿岸各州的人员和物资，这些州是南方的粮仓。同时还为他们提供了一条通过得克萨斯和墨西哥与海湾港口相连的安全通道。

但密西西比河上的战线更加严密。位于阿肯色河口附近的阿肯色州站点有可能威胁联邦军队和舰队的通讯。这些军队和舰队从北方向维克斯堡进发；因此这个站点必须缩小。事实证明，一支3万人的陆军和一支小型舰队完全可以胜任这项任务，阿肯色州河的控制权被交给了联邦军队，南部邦联的这条动脉被捆住了。然而，只要河口南北的维克斯堡和哈德逊港被南方军队控制住，红河这条通往南方邦联的道路就不会受到威胁。西部战争的关键问题是夺取维克斯堡。由于北面、西面和南面都是断崖，它的位置几乎是坚不可摧的；唯一的机会是穿过困难重重的小道从后方进攻。但是当尤里西斯·辛普森·格兰特将军完成了这次行动，炮舰继续封锁这条河时，维克斯堡的命运就注定了。这座要塞陷落五天后，哈德逊港也屈服了，密西西比河成了一条联邦河流，把西部邦联一分为二。

战争的下一步行动旨在通过保卫查特努加沿阿巴拉契亚山脉，将南部邦联的剩余部分分割开来，从而控制沿东田纳西州和弗吉尼亚州的山谷向北的通信线路，以及向东环绕南大西洋诸州的山脚地区的通信线路。默弗里斯博罗战役是一场通往查特努加山口的战役，就像肯塔基州东南部米尔斯普林战役为争夺坎伯兰山口的战略要地一样。在乔治亚州北部起伏不平的高地上，奇克莫加战役、卢考特山战役和传教士岭战役为北方军队开辟了南阿巴拉契亚山脉的通道。海湾各州与南方的大西洋各州被切断了联系，战场现在缩小到大西洋平原，国家军队从南北两方包围了里士满。斯通曼率领联邦军队突袭东田纳西州的山谷，从诺克斯维尔出发，越过沃托加河旁的大烟山，一直到北卡罗来纳州的亚德金，在那里，沿着通往新河和弗吉尼亚山谷的古老的先驱者交通线，摧毁了罗伯特·爱德华·李将军从里士满撤退的天然路线上的桥梁和铁路，加速了南方最后一支军队的投降。

南北战争的特点是陆地和海军联合作战的战斗数量惊人。在坎伯兰、田纳西、密西西比、阿肯色州和红河沿岸的所有重大战役中，炮艇和步兵都联合冲锋。西部的河流不仅是跨港的水路，而且还是海军的附属通道。在几乎所有海岸袭击事件中，陆地和水域的联合军事力量都发挥了作用。南部各州的沿海城市因其位于深水河口或海湾内端而受到保护，它们在入口处由岛屿防御工事守卫，而在陆地一侧，往往有大片沼泽地，从后面很难接近。因此，这次攻击通常是由联邦舰队对外岛屿堡垒进行的，这些堡垒被北部运输系统的陆地部队占据。这些帮助维持了对该城市港口的封锁，然而，除非像北卡罗来纳的博福特那样在外海岸占据着一个暴露的位置，否则很少有人去占领这些类似地区。纽伯恩位于纽兹河口，普利茅斯靠近罗阿诺克河口，都在北卡罗来纳州的海峡区域，而且尽管他们已经撤退，新奥尔良还是向海岸袭击屈服了。在所有这些两栖军事行动中，遭受攻击的地方都位于水陆结合的位置。

对于政治地理学家来说，联邦一方在内战中的成功意味着对这一大片政治领土的有效控制。政治领域的演进表现为由小到大、由城邦或地方公国向民族王国或世界帝国的演进；它的特点是领土日益集中，最大限度地减少了政治边界的总量，扩大了兄弟情谊的范围，并减少了商业和社会交往的人为障碍。因此，从政治地理学角度看，正如德兰士瓦对它自身而言就是一个进步一样，联邦已经成了一个更大的区域体，对它的破坏就是一种逆行。

第十五章　移民的地域分布

美国从 1783 年仅占据狭窄的沿海地带一步步发展至今，拥有广阔的大陆领土，在这一过程中，有三个因素发挥了作用：一是由于不断兼并而获得了大量免费土地；二是大量的外国移民；三是修建了铁路。这三个因素相互作用。免费的土地吸引了移民，促使人口增加，而人口的增加又增大了美国政治边界的压力，使别国望而却步，这就使美国在远远超越原来边界线的范围重新构建自己的国土。铁路进一步开辟了土地，使大批移民得以进入。但农场、田野和森林始终是其中最强大和最持久的因素。它们刺激了人口的自然增长，吸引了外国移民，并鼓励修建广泛延伸的铁路。与此同时，当地人和外国人都接受了关于拥有土地的重要性的教育，随着人们不断传播这些思想，定居地区的扩张速度与人口的增长速度在数十年中几乎并驾齐驱。

大西洋的屏障和美洲大陆早期的地理隔离，为第一批来到美国的殖民者的自然选择奠定了基础。移民多是自愿来这里的，除了那些奴隶和受契约约束的仆人，他们的到来是由于新土地上急需劳动力。即使是在 19 世纪初期，由于乘坐一艘帆船横渡大洋的漫长航程以及相对高昂的航行费用，贫穷的人对移民仍然望而却步。但近几十年来，各种人为因素都起到了促进作用，使欧洲的移民纷至沓来，而速度更快的蒸汽船已经把海洋从屏障变成了一条开阔的道路。其结果是，1900 年，在外国出生的白人和在美国出生的拥有外国血统的白人占美国总人口的三分之一。在包括新英格兰、纽约、新泽西和宾夕法尼亚在内的北大西洋区域中，这两类人几乎占总人口的 60%，在达科他州、威斯康星州和明尼苏达州，这一比例从 60% 升至 77%。

1820 年以来，美国的移民人数一直在稳步增长，这与大量的免费土地和工作机会相适应。当时，这些移民中的大部分是非熟练工人，而作为一个拥有原始资源，需要砍伐森林、开垦土地、开发矿山和修建公路的新国家，需要的是能源而非技术，因此这些外国移民发挥了良好的作用，推动了国家的经济增长。然而，在移民边界的每一次推进或政治边界的每一次扩大过程中，他们越来越多地受制于美国文化，并加速了他们从欧洲农民向美国公民的演变。

对于美国而言，土地一直具有极大的偿付价值。美国从未对欧洲的侵略产生恐惧，因为广阔的领土使其具有吸收和同化的能力。因此，美国所受到的强大的跨大西洋影响已被冲淡，因为这个影响只分布在部分地区，远离这些地区则会受到削弱甚至被抵消。一直以来，3025600 平方英里的土地和海外的自由机构都是维护美国环境的力量。那些定居在农场的移民已经迅速被美国人的生活、政治、社会和经济标准所同化，甚至明尼苏达州的一些挪威人聚居地也如此，虽然他们保留了自己的语言。但是，那些俄罗斯人和意大利人生活在城市，他们已经把欧洲的一部分转移到了美国的土地上，因为在纽约或芝加哥这样拥挤的地区，大陆造成的直接影响已经消失了。

1890 年，南部各州的外来人口比例相对很小，这是因为有大量黑人奴隶的存在。在这方面，南方与其余地区形成了鲜明的对比。大部分的旧奴隶领地几乎没有外来移民。在以俄亥俄线、梅森线和狄克逊线为界的旧奴隶区周围，沿着佐治亚和南卡罗来纳的沿海海岸，有一段参差不齐、宽度不等的移民地带，这证明了所有的沿海地区都可以和其海外邻居相通，而且每一个陆地边界都可以作为同化地带。为了平衡这一外来因素在旧"边境州"地区的影响，边界线以北的自由州表明与有相当多的黑人人口的旧奴隶地区有接触的影响。1900 年，在所有实行奴隶制的旧奴隶州中，因其与旧的自由州有着长期的联系，并临近广阔的大西洋海岸，马里兰州的外国出生人口比例最高。得克萨斯州和佛罗里达州外国出生人口比例分别为 5.8% 和 3.7%，这些地区都拥有大量未开发资源，吸引了移民从海湾进入。路易斯安那州拥有3.7% 的外来人口，它有着漫长的海岸线和内河港口。此外，它还为欧洲的地中海人提供了极具吸引力的气候和有利于水果贸易的自然市场，当时人们对水果贸易这种商业形式很感兴趣。在其他南方州，外国出生人口所占的比例微不足道。在阿巴拉契亚山脉南部，只有偶尔的一个采矿中心才可以看到这些移民劳工的身影。

在气候和土壤条件允许人们定居的美国其他地区，外来移民随处可见。在海岸地区，外来人口所占的比例最高，特别是在重要港口附近，如普吉特湾地区，接下来依次是哥伦比亚、太平洋上的旧金山湾，以及新英格兰和大西洋中部各州的所有海岸。海岸的可到达性也很重要。除了那些从加拿大和墨西哥越过边境的人，移民都必须通过海港进入美国。许多人在刚到达这片土地后就发现他们的金钱已耗尽。因此，这些人被困在港口内或港口附近，随后因为港口一带的土地早已被占用，他们便逐渐扩散到附近的城市了。这些城市为移民中没有熟练技能的劳动力提供了大量的就业机会，而且特定行业也为熟练的工匠提供了就业机会。

因此，沿海地区和大城市地区出生的外国人口比例很高。北大西洋国家已经从农业阶段发展到工业阶段，因此在城市中心有高度集中的人口，加上来自附近的大量欧洲移民的涌入，当地外国人口比例要高于美国太平洋海岸地区。外国出生人口占比在罗德岛中为31.4%，马萨诸塞州为30.2%，康涅狄格州为26.2%，纽约州为26.1%，新泽西州为22.9%。新罕布什尔州，由于海岸线较短以及其工业中心限制在该州的东南部，所以只有21.4%。与新英格兰其他地区相比，缅因州是一个地处偏远的州，工业发展有限，因此城市也很少。尽管有着广阔的海岸线，但缅因州的外国出生人口仅占其总人口的13.4%。正如历史上曾所看到的那样，其他不利的地理条件抵消了优良海岸的优势。如果在考量中加上出生者的父母是外来人口在当地人口中所占的份额，就会发现每个州的数字都要翻一番。因此，两者加起来的数据占北大西洋国家人口的一半以上（50.9%）。在过去的十年中，由于移民性质发生了明显变化，这一地区的外国人口比以往任何时候都多。当时，抵达美国海岸的所有移民中，有50%来自奥匈帝国（包括波希米亚）、意大利、俄罗斯和波兰。这些人来自经济发展滞后的地区，成为最底层的劳动者。大城市的血汗工厂和粗制滥造的作坊，以及这一地区的矿山和铁路为他们提供了最直接的谋生机会。

我们在地图上可以看到，靠近东北沿海的移民集中地区有一片杂乱的内部区域，在这里外来人口较少，但越来越多的由陆地向边界迁移的内陆出生的外来人口来到这里。这种现象在中部和北部各州尤为明显，比如从俄亥俄州到内布拉斯加州，从密苏里州到加拿大边境，在新英格兰和纽约也能发现这种现象。在俄亥俄州南部到其北部边界，可以看出本地出生的外国人人数的比例越来越大。在西部的三个州中，从南到北也有同样的增长。在伊利诺伊州南部和密苏里州，这一比例从仅有的 1%—5% 增加到 35%，而在密歇根州北部、明尼苏达州和北达科他州，这一比例更高。

在从殖民地到早期国家的发展阶段，当地人和外来人口产生东西部分化现象，后者一般在郊区以外的肥沃土地上定居。但是在 1840 年，北方以伊利湖边界以及休伦湖和密歇根湖的南端为界的聚落范围扩大到干旱地带，边境线不再向西延伸，而是向北，于是移民转向了那里。因此，加拿大边界的边远州的外国出生人口占比很高，北达科他州占 35.4%，明尼苏达州占 28.9%，威斯康星州占 24.9%，密歇根州占 22.4%。如果我们把这些数字与有外国血统的美国土著人加在一起，密歇根州则有 56.7%，而北达科他州为 77.1%。

在西北边境，一些民族，像斯堪的纳维亚人，最近才开始移民来到美国，或者像德国人，在过去几十年里对美国的人口增长做出了特别大的贡献。

在截至 1870 年的十年间，斯堪的纳维亚人在移民总数中所占的比例仅为 4.7%，他们并没有带来可观的移民数量。这一比例在 1890 年上升到 10.8%，在 1900 年随着北欧移民的普遍减少以及东欧和南欧移民的增加而再次下降到 8.7%。因此，斯堪的纳维亚移民，除了大西洋沿岸那些人以外，都远在美国西北边界，1890 年他们在北达科他州占到了外国出生人口总数的 42%，在南达科他州占 34.45%，在明尼苏达州占 46.05%，在威斯康星州占 19.21%，在伊利诺伊州北部、艾奥瓦州和内布拉斯加州，这一比例超过

20%。1860 年至 1890 年间，德国人数量占总移民的四分之一至三分之一，占这个地区出生人口总数的 27 % 至 54 %，除了遥远的达科他州，远离密歇根湖西岸的德国中心、斯堪的纳维亚中心、位于密西西比河上游的西部，是移民中心的代表。

在中西部这些边远州的外国出生人口的平均百分比（21.5%）大约与那些位于落基山脉和太平洋之间的年轻州相当（20.7%）。科迪勒拉地区距离古老、密集的居民区较远，这一点在这些数字中反映得很清楚，在外国出生人口与有着外国血统的本土出生人口的结合越来越普遍。美国人和西班牙人人口数量加在一起占西部所有州总人口的 40% 至 60%，且人口数量与他们的可耕地面积成比例。淘金热刺激了人口跨落基山脉扩张。新墨西哥州以及俄勒冈州相对扩张缓慢，抑制了移民的增长。

由于这个西部国家时常干旱，外国移民在落基山脉、大盆地和内华达山脉的广大采矿区找到了他们最佳的工作机会。他们分布在这些地区不同的地点，人数占总人口的 34% 以上。但他们也分布在内陆少数可灌溉的山谷中，在太平洋海岸、海岸山脉肥沃的山坡上，以及后面狭长而肥沃的山谷中，形成了大片连续不断的外来人口定居点。这里的田野、果园、葡萄园和花园为意大利人、瑞士人和中国人提供了相对舒适的工作。

然而，在横跨落基山脉的美洲，移民并不仅仅是从美国大西洋港口向西迁移的欧洲移民，也包括经太平洋从较远的海岸来到美国西部海岸的大量外国人，不过东部地区的外国人很少。因此，就这些跨太平洋移民而言，存在一种由西向东的反向的分层，在太平洋沿岸可到达的区域移民分布最为密集，而在通往内陆的几个州中，移民分布得越来越稀疏，几乎完全消失在密西西比河谷东部，但又零星地出现在大西洋沿岸的大城市中。

中国、日本、澳大利亚和太平洋诸岛的移民都对人口增长作出了贡献，其中中国移民贡献最大。在加利福尼亚发现黄金后不久，来自中国的移民潮就开始了。第一批移民出现在夏威夷附近，在那里他们构成了劳动阶级中相当重要的一部分。1848 年至 1852 年间，大约有一万名中国移民来到美国，在随后的一年里，这个数字跃升至两万，但很快就下降到每年几千人。他们在砂矿开采中找到了第一份工作，要么是做临时工，要么是做没人做的工作。后来，随着美国人口更加稠密，采矿营地的粗加工工业变得多样化，中国人提供了劳动力，而加利福尼亚在快速增长后，反过来不允许他们在美国继续发展。

1869 年第一条陆上铁路开通之前，从舒适度、金钱和时间的角度衡量，加州离中国的距离要比密西西比河近。从上海或广州到旧金山湾的便捷、廉价的海上航行为中国劳工开辟了一条畅通的道路，而从密苏里出发的长途旅行的费用和艰辛，以及山地和沙漠的阻碍，限制了大量美国人从东部各州涌入，而这些州急需劳动力。此外，那些来到这里的人在矿山、免费土地上和商业中发现了大量的机会，以至于每个人都成了自己的主人，雇主和雇员并不以阶级的形式存在（但中国劳工被排除在外）。因此，这些强壮的劳工构成了体力劳动的主干力量，他们肩负着砍伐森林、开辟道路、开垦肥沃沼泽地、收割庄稼、充当家庭佣人以及开发太平洋地区丰富资源的重任。

太平洋作为中国移民历史上的一个地理因素，并没有充分发挥其作用，这是由于美国从 1855 年开始实行了限制性立法，1882 年《排华法案》将这种限制推向高潮。同时也是因为中国移民自身的特殊性，移民中没有中国妇女，缺失家庭生活，因此每年都有大量的移民返回他们原来的家园。中国移民受到限制甚至被逮捕，而在壁垒建立之前就已经进入美国的中国人，自然增长率低，并且经常被遣返。因此，就中国移民而言，太平洋这条快速通道的影响已经在逐渐减弱，随着《排华法案》有效期的多次延长，太平洋的吸引力完全丧失。

第十二次人口普查的结果显示，当时美国有 89863 名中国人，而 1890 年这一数字为 107488。移民的分布说明了他们与太平洋的关系。75% 以上的中国移民分布在跨落基山脉的各州和地区，其中沿海地区所占比例最大。加州以拥有 45753 名中国移民名列榜首，但相比 1890 年下降了 35%。俄勒冈州以拥有 10397 名中国移民紧随其后，最后是华盛顿，拥有 3629 名中国移民。华盛顿移民数如此少是因为当地民众对中国移民的不友好。在美国本土范围之外，阿拉斯加拥有 3000 多名中国人，夏威夷——太平洋的大型重要中转站，有近 26000 名中国人，这展示了海洋对其周边土地的综合影响。太平洋的第二类州，包括亚利桑那州、内华达州、爱达荷州和蒙大拿州（由于蒙大拿州与俄勒冈州的距离很近，也归属到这一类州），每州只有 1300 到 1700 中国人。而在东部的下一级州，数字则下降到 300 到 600，这显示出太平洋的地理影响随着离海岸的距离增加而减弱。

1900 年 24326 名日本人在美国本土的分布情况说明了同样的原则。其中 96% 的日本人分布在西部地区，绝大部分人在加利福尼亚（10151 人）、华盛顿（5617 人）和俄勒冈州（2501 人）的海岸附近。但与夏威夷的 61111 名日本人相比，这些数字就显得微不足道了。1890 年，加利福尼亚州也声称 5984 名澳大利亚人中有近三分之一的人定居在美国。来自夏威夷群岛和其他太平洋岛屿的移民主要分布在太平洋沿岸各州。那里的气候与移民者自己国家的气候相对接近，以及其他相似之处都影响了移民的选择。许多太平洋岛屿上的居民，由于身处海洋中部，不论是到纽约还是马萨诸塞州距离都差不多，从旧金山乘汽船到夏威夷只有五天的路程，他们感受到了加州和西部各州所散发的吸引力。

正如我们所看到的，边界处始终是同化集中的区域，但同化的程度在不同的地理条件下是不同的。海岸可以接触来自世界各地的船只，所以海洋边界显示出了在陆地边界上所没有的种族混合现象。由于地理条件，中国辽阔的内陆很少有外国人涉足，而在其重要的海港则出现了欧洲和美洲主要商业国家的聚居地。古埃及三角洲地区是该国第一个可以看到外国人在其境内和平定居的地区。那时，在撒玛底古一世的统治下，希腊人定居在瑙克拉提斯和萨伊斯。虽然后来尼罗河三角洲成为地中海的世界性地区，但埃及中上部地区的民族单一性几乎未受影响。所以今天亚历山大和开罗的街道上回响着许多种语言。法国南部沿海地区的人口中分布着大量地中海移民，其中意大利人的数量惊人。大纽约地区有着俄罗斯、波兰、意大利、德国和中国人的城镇。波士顿、新奥尔良和旧金山展现出多种多样的种族元素。对按国籍分布的外国出生人口地图所显示的信息进行比较，可以证明太平洋沿岸和北大西洋沿岸的人口混合情况有很大差异。

相反，在陆地边界上，同化作用一般限于相邻的两地区。这两个地区紧密接触，尽管贸易限制影响了跨边界的交往，但有着相似气候以及经济条件，还是刺激了人口在边界线上来回流动。只要拥有一种特殊优势，都将成为移民的吸力。今天俄罗斯在波罗的海诸省的大量德国人记录了13世纪日耳曼人向东在尼曼河、多瑙河以及佩普西湖的扩张。斯拉夫人在德国东部留下的地名不仅证明了普鲁士在波兰领土的扩张，而且也证明了早期斯拉夫人对西德的入侵一直延伸到了易北河。受到迫害的俄罗斯犹太人和德裔俄罗斯人越过边界在德国寻求庇护，他们对波罗的海沿岸省份的俄罗斯化曾感到不安。瑞士边境地区在语言和种族上受到法国、德国和意大利邻居的高度同化。同样，美国北部和南部的陆地边界在很大程度上分别受到加拿大、墨西哥的同化。

1890年，美国有77853名墨西哥人。其中有74766人分布在墨西哥边界处的南部各州，除少数例外情况，大部分人口分布在这些州最南部的县。这还没有考虑到大量涌入边境的墨西哥人口，这种涌入开始于西班牙和墨西哥在这里的霸权时代。从那时起，由于来自边境另一边戴着墨西哥阔边帽、穿着毛织布衣服的移民的稳定涌入，墨西哥人不断增加。1890年加利福尼亚的7164名墨西哥人中，超过35%的人居住在两个南部区域，他们的人口比例逐渐接近洛杉矶和圣地亚哥附近的海岸。另一个相当大的分布区域在旧金山湾附近，有两千多人分布在旧金山、圣克拉拉和阿拉米达县。

1890年亚利桑那州的11534名墨西哥人主要分布在南部县的两个区域，而新墨西哥州的4504名墨西哥人主要分布在该州西南角的唐娜安娜和格兰特县，以及同样位于边境的林肯县。墨西哥的一条移民线从这些地方向北延伸到伯纳利罗县，在毗邻圣达菲的地区形成了一个村落，然后向东延伸到西班牙古城拉斯韦加斯附近的圣米格尔县，沿着旧的交通路线向北穿过科罗拉多边界山麓铁路，一直延伸到丹佛。古老的墨西哥中心和老旧路线仍然具有吸引力。

在 1890 年，得克萨斯州的公民中有 51559 名墨西哥人。除了那些几乎没有居民的干旱地区以外，在格兰德河沿岸的所有县中，都发现了这些墨西哥人，他们的聚居人数从 1000 人到 7000 人不等，占总人口的 27% 到 55%。移民从海上和陆地来到这里并大量分布在该州的县级以下和整个东南角。位于该州内部的圣安东尼奥的古西班牙行政中心也成为墨西哥人的聚集地，墨西哥人在贝克萨尔和邻近的各县有很强的代表性。但除此之外，德州的墨西哥人仅分布在陆地边界一带，这成为一个显著的现象。

每个政治边界的区域同化特点进一步说明，多年来墨西哥边境因不法分子而受到威胁，他们在不知疲倦的德州游骑兵的激烈追击下逃至格兰德河并越过边境，在墨西哥土地上进行了无数次未被记录在册的战争。在 70 年代和 80 年代早期动乱的日子里，游骑兵的无限警惕确保了边境定居点的安全性。尽管设备落后，他们在得克萨斯州西南部的灌木丛和墨西哥平原坚持追踪，目标坚定，使得劫掠者在马鞍上不得不昼夜不停地跑三四百英里。

虽然与美国的边疆没有直接的联系，美国的其他南方邻居却为人口增长作出了贡献；他们的分布十分有趣，显示了地理位置和气候的局限性、沿海地区的可达性，以及人口随沿海贸易流动的趋势。1890 年的人口普查结果显示有 23256 名来自古巴和西印度群岛的移民。海湾国家声称有 13300 名移民，仅佛罗里达州就有 12282 名移民，其中 10396 人分布在最南端的门罗县，门罗县也包括佛罗里达群岛，这是古巴的踏脚石。在这里，来自古巴和西印度群岛的移民几乎构成了外来人口的全部。他们在希尔斯伯勒县也有 1313 名代表，希尔斯伯勒县包括坦帕和坦帕湾，其中坦帕湾是美国与古巴进行商业往来的一个重要南部港口。这个县也有不少西班牙人，他们显然是从南部岛屿来到这里的。这里气候宜人，与他们故乡的气候相似，地理位置邻近。北大西洋各国中有 7235 名移民，这表明了这一地区受到海港和船舶航线的影响。超过一半的移民聚集在纽约、斯塔顿岛和长岛的西端。由于巴拿马地峡的障碍，这个加勒比地区只有一小部分人来到太平洋沿岸国家。

　　另一方面，在中美洲和南美洲移民的分布上，这两个相对的海岸移民人数几乎相等；由于巴西向东突出，海湾沿岸失去了所有来自赤道以南地区的移民都能接近的优势。因为这样，从港口去纽约就和去新奥尔良一样近。在美国，来自中美洲和南美洲的移民人数非常少，这反映出美国与西半球南部地区的联系不够频繁。1890 年，在美国的 5000 名南美人中，约有 30% 的人生活在太平洋沿岸各州，35.8% 的人生活在北大西洋沿岸各州，生活在主要港口或邻近港口的地方。海湾地区的南美人口仅占 10% 左右。1890 年在美国的 1192 名中美洲人也表现出同样的分布原则。在密苏里州、伊利诺伊州和俄亥俄州有大量来自古巴、西印度群岛、墨西哥、中美洲和南美洲的移民，这些州临近密西西比河和俄亥俄河，这显示了大中央水系以及北部严酷气候所起到的排斥作用对这些南部移民分布形成的地域影响和作用。

　　与墨西哥相比，在与加拿大的交往中，边境地区的直接接触对邻国移民的影响更为显著。在北部，有一条更长的边界，接近加拿大人口密度最大的地带。种族元素的极大相似性，以及优越的经济条件，所有这些因素结合在一起，导致加拿大的人口大量流入美国。这种加拿大人口外流现象持续了四十年。这里有两股外流。其中一股外流是从加拿大东部的沿海地区到北大西洋各州，加拿大移民密集分布在从帕萨马科迪到拉里坦湾的整个沿海地区。他们大部分从纽芬兰、新斯科舍省、新布伦瑞克和加拿大的法语区来到这里，到更大的制造业中心寻找工作机会，尤其是新英格兰。1890 年，加拿大移民占美国外来出生人口的 20% 至 60%。马萨诸塞州有 207601 名加拿大移民，纽约州有 93193 人，缅因州有 52076 人，新罕布什尔州有 46321 人，罗得岛州有 27934 人，佛蒙特州有 25004 人，康涅狄格州有 21231 人。

　　但并不是所有居住在这些州的英裔美国人都受到这股向海岸推进的力量的影响。纽约、佛蒙特、新罕布什尔和缅因州的北部与加拿大有很长一段边界线，这里形成了边境民族融合的景象。此外，由于美国在这一东北角的领土极为狭窄，这些边界上的一些加拿大人无疑是通过陆路向南到达大西洋海岸的。

根据 1890 年的人口普查结果中加拿大人在美国的分布状况表明，这个北方邻居沿着圣克罗伊河到普吉特湾一直延伸到领土边境，且越向内部人口分布越稀疏，但在沿大西洋北部海岸密度再次加大。这股从加拿大来的移民潮与来自大西洋港口的向西和向北流动的更大的欧洲移民潮汇合在一起。因此，就种族因素而言，加拿大边界是陆地边界规则的一个例外，因为它呈现出各种各样的民族混合，不像南部边界那样单一。

在美国，英裔美国人分布在边境的东半部，比在苏必利尔湖以外的西部地区更为密集。东半部毗邻历史较悠久、人口较密集的省份，因此比西部有更多的移民；从纽约到明尼苏达州北部，五大湖为这些北方移民提供了便利。密歇根湖深深的凹陷使伊利诺伊州成为加拿大人的聚集地，伊利诺伊州位于西北的心脏地带，使加拿大人很容易到达密西西比中部和密苏里州。安大略湖和伊利湖的南部边缘也有大量的加拿大人。密歇根州的两个半岛被休伦湖、密歇根湖和苏必利尔湖所包围，横穿加拿大。从地图上自东向西的浅色可以看到美国对内陆的影响增加并不明显。圣劳伦斯河和五大湖的这条线有助于向西分层，使达科他州和明尼苏达州的麦田和密歇根的森林靠近加拿大东部的人口中心。

在边境各州加拿大人占总人口的比例最大，这个群体还分布在那些人数最多而处于边远地区的州，如缅因州、新罕布什尔州、佛蒙特州和纽约的阿迪朗达克地区，或者是从荒野中被开垦出来的西部较新的各州。这些地区的广阔森林为加拿大伐木工人提供了合适的工作，并在加拿大的树林中或更西边的草原上为农民提供了农场。加拿大人多被安置在缅因州、阿迪朗达克和威斯康星州的康辛森林里，以及明尼苏达州中部，北达科他州北部的红河沿岸地带，还有艾奥瓦州富饶的谷地。在北达科他州，加拿大人占总人口的 12.61%，占外来人口的 28.29%。在蒙大拿州的每一个地区，甚至在爱达荷州的一个边境县，加拿大人比其他任何外国人都更多。除了两大矿区外，西尔弗博、刘易斯和克拉克吸引了大量德国人。在华盛顿，他们几乎占所有外来人口的五分之一，分布在普吉特湾东部和南部海岸。一个人口密度较大的地区中心位于陆地边界附近，另一个位于内陆海的源头，显示出向海岸扩张的趋势。

这种趋势还表现在沿整个太平洋海岸向南到墨西哥边界的连续的加拿大移民带，以及在沿海或波特兰和威拉米特山谷等所有人口密度较大的中心的位置。沿太平洋大河谷而下的古老的开拓之路也对这一沿太平洋斜坡的分布作出了贡献。所有这些沿海州都为加拿大移民提供了适宜的农场、牧场和林地。加州北部洪堡湾是加拿大移民密度较大的孤立地区，洪堡县重要的木材工业和尤里卡港促使了加拿大移民的涌入，尤里卡港是金门和哥伦比亚河口之间最好的港口。

加拿大移民涌入美国的高潮出现在 1890 年。在 1850 年至 1860 年间，加拿大移民人数达到 59309 人。此后这一数字迅速增长，直到第 11 次人口普查，这一数字为 392802。然而在高潮之后，这个数字突然下降到了 3064。当然这些数字也不能说明全部情况，还需通过加拿大政府汇编的确切的统计数据加以补充。这些统计数字表明，美国每年向加拿大输出的移民人数在移民总数中所占的比例比任何其他国家都大。1900 年，超过 12000 名美国移民越过了这条线；1901 年，这一数字升至 17987 人；在 1902 年 6 月 30 日结束的财政年度，这一数字升至 24099，超过了整个欧洲大陆人口总数。

之后三年里，大约 5.5 万名美国公民去了北方邻国加拿大。不过这些报告也不完整，因为其中没有包括大量乘坐自己的货车穿越边界的移民。移民潮的突然转向是由于美国免费耕地供应枯竭而造成的。这一事实标志着人口与该地区关系的危机。大量免费土地是美国成为一个迅速成长的国家的原因，但是 1893 年对切罗基人地带的激烈争夺显示了土地资源不足。1901 年在基奥瓦科曼切地区的 14000 处宅地中，每一处都有 10 名申请占用者。之后美国牧牛人入侵美国的印第安保留区，以及美国农民跨越北部边界。所有这些都表明，美国已经出现了宅地不足。而加拿大现在在北美大陆上"正当少年"。广阔的地域使其具有很强的同化能力。作为北温带唯一的国家，加拿大提供免费土地供人们置业，拥有自己的公民，吸引着美国移民，并且注定要迎来欧洲农业移民的大潮，这股浪潮已经影响了美国的西部土地。此外，一位伟大的加拿大政治家提出的先进政策正在利用这一趋势。在美国多个州都有加拿大移民代理；加拿大的稻科植物和谷物在美国各个州和县的博览会上展出；还有各种海报在市场和校舍展示苏必利尔湖的等温线和"奇努克风"；最终，美国移民的迁移变得简单、舒适和廉价。其结果是，成千上万的定居者越过边界，在加拿大西北部肥沃的牧场和农田上构建家园。

美国移民主要来自边境州达科他、蒙大拿、明尼苏达、威斯康星和密歇根，或是来自堪萨斯州和内布拉斯加州等降雨不稳定的内陆地区，还来自一些较老的州，如俄亥俄州、伊利诺伊州和密苏里州，这些州的土地升值，能以不错的价格出售，卖的钱可以再投资到加拿大较便宜的土地上，供年轻一代使用。许多移民是从加拿大较老的省份移民到美国的。移民还包括一小部分德国人、瑞典人和挪威人，他们已经在美国生活了一段很长的时间，学会了草原耕作的原理。与来自欧洲的原始移民相比，这是一个巨大的进步。

成年男性大多数都是务农的。知识是他们最好的资本。他们随身携带着家庭用品和农具，口袋里装满了现金。他们把免费宅地分成四份，并在附近购买改良的土地，直到拥有多达 4000 英亩。直到 1901 年 6 月 30 日，1661 名移民从内布拉斯来到马尼托巴和西北地区定居，他们随身带走了 154 辆车的财物和价值 1762050 美元的资本。在同一时期，北达科他州也失去了 2203 名公民，他们带走了 384 辆货车装载的物品，明尼苏达州失去了 2060 名农民，相当于 200 多万美元的现金资本。所有这些移民都是优秀的群体，即使没有丰富的经济来源，生活依旧富足。

国家不能失去这样的人。他们对新优势保持敏感，并毫不犹豫地寻求这些优势。移民是他们的天性，因为他们在当地的归属感很小。他们在一个新国家的巨大机遇中成长，希望自己的后代享有同样的优势。他们为自己以及后辈着想，希望获得大农场和大牧场，而不愿意采用小的规模标准，并在密集的人口中从事古老文明的集约化农业。因此，他们面临的需求是在美国土地上开辟更多的可耕地。美国移民的数量和特征证明，这种需求并非凭空想象。鉴于这些事实，在西部干旱地区建立一个全国灌溉系统的计划正当时机，该系统可开垦数百万英亩土地用于耕种。

第十六章　城市和工业的地理分布

　　一个国家在萌芽阶段，就像人类胚胎一样，会迅速地经历所有初级发育阶段，然后发育成熟。殖民时期的美国就经历了这样一个阶段。这个国家的移民就是他们最好的资本。改变所处的环境，这一直是年轻一代成长的最有利因素。广阔的周边荒野需要他们回归原始的生活方式来适应原始的条件，但同时也产生了一种新的秩序，这是发展最有力的保障。那些了解了自然法则的人，也就掌握了自然法则的奥秘。他们接受来自花园的果实、农场的野味，也接受玉米和浆果这种粮食；适应繁忙的伦敦商店也适应印第安人物物交换的贸易方式；适应架着马车在建设良好的道路上行驶，或在小溪上划着轻快的独木舟，又或在森林和沼泽地开辟出一条小径，穿鹿皮鞋迈着无声的脚步行走。

　　他们的定居点在一定程度上反映了防御的需要，这种需要说明了在过去的战乱时期城镇建立的孤立性和难以接近性。由于害怕印第安人的袭击，他们的早期家园位于罗诺克、詹姆斯敦、曼哈顿和新奥尔良群岛，就像古代地中海城市的泰尔、亚历山大、锡拉库扎和小亚细亚海岸的爱奥尼亚殖民地一样；或者把他们的家园建在山上或高地上，以保护自己不受袭击，就像亚平宁山脉高耸的山峰上托斯卡纳的城镇，或者是德国中世纪城市。根据詹姆斯敦定居者的经验，如有对手入侵的危险，为保安全，应在幽闭狭长的入海口或河口的内端沿着海岸建立殖民地，这是模仿罗马的以弗所、士麦那、特洛伊、雅典等地，在那里地中海海盗鞭长莫及。

　　这些就是早期定居者对环境所作的暂时妥协。与这种环境塑造的影响相冲突的是工业、商业人士带来的商业需求。枪支和人数的不断增加很快使他们在选择村庄地点时摆脱严格的地理控制。然而，这些定居点仍然被栅栏包围着，沿着河流一直延伸到河流的尽头，以便控制与内地唯一的联系方式。此外他们可以接近海岸，保证了与母国的贸易，而母国是商业影响力的持续来源。在海洋和内陆航运的交汇点上，大城市逐渐崛起，那些拥有最好的港口和与内地有着最便捷、广泛的联通渠道的大城市逐渐占据了主导地位。然而，在很长一段时间里，小港口和大港口之间的差别并不大。这个国家海港的发展以规模扩大和数量减少为特征。

美国的殖民地分布本质上是以商业为中心，而不是以工业为中心。这些城市是美国新产品与英国制成品相互交换的市场。殖民地整体上还处于农业发展阶段。只有在新英格兰地区，才有冰封的地表、丰富的水力，以及可通过海路获得外部原材料的地理条件，这些特质缩短了农业周期，促进了工业。新英格兰城镇因此成为制造业和商业的中心，但他们的产品种类有限、形式单一，只是总商品交换的一小部分。纽约、费城、巴尔的摩以及后来的新奥尔良成为高产农业国家的典型商业港口。

城市发展的工业阶段始于大革命的结束，源于人们争取工业及政治自治的努力。工业在那些从土壤和地形条件上来看农业发展有限的地区发展得最快。从农场中解放出来的劳动力寻找其他的出口，由此形成的劳动阶级进一步吸引了大量欧洲移民，宜人的气候鼓舞了持续生产所必需的人力；无论是海洋、河流、湖泊还是陆地，这些美国地区之间的优良通讯路线，都促进了工业中心和农业基地的交流。这些情况出现在美国东北部，但是在南部和西部减弱，向大西洋海岸又继续增强。相应的统计图显示，美国有 160 个城市的人口数量达到 25000 以上，位于北纬 37 度至 43.5 度之间的地带，延伸到海洋东岸的密苏里河。

一个城市的商业和工业这两个方面是不可能分开的，因为两者之间有着密切的联系；两者大概率有一个占主导地位，也有可能它们同样强大，各自对城市的发展做出自己的贡献。美国城市发展最快的地区是生产要素最丰富的地区，这些要素包括劳动力、资本、水电力、燃料、各种原材料，也包括大量丰富的通信线路，这些线路不仅沟通国家的不同地区，也与欧洲各国进行联系。因此，商业和工业活动以不同的比例交织在所有这些城市中，比例在很大程度上取决于地理条件。

现代城市在本质上是一个生产、收集和销售各种商品的地方。它的位置位于各个交通要道的交叉处，在那里，它的市场可以接受来自各个大洲的产品。所有海港城镇都挨着世界上最大、最便宜的快速通道——海洋。这是他们第一个也是最大的优势。海港城镇的进一步发展取决于它们所处的大陆面积、生育率和人口，以及它们与内地的联系方式。利物浦作为中转地，面积有限，但其产品的数量和价值以及人口的规模和需求是巨大的。阿德莱德和墨尔本是很好的港口，但它们的发展受到澳大利亚内陆沙漠特征的限制。纽约和旧金山位于同一个国家的东西两侧，因此共享同一片大陆，拥有同样良好的内陆条件。而纽约与廉价的内陆水路和与内陆沟通的铁路连接起来；对于旧金山来说，跨越落基山脉的高运费是令人望而却步的，除非货物体积小、价值大，而且西部干旱的平原和高原永远不能像哈德逊河港口所连接的肥沃地区那样，承受同样的人口密度。而且，旧金山的跨洋连接路程比纽约要长，这样，比起欧洲货物到达大西洋城市，从旧金山到达东方要受到更多的限制。

沿海城市得到了发展，因为它们处于周边大陆商业活动的中间位置。位于陆地边界上的城市只在两国贸易中占有份额，即本国和邻国的。地理位置、气候、土壤、发展程度的差异，使两国产品产生差异，从而为交流创造了条件。两者之间的贸易取决于各自产品的数量和种类。内陆城市仅仅是集散地，其商业活动取决于他们对交通路线的掌控，以及他们与所服务地区经济发展的对比。

根据这些一般原则，让我们来研究一下美国中心城市的地理分布情况。在人口 175000 以上的 20 个大城市中，其中九个城市——波士顿、普罗维登斯、纽约、纽瓦克、泽西城、费城、巴尔的摩、新奥尔良和旧金山位于海岸，五个城市——布法罗、克利夫兰、底特律、芝加哥和密尔沃基位于北边五大湖的边界处，还有五个城市——匹兹堡，辛辛那提，路易斯维尔、圣路易斯和明尼阿波利斯在密西西比河和俄亥俄河附近。最后还有一座城市是首都华盛顿。虽然其中许多城市的规模在一定程度上归功于其工业，但商业设施对其增长作出了重要贡献。

美国大型海港的发展反映了其跨洋市场相较于美洲大陆其他地区沿海贸易的优势。新奥尔良和北大西洋沿岸各州之间长期存在活跃的海上贸易，不论是铁路运输还是河流或运河运输，都未受到内陆运输高运费的限制。在人口超过50万的六个城市中，有四个位于大西洋沿岸，第五个城市是芝加哥，远洋船只可以经过圣劳伦斯河、加拿大运河和五大湖进入芝加哥。同样的规律也适用于太平洋沿岸各州。落基山脉以西有八座人口超过3万的城市，其中有六座城市——旧金山、洛杉矶、奥克兰、波特兰、西雅图和塔科马位于海滨；两座城市——盐湖城和斯波坎位于内陆。虽然气候条件和西海岸地区的丰饶有利于人口的增长和城市中心的繁荣，但与育空河的贸易造就了西雅图，正如亚洲商业刺激了旧金山和波特兰的发展一样。当政府改善圣佩德罗深海港的建设项目完成后，洛杉矶开始更大规模地开发这一领域。

五大湖沿岸的城市虽然位于美国的内陆边缘，但由于与八个联邦州的内陆贸易以及与加拿大的贸易蓬勃发展，它们享有水运的优势。加拿大人口最多、生产能力最强的省份位于这些湖的周边。因此，美国与其北方邻居相当大一部分的商业往来都是越过湖泊的边界，由湖泊城市促进的在1902年的交易额为157585695美元。内海的长链使这些商业往来的分布范围变广。芝加哥在加拿大的市场从魁北克延伸到亚瑟港，加拿大木材公司在芝加哥或大急流城寻找家具厂，就像在纽约北部寻找纸浆厂一样容易。

俄亥俄州和密西西比州的城市位于城市工业区的外边缘以及南部和西部农业区的内边缘。这不是一个偶然。圣路易斯是当时世界上最大的商业五金"市场"。这座城市位于工业半岛的西南端，周边的农业、矿业和畜牧业对五金器具的需求超过了其他任何一类商品。得克萨斯州和内布拉斯加州牧场的主要资产是数目众多的牛群以及绵延数英里的铁丝网。这在一定程度上也反映了密西西比河沿岸人口超过2.5万的十个城市、密苏里河沿岸的七个城市和俄亥俄河沿岸的七个城市的特点。

一个活跃的商业中心必须具备几个成功的作为制造业城镇的条件，比如须地处交通要道交汇处，拥有丰富的各类原材料和广阔的制成品市场。它的商业收益保证了工业企业所需资本的积累。劳动力供应作为生产的最后一个重要因素取决于周围人口的密度和特征，以及劳动力工作所需的气候条件。一个国家的城市发展是其工业进步的一个相当准确的指标。北方和南方以及东方和西方形成鲜明对比。北纬37度线将城市北部和农村南部、大量熟练白人劳动力和非熟练黑人劳动力地区分隔开来。即使从北方将熟练工人带到南方一些特别受欢迎的工业中心，难以适应的气候也使他们的劳动变得困难，效率更低。企业家也逃不过湿热的折磨。

东西方在工业和城市发展方面的差异是基于地理条件和人口密度的差异。该领土位于西经97度以东，波托马克河、俄亥俄河和密苏里折中线以北，约占美国总人口的60%，但面积仅占国土面积的22%。除了干旱地区之外，畜牧业、农业和采矿业雇用了科罗拉多、加利福尼亚和华盛顿之外的大多数居民，在这些地方，地理因素再次提高了城市人口的比例。但总的来说，普遍存在的干旱条件限制了这个国家能够供养的人口数量，而除了昂贵的铁路运输之外，所有穿越沙漠和越过高山的运输方式都被排除在外，这阻碍了工业进步及其伴随而来的城市发展。

我们区分了与城市相关的美国三大区域：一是新英格兰和中部各州高度发达的工业区，城市人口占其总人口的68.2%。二是拥有非常成功的农业，商业和工业的北半部密西西比河谷地区，城市人口占总人口的38.5%。三是大西部地区，人们主要从事放牧和采矿，人口稀少，只有几个城市是集散地，但其中一些城市将其工业与其地理条件密切结合起来。

新英格兰和中部各州是城市与工业发展最密集的地区。从大西洋到密苏里河的整个城区的发展，除了之前列举的一般原因外，还有一些地方原因促成了这种发展。当地的优势最早体现在新英格兰的水力发电上，随着伊利运河的修建，新英格兰的水力发电在纽约中部中得到了发展。阿巴拉契亚山脉的整个大西洋斜坡提供了水力。向东流动的河流穿过一片岩石林立的高地，然后从那里以瀑布或急流的形式流向沿海平原。这条"瀑布带"从特拉华州和斯古吉尔河向南延伸，一直延伸到乔治亚州和亚拉巴马州，离海岸越来越远。在新英格兰河流的下游，激流和瀑布往往在离潮水很近的地方。

沿海的可达性这一优势与最南部各州河流形成的漫长曲折的路线相对。新英格兰的水力来自密集的瀑布，这得益于花岗岩等坚硬变质岩的优势。而在中部和南部各州，质地较软的岩石往往形成太长太宽的浅滩，如果不投入巨资就无法利用。对于较大的河流尤其如此。萨斯奎哈纳河（美国东海岸的一条主要河流）几乎没有经济价值。在南部各州，小支流上分出许多瀑布。然而，由于陡坡和暴雨，这些瀑布很容易受到强烈的水流冲击。另一方面，在新英格兰和部分美国中部州，分布式降雨——夏季和秋季降水量大于冬季和春季的降水量——可以补偿炎热时期的蒸发。冰川形成的内陆湖泊常年调节着河流的流量。因此，临北大西洋地区有更多的水力资源。在那里，水利工程发展得最早，也最广泛。1870 年，大西洋沿岸各州使用的水力和蒸汽一样多。在新英格兰，水力提供的电力占制造业总电力的 70.3%，在中部各州，这一比例为 50%；而在南部，尽管南部各州所使用的水力不足其他两个地区的一半，但水利工程相关工作人员占这些地区总就业人数的 49.8%。这是工业发展迟缓以及山区溪流地理条件不利导致的结果。

当地的水力发电决定了刘易斯顿、曼彻斯特、洛厄尔、劳伦斯、波塔克特、沃特伯里和新英格兰的福尔河以及伊利河和俄亥俄河沿岸城镇的开发。对于本地化的纺织工业，包括袜子和针织品以及木浆和纸张的制造，水力发电都是一个重要因素。棉花工业主要集中在新英格兰的水力发电地区，以及南卡罗来纳州、北卡罗来纳州和佐治亚州的皮埃蒙特地区。尽管蒸汽作为一种工业力量更为重要，但在新英格兰，用于棉花生产的总动力中，有 32.6%来自瀑布，而在这三个南部州，这一比例为 34.8%。

丰富的水力，可利用的原料，低廉的生活成本和较为宽松的劳动条件促进了南方的棉花生产，并开始了从新英格兰到南部山麓的工业迁移。这不仅是工厂的迁移，也是资本的流动。皮埃蒙特地区的水力在 1880 年估计超过 30 万马力，并在过去十年中得到了很大的发展，水力的充分利用将电力输送到理想的工厂地点。这已经在哥伦比亚、佩尔泽和南卡罗来纳的安德森成功地实现了。这种水力来自相对较小的溪流而不是集中在尼亚加拉河和圣玛丽。远离沿海的商业带，由于低下的利用率，水力并没有为任何大规模发展的城市和工业发展作出贡献。在南卡罗来纳州，这种能量已经被广泛地使用，棉纺厂产品的价值仅次于马萨诸塞州，排在第二位。尽管如此，按产品价值计算，城市制造业在整个州的制造业中所占的比例还不到 40%。

利用电流进行输电和配电弥补了水力发电不稳定的最大缺点。这有望在制造业中心的大瀑布附近形成一种全新的面貌，其特点是没有拥挤的工业区，郊区也被广泛利用。与我们今天在明尼阿波里斯市所看到的瀑布周围拥挤的工厂相比，当时的工厂分布得很广，只受到交通设施的限制。此外，建筑的风格也发生了变化，不再需要用巨大的墙壁来支撑重型机械。在像塞拉斯这样商业落后的地方，动力集中在离低地较远的城市点，用较小的水源发电。在这些地方，原料和通信手段成为本地化的决定因素。

在许多工业中，水力已被蒸汽所取代或加强，但在造纸和木浆制造中，水力仍然占据主导地位。1900 年，在这一行业中水力发电占所有电力的三分之二。这一产业的地方化对研究地理控制的力量具有指导意义，其决定因素是云杉和杨树的供应。云杉和杨树是制造木浆的原材料，北部边境和加拿大附近有大量的云杉和杨树；水能廉价地操作重型研磨机械，纸浆也需要混合清水。毗邻北方各大城市的报刊出版社为纸张提供了市场。因此，这一产业集中在肯纳贝克河、小安德洛斯科金河和康涅狄格河沿岸。在新罕布什尔州北部的库斯县、纽约阿迪朗达克山郊区的萨拉托加、华盛顿和杰弗逊县，水力资源丰富，木材供应可以通过圣劳伦斯河和尚普兰运河轻易地从加拿大的森林中得到补充。在威斯康星州的奥特亚加米县、温尼贝戈湖以北和格林湾以西的水力资源丰富，古老冰川区砾石覆盖的清澈溪流，几乎取之不尽的北部森林，临近的大型湖泊城市，这些资源通过廉价的水路运输变得唾手可得，都为该产业的成功运作提供了必要的条件。

在制造业的发展中，蒸汽取代了水力，燃料成为工业本地化的一个重要因素，特别是靠近铁矿的地方，原材料对工业进步至关重要，便宜的运输可以很容易地将两者结合起来。宾夕法尼亚东部阿巴拉契亚山脉的无烟煤矿和铁矿就说明了为何该地区工业城镇众多。工业城镇的起源或发展要归功于高炉、轧机和铸造厂。运河与特拉华州和哈德逊河下游之间形成了交通联系，从矿山到沿海地区大部分为下行路段，货运车以低成本将燃料和铁矿石带到了新英格兰和中部各州，为新英格兰和中部州地区之后的工业发展提供了基础。宾夕法尼亚煤矿帮助促进了从弗吉尼亚海岸到缅因州海岸的钢铁造船活动。切萨皮克湾和特拉华河下游地区争夺着要成为该区域工业中心的地位。

早期起步的优势和广阔的市场使宾夕法尼亚州东部成为钢铁生产的重要地区；但其他地方的竞争对手也在大力推动该产业。大革命后不久，阿巴拉契亚山脉的阻隔以及随之而来的更加高昂运费，刺激了西部山坡上矿产资源的开发，并形成了俄亥俄河南部上游的工业中心。随着焦炭取代无烟煤成为燃料，以及对苏必利尔湖矿山上的矿石使用量的增加，钢铁行业的中心跨过高山向康尼士维地区迁移，从俄亥俄河的源头向西北延伸到伊利湖经过了约翰斯敦、匹兹堡、麦基斯波特、迪凯纳和在宾夕法尼亚州的纽卡斯尔、扬斯敦、克利夫兰和俄亥俄州的其他城镇。康尼士维是靠焦炉发展起来的，在美国的焦炭中，有 48% 是由焦炉生产的。俄亥俄州的工业进步之所以惊人，是因为它兼收伊利湖上来自苏必利尔湖矿山的矿石与宾夕法尼亚西部和西弗吉尼亚州的运河、河流和铁路运来的煤炭。

但是钢铁工业向西的迁移并没有在克利夫兰停止。湖上的其他港口可以接收北部的矿石和宾夕法尼亚的煤炭和焦炭。布法罗、洛雷恩、底特律、密尔沃基、芝加哥和乔利埃特的发展都得益于这一产业，其中乔利埃特的原材料是通过芝加哥排水渠或密歇根湖通过短途铁路运输获得的。铁、钢和燃料的存在刺激了这一地区大量与制造业相关产业的建立，如铁管、发动机和机车等。临近北部森林的硬木供应还催生了其他产业。整个五大湖地区都生产了大量用于湖泊贸易的钢船和驳船，而五大湖和俄亥俄州之间的大片城市正在为附近的谷物带生产农业用具和农用马车。由于体积和重量的关系，后一种物品的制造必须承担高额运费。农用马车的制造主要集中在伊利诺伊州（占总数的 41.5%）、俄亥俄州、威斯康星州和印第安纳州。随着粮田的扩张，该产业向西迁移。这一趋势可以从过去十年纽约和俄亥俄的产品价格下降，以及伊尔诺伊、威斯康星和密歇根的价格上升中看出。

亚拉巴马州北部阿巴拉契亚山脚下的矿产带显示了铁矿石和煤炭在形成城市中心方面的力量。附近一些城镇和定居点的名字表明了它们存在的原因。杰弗逊县包括了伯明翰的大部分地区，在美国钢铁生产县中排名第四，仅次于宾夕法尼亚州的阿勒格尼、俄亥俄州东部的马奥宁和伊利诺伊州的库克。尽管劳动条件恶劣，气候日益恶化，而且缺乏廉价的海上航道，但此地还是获得了进一步发展。亚拉巴马生铁出口到英国、欧洲大陆和日本，而煤炭开始与新奥尔良市场上的匹兹堡产品竞争。

整个伯明翰地区已经布满了工业园区，但还处于开发的初级阶段，不过有望成为第二个阿勒格尼。许多与钢铁工业有关的生产线蓬勃发展。五年前，伯明翰以西约 6 英里的田纳西煤铁公司的高炉旁边，一个废弃的农场成为一个名叫恩斯利的新城的选址。1898 年，街道还没有铺开，只有几条小路在田野上延伸，还能看到犁沟。1903 年初，恩斯利成为一个合并城市，人口约为 10350 人。它拥有美国最大的生产铁钉和栅栏的工厂之一，还拥有一个正在建设中的大型钢铁汽车制造企业。

由于靠近北部丰富的阿巴拉契亚森林和南部的海上松林带，以及广阔的非工业区域中心，伯明翰地区的未来进一步得到确保。伯明翰的铁路设施很好，但它需要水运。其工业和城市发展证明开凿运河是合理的，至少到贝塞默要实现可行。勇士河进行改造以容纳吃水六英尺的航船，这样货物就可以通过汤比格比河和莫比尔河向南到达莫比尔湾。这样的水路可以使铁的运费降低 80%。

我们一直认为所有与铁和煤生产有关的工业中心都与阿巴拉契亚山脉有

着密切的地理联系：这些工业中心位于这片高地的山坡上，东部可以通过铁路、运河和海洋到达，西部可以通过五大湖、铁路和俄亥俄河到达。这些工业中心被称为"钢铁带城市"，其中一些与农业带重叠，其工业主要来自对农场和田地产品的再加工。这个区域最外层的城镇与放牧带以外的少数制造区域相重合。只有一个地方，所有这些带重叠在一起，从矿山、森林、粮田、牧场产品中衍生的产业都聚集在一起，那就是芝加哥。因此，它从1832年仅有250户的小村庄发展到1890年成了一座拥有百万人口的大都市，到1900年人口超过了150万。

俄亥俄州、印第安纳州和伊利诺伊州位于中央大麦田地区，排在面粉生产州前四，但都比不过位于第一位的明尼苏达州。在美国靠近红河谷的春小麦作物生产带和加拿大的水电力位于密西西比河上。分布广泛的面粉和磨粉厂主要满足当地需求，不属于城市工业；只有那些为国内外市场生产产品的大型企业才有助于城市的发展。因此，以价值衡量，明尼苏达州的面粉产量占美国总产量的14.1%，意味着本地化程度很强；事实上，该州近八分之五的产品来自圣安东尼的福尔斯的磨坊，表明了地理控制在工业专业化中的力量，这也刺激了明尼阿波利斯的发展。

靠近中央大麦田的地理位置有利于麦芽酒的生产，当然还有当地大量德国人的需求。同样的地理位置因素也在伊利诺伊州、肯塔基州、印第安纳州和俄亥俄州的蒸馏酒生产中发挥了作用，他们是蒸馏酒行业的四个主要州。西部和南部农业区边缘地带蒸馏酒的增产是明显的。蒸馏酒体积小，价值大，运输成本比原材料成本小得多，因此在原材料供应方面蒸馏酒行业有很强的本地化趋势。只有在皮奥里亚和路易斯维尔，蒸馏酒行业才成为城市发展的一个显著因素。在肯塔基州，蒸馏酒工厂分布在农村地区的小企业里，在这里泉水或石灰石溪流是波旁威士忌的重要原料。

在人口增长之后，所有以谷物生产为基础的工业都在稳步向西迁移；这些工业在向西迁徙的过程中，受到了屠宰业和肉类加工业的密切关注。在经济发展的顺序上，牧群和牧场自然先于玉米和麦田。面粉和谷物加工在密西西比地区最为专业化，而在密苏里州更靠西的地方以屠宰业和肉类加工业为主。然而，这里干旱的气候对后来的定居者有着很大影响。

肉类加工业的历史地理因素很有启发性。正如我们所看到的，它开始于阿勒格尼山脉外早期的原始森林农场，那里的生猪产品用盐腌制后，出口到密西西比河下游的新奥尔良，再从那里出口到东部沿海城市。俄亥俄州、伊利诺伊州和密西西比东部山谷是当时主要的畜牧业地区。猪在牧场里随处跑动，以树根和坚果为食，或者在猪圈里吃玉米，长得肥硕。盐主要来自大卡纳瓦河沿岸城镇。俄亥俄和伊利运河开通后，也可以运输纽约中部安大略矿的产品。因此，盐供应得到了保证。此外，辛辛那提的火腿和培根有很大的市场，尤其是在南方。

1818 年，该行业在辛辛那提兴起，其中心位置一直持续到 1862 年。但在哥伦布、奇利科西、瑟克尔维尔和汉密尔顿，却涌现出许多包装工厂，这些工厂都位于俄亥俄运河沿岸。位于俄亥俄河沿岸的几个城镇往往也在沃巴什河、伊利诺斯河和密西西比河沿岸。在芝加哥，这个行业直到 1850 年后才真正发展起来。1862 年，该行业中心从辛辛那提向西迁移到芝加哥，此后一直保持不变，不过最引人注目的工业专业化发生在密苏里河之外。

与此同时，屠宰和肉类包装业务的边界也被进一步向西推进。现在，羊主要在落基山脉的上部各州饲养，那里的牧草非常丰富，牛分布在得克萨斯州、堪萨斯州、内布拉斯加州和达科他州的大草原上。延伸的铁路系统和为运输肉类而引进的冷藏车使得在边境地区宰杀牲畜成为可能，并节省了废品的运输成本。首先是圣路易斯，然后是堪萨斯城，最后是内布达拉斯加州的南奥马哈，它们先后发展成为包装中心。后两个城市在 1900 年产业规模都超过了圣路易斯，但他们的产品价值加起来也无法与芝加哥相提并论。芝加哥的地理位置靠近西部牧场和南部玉米种植区的边缘，优越的交通工具和繁忙的出口贸易，确保了其地位。城市商业活动的一个重要特点是围绕牲畜饲养场展开的，其他工业已经发展到可以充分利用屠宰场的废料。其中一些肥料可以用来制造肥皂、蜡烛、胶水、化肥、明胶、葡萄酒杯、甘油、氨、骨粉、纯蹄油、毡、胃蛋白酶和刀柄。

中西部地区屠宰业和包装业的强有力的本地化表现在六个州（伊利诺伊州，堪萨斯州、内布拉斯加州、印第安纳州、密苏里州和艾奥瓦州）形成的玉米带中，他们在 1900 年生产了美国总产品价值的 77%。在同一时期，伊利诺伊州以生产总产品价值的 40.1% 领先，低于 1890 年的 46.3%，而堪萨斯州从 10.3% 升至 11%，内布拉斯加州从 5.5% 升至 10.2%，密苏里州从 3.4% 升至 6%。密苏里河上的一系列城市，体现了这个行业非常高的专业化程度，因为它占所有制造业产品价值的 96.3%。南奥马哈和堪萨斯城的收益率为 88.4%，圣约瑟夫的收益率为 60%。

每一个前沿地带都或多或少同时经历着经济发展的各个阶段，从牧场到农田，从农田到工厂。发展的速度主要取决于所涉区域的范围、可耕种土壤的数量和质量以及调节竞争的地理条件。在畜牧和农业阶段，竞争加剧，而在工业阶段，竞争阻碍了早期的发展。大平原的玉米和牧场支撑着中西部的包装工业，大平原之外是落基山脉和内华达山脉之间的大片土地。内华达山脉是一个农业分散而高产的地区，这是一片人口有限的土地，牲畜广泛分布，但是依赖灌溉的采矿和集约农业倾向于集中在某些小的地区，而广阔的沙漠和光秃秃的山区则完全无人居住。这些事实似乎可以解释西部许多州的城市人口比例上升的原因。科罗拉多州、加利福尼亚州和华盛顿州引人注目的城市发展在很大程度上也是由某些地理条件决定的。

科罗拉多州的城镇在它的矿山和用于灌溉的水源附近拔地而起。这个州，除了金、银、铜和铅，还有丰富的铁和煤，这是制造业的基本要素。这些资源是在西经 105 度的山脚下发现的。远离密西西比河以东的制造业中心，缺乏廉价的水路通讯，以及对本州及其他地区所需庞大商品的高额运费，这些加在一起避免了竞争，反而促进了科罗拉多州的工业发展。丹佛位于落基山脉脚下，靠近通往美国西部的三条天然通道，还有联合太平洋铁路、丹佛和格兰德铁路，以及圣菲铁路汇集于此，这使得它成了一个广阔腹地的集散地。丹佛位于普韦布洛南部，人口为 133859 人。莱德维尔人口为

12455 人，位于山区内，主要的工业原材料来自其矿山。科罗拉多的城市工业还包括冶炼、钢铁制造和机械产品生产，主要满足当地的需求；还包括附近随家畜区兴起的屠宰和包装工业，附近的面粉厂和磨粉厂。

同样，太平洋沿岸由于远离东部制造业中心，早期缺乏竞争，从而保障了工业的发展。人口众多的亚洲沿海地区的跨洋市场的存在，以及沿美洲大陆西海岸的沿海贸易，扩大了曾受到山区限制的市场。丰富的森林、牧场、田野、果园提供了许多生产的原材料。然而，煤炭和铁的缺乏，以及廉价可靠的劳动力的缺乏，是很大的问题，但还不足以抵消某些方面的优势。在华盛顿和俄勒冈州，尤其是在哥伦比亚河和威拉米特河上，丰富的水力资源在一定程度上弥补了多年来煤炭的短缺。当地煤矿生产的燃料质量一般。加州正在寻找一种有价值的煤炭替代品，这种替代品不仅存在于南部广阔油田的产品中，还存在于北部降雨量充沛的内华达山脉湍急河流中。位于萨克拉门托东北部塞拉斯市尤巴河北部的高尔特电力公司，将电力输送到 218 英里外的旧金山。途中它经过了 16 个人口最多的镇。在华盛顿州，西雅图和塔科马，电灯、铁路和汽车都是从大约 70 英里外的斯诺夸尔米瀑布获得电力的。有人建议在不久的将来以类似的方式为普吉特湾的所有城市提供电力，因为这些城市靠近喀斯喀特山脉的陡坡，这里雨量丰富，可以解决发电和输电的问题。

太平洋沿岸各州，如科罗拉多州，因其孤立而发展了工业；但是，他们主要工厂的数量表明，这仍然是一个边境地区，土地丰富，森林、牧场和田野资源仍然充足。木材工业、面粉和磨粉以及屠宰产业在这三个州都很突出。在华盛顿和俄勒冈州，鱼罐头和鱼保鲜业依赖北部溪流中的鲑鱼，与加州的水果和蔬菜罐头业相抗衡。与这些工业相联系的是北方各州的刨花厂、造纸厂和木浆厂。由于降雨较多和开发有力，那里的木材最为丰富。此外，还有酿酒厂、制革厂和马鞍厂，还有建造木船的造船厂。汽车建造和修理车间也说明了这里是横跨大陆的铁路西部终点站。加利福尼亚工业中制糖业和糖蜜精炼业的突出地位与和夏威夷群岛邻近有关，夏威夷群岛的原糖将旧金山作为最近的进入美国本土的港口。

所有这些产业的产生都依赖丰富的原材料。尽管煤和铁的价格很高，机械产品的制造很大程度上源于地理上的孤立，同时可以满足当地对采矿工具和机械的需求。尽管这种情况在华盛顿和俄勒冈州也相对普遍，但在加利福尼亚尤其普遍。在加利福尼亚发现黄金的第二年（1849 年），该州建立了第一家铸造厂；1860 年，仅旧金山就有 14 家铸造厂和机械制造厂。强劲的本地需求的刺激使该行业发展到即使面临不利条件，某些产品也不仅能够控制当地市场，而且还进入了世界市场。下一步是钢铁造船业的兴起，以及战舰"俄勒冈号"的建造。

太平洋沿岸各州城市工业的显著地位表现在城市制造业占城市全部工业的 59% 至 66%。这里的"社区工业"，即面向当地消费的生产，要少得多。除了科罗拉多以外，塞拉斯河和密苏里河之间的所有州，以及俄亥俄河以南的大部分地区，都以社区工业为主。然而，可以肯定地说，太平洋沿岸地区的工业和因此而产生的城市发展将在未来取得长足进展。对菲律宾的控制以及与东方贸易往来的增长已经产生了影响。这整个地区是育空地区的补给基地，而育空地区的发展还处于初期阶段。南加州的石油和阿拉斯加南部的煤炭有望解决燃料问题。巴拿马运河的开通把亚拉巴马州的矿石或生铁运到太平洋沿岸的港口，在不利条件下取得如此成就，这个国家有信心占据它所抢占的市场。

第十七章 铁路的地理分布

　　任何国家的内部贸易都基于地理面积大小、位置、区域范围和各种改变土壤和气候的地形特征。一个国家的面积越大，其表面的多样性、气候的差异性以及由此导致的产品多样性所带来的交流机会就越大。地理面积范围大意味着气候多样化，如新英格兰和佛罗里达、明尼苏达和路易斯安那之间的气候变化。中国位于的纬度区间为其国内贸易提供了基础，与美国的国内贸易类似。然而只有区域范围是不够的。俄罗斯的纬度位置并没有足够优势可以与中国和美国相比，因为俄罗斯的大部分地区位于极地和亚极地地区；然而，尽管俄罗斯拥有贫瘠的低地表面，但其面积广阔，因此它在北方的森林地带和南方的农田和牧场之间建立起一种内部贸易。从黑海到日本海，俄罗斯南部边境的每个地方，都在逐渐扩大自己的疆域，形成产品多样化，正如俄罗斯的棉田所显示的那样。同时，俄罗斯也努力争取获得同样的出海口。在分布广泛的大英帝国，内部贸易和对外贸易之间的区别消失了；但是，无论进行何种分类，这种巨大规模的商业都有其在该地区的基础，以及英国属地内几乎无限多样的地理条件。

　　除了中国，世界上没有任何一个连续不断的政治区域能像美国那样根据不同产品划分出如此多的区域。在阿巴拉契亚山脉有一个煤、铁和木材区域，在大平原的干旱地带有一个纯畜牧区。由于远离大西洋，大平原主要都是干旱地区。科迪勒兰也是一个降雨稀少的地区，但由于周围的山脉隆起，拥有可以开发的岩层，它也是一个矿区。太平洋海岸区暴露在温和的西风中，也产生了一个跨越区域轴线的气候区。另一方面，纬度在绘制春小麦、玉米和棉花区之间的分界线时发挥了作用。只有阿巴拉契亚山脉隆起的地带与平行线相交。由纽约和新英格兰形成的分界被进一步划分为过渡冰川区。

这一地区，连同新泽西州和宾夕法尼亚州，已经达到了最密集的工业场所分布，完全依赖于全国其他地区提供生活用品和原料。

由于产品的专门化，任何地区都无法实现自给自足，需要依赖于其他地区。洛基山脉诸州的家畜迁移到了密苏里州和密歇根湖的牲畜屠宰场，供给纽约、波士顿、哈利法克斯和伦敦；太平洋沿岸的家畜正在为日益增长的夏威夷、阿拉斯加和亚洲贸易提供肉类。哥伦比亚和普吉特海峡地区把他们的木材、罐头鱼和羊毛运往东部，以换取制成品，这些制成品促进了贸易的发展。棉花从海湾国家运往新英格兰用来纺纱，宾夕法尼亚煤矿的煤则运往南方的种植园。国内贸易发生变化的统计数字显示，对外贸易和国内贸易主要取决于生产这些主要产品的工业。这些工业被称为基础产业或天然资源产业，包括农业、矿业、畜牧业、木材业和渔业。制成品在运输量中所占比例相对较小。例如，西部公路的运输量主要来自谷物和牛；湖泊运输量主要依靠矿石、谷物和煤炭；南方的铁路运输量依靠棉花、木材、煤炭和水果。在截至1899年的财政年度报告中，制成品运输只占铁路运输总吨位的18%左右。

这种规模巨大的产品地域专业化涉及大量的货物运输，它促成了美国铁路系统的演变。玉米和冬小麦区占据着最中心的位置，这里也是城市和工业发展最好的地区，产品在此集中和发散。而制造业活动从东部向西部递减。美国11个主要谷物市场中的8个——芝加哥、圣路易斯、托莱多、密尔沃基、堪萨斯城、辛辛那提、皮奥里亚和底特律（按重要性排序），以及最著名的证券中心都在这一区域。它是煤炭、铁和钢生产最广泛的地区，其生产的面包和肉类构成了现代经济生活的基础。因此，在这里，商业发生了最大规模的流动；它已成为所有从内陆到大西洋沿岸的必经之路。这条通道的北部被五大湖的下弯和莫霍克洼地的地理位置所限制，而南部被坎伯兰高原高低不平的高地所限制。坎伯兰高原是俄亥俄河谷的分界线，位于阿巴拉契亚山脉的中心地带。诺福克和波士顿，连同所有的中间港口，是它在大西洋海岸的东部终点站。在西部，有九条不同的铁路线延伸到落基山脉的山脚下，所以堪萨斯州和内布拉斯加州的铁路地图看起来就像一张网。在美国的远西区，生产区域的子午线使六条陆上铁路的南北分布更加显著，它们的路线主要由穿过落基山脉的最佳路线和太平洋上少数几个好港口的位置决定。一条陆路方便人们从南加州向东部运送新鲜水果和亚利桑那州的羊毛，而一条更偏北部的线路将从俄勒冈州和蒙大拿州运回同样的产品。

美国幅员辽阔，而且它在大洋间的有利位置使它的铁路主要呈东西走向。美国人从海岸向内陆扩张，又从内陆向海洋扩张，美国铁路速度也惊人地加快。1830 年，标志着人口中心的那颗星星位于阿利根尼山脉的山顶上，当时，大西洋沿岸平原的第一段平坦地带上只有零星的几条新建铁路。21年后，一条铁轨穿过纽约中部延伸到伊利湖，巴尔的摩和俄亥俄州的道路紧跟着星星的踪迹已经到达西弗吉尼亚州皮埃蒙特的西北角，它沿着阿勒格尼高原的斜坡向帕克斯堡和俄亥俄州不断移动。但在那之后的 18 年，陆路延伸到旧金山湾的海岸，而那颗星星仍在俄亥俄州北部的山谷中徘徊。

美国铁路的发展速度惊人，很快就超过了其他所有国家。而且美国幅员辽阔，因此铁路交通比欧洲更有必要。它拥有像大西洋平原、密西西比河谷、大草原和太平洋河谷这样的狭长地带，对铁路建设有利，因为陆地的障碍相对较少。此外，与欧洲的政治分裂相比，美国的统一性有利于通过各种途径进行大规模的行动并巩固早期取得的成果。

尽管花费四十年用钢铁改造了这块大陆，但是铁路在美国历史的前十年里依然是水上旅行路线的附属品；或者是仅仅为了把一些邻近的内陆城镇和海滨联合起来；或者，是陆地上两个港口之间的捷径，这两个港口以前只能通过更曲折的沿海交通建立交往。

在那些以既定航道为目标的铁路中，我们发现了从卡本代尔到霍纳斯代尔的一条短的铁路线，全长 16 英里，将拉克万纳煤矿与特拉华和哈德逊运河连接起来；这条从奥尔巴尼到斯克内克塔迪线路全长 17 英里，于 1831 年开通，为伊利运河上的乘客提供了便利，使他们不必绕道；从萨拉托加向南到斯克内克塔迪的线路于 1832 年开通，而这条线的支线——从巴尔斯顿到特洛伊的哈德逊河（25 英里）——于 1835 年完工；1834 年开通了从卡尤加湖的源头向南通往萨斯奎哈纳河（34 英里）的线路；费城和哥伦比亚之间高地上的铁路，位于萨斯奎哈纳河下游（81 英里）；波蒂奇线路位于约翰斯顿以东阿勒格尼山脉的顶峰之上，于 1834 年开通，形成连接匹兹堡和费城的运河干线；巴尔的摩和俄亥俄州的线路在 1833 年的建设后，扩展到波托马可河 (81 英里) 的哈普斯渡口。那里有一条运河，乘客们可以避开绕着波托马克河尽头的漫长水路旅行。从哈泊斯费里沿谢南多厄河谷到温彻斯特的独立线路于 1836 年开通；1833 年，路易斯安那州开通了从哈德逊港向东北到克林顿的线路；1842 年，开通了与伍德维尔镇相邻的巴埃萨拉线路；1835 年，开通了从新奥尔良到卡罗顿的线路。

除了两条线路以外，其他线路的特点是长度都非常短，这也说明了它们只起到辅助性作用。还有一条线路，是位于波士顿和奥尔巴尼之间的（1842）由于在新英格兰缺乏内陆水域，这条线路必须穿越山区并沿河谷建了 200 英里以到达伊利运河的商业区。此外，因为波士顿相对于国内主要内陆路线处于测线的位置，所以其修建不得不离开低地的便利，而建在比较困难的高地上。因此，在长度上——一种救急措施，它类似于巴尔的摩—波托马克线和费城—哥伦比亚线。这三条分支都建立了路线以到达跨阿勒格尼的物产丰富地区。

早期的第二类铁路包括那些旨在连接内陆和海岸的铁路，而海岸紧邻世界上最伟大的水路。它们整体上比第一类铁路长。其中我们发现了波士顿和奥尔巴尼铁路的萌芽，一条从波士顿到伍斯特的路线（44 英里）于 1835 年开通，在 1838 年延伸到斯普林菲尔德；1835 年从波士顿到洛厄尔的路线建成；1839 年从纽黑文到哈特福德的路线建成；1844 年沿着人口稠密的康涅狄格山谷到斯普林菲尔德的路线建成；在 1846 年到格林菲尔德；1849 年到了佛蒙特州边界上的南弗农；1851 年到亚士维拉河及新罕布什尔州的基恩；1842 年，从康涅狄格的布里奇波特出发，铁路沿着豪萨托尼克山谷而上的道路在纽约州的西斯托克布里奇与波士顿和奥尔巴尼路线汇合。

　　早期的第三类铁路是为连接海岸点而设计的，因此，从帕姆利科到长岛海峡东端的铁路必须与运河和海湾以及公海竞争。但是，由于海上航线迂回曲折，运河速度缓慢，遭遇冬季风暴，内部通道会被冰雪封堵，人们需要更直接、更可靠的路线。因此，我们发现了铁路早期的发展。同所有这类早期路线一样，这条路线是由不同的公司陆陆续续地建造的，对揭示海路与陆路的竞争关系具有一定的指导意义。从波士顿到普罗维登斯的铁路早在 1835年就出现了，因为它切断了环绕科德角的漫长航道。1837 年开通了一条从普罗维登斯到康涅狄格州斯通宁顿的道路，乘客和货物在长岛海峡航道的入口处上岸，从而避免了在罗德岛南端朱迪思角附近的冒险航行。除此之外，这条路为了避开内地 100 英尺的标高线，沿着海岸建了 2 英里，这并没有把普罗维登斯和斯通宁顿之间的距离缩短。从斯通宁顿到纽约的路线既安全又直接。从纽约到纽黑文的铁路直到 1849 年才开通，而从纽黑文到新伦敦的铁路直到 1852 年才开通。同样，在马萨诸塞州的东海岸，特殊的海上条件造成了一场水手竞赛，铁路在与沿海交通的竞争中发展得有些缓慢。这条东部铁路由几条向北靠近海岸的支线合并而成，1840 年 11 月在波士顿和新罕布什尔州朴次茅斯之间开通，两年后延伸到缅因州的波特兰。这条铁路服务于马萨诸塞州东部的制造业地区，并与安角附近较长的海上航线竞争；但它从贝弗利到格洛斯特和罗克波特的分支直到 1847 年才建成。普利茅斯一直到 1846 年才与波士顿建立了铁路联系。

　　在纽约湾以南，主要的沿海城市之间有更多曲折的海路，由于新泽西、马里兰、弗吉尼亚和卡罗来纳半岛的长期规划早就决定了在他们的土地上修建一条铁路链，国家首都的位置就位于这一系列链接的中间。由于这一段海岸的入海口很深，所以铁路的位置必须大致沿着"瀑布带"从纽约向南到北卡罗来纳的戈尔兹伯勒。但在那里，它离开了 100 英尺高的标高线，并下降到开普菲尔河河口的威明顿。

　　这条路最早反映了纽约和费城之间的活跃交往。它从卡姆登出发，位于费城对面的特拉华河上，距离拉里坦湾的南安博伊 64 英里，于 1830 年开工，1834 年完工，比特拉华和拉里坦运河的完工要早四年。1839 年，第二条铁路在博尔登敦和新布伦瑞克之间开通，新布伦瑞克是运河的终点站，与东部的第一条道路平行。1838 年，在泽西城和新布伦瑞克之间开通了一条铁路，完成了与哈德逊河和纽约的连接。

于 1837 年开通的铁路从费城向南，沿着 100 英尺的海拔修建，途经特拉华州的威尔明顿，直达巴尔的摩；在那里，它与巴尔的摩和俄亥俄州的华盛顿铁路建立了联系，该铁路已经运作了三年。从华盛顿出发的波托马克河，由于向南一直延伸到阿奎那河，长期以来一直作为国家首都和里士满之间的联系纽带。1837 年，在拉帕汉诺克河上的里士满和弗雷德里克斯堡之间开通的一条道路，靠近波托马克河的弯道，但直到 1872 年，这条线路才延伸到华盛顿。不过从阿奎那河出发的汽船之旅也取消了。1873 年，一位作家痛惜这段旅途的消失："这曾是华盛顿和里士满之旅最令人愉快的地方之一。"

从里士满到彼得堡的一条短线路于 1838 年建成，与现有的一条道路紧密相连，该线路横跨弗吉尼亚南部半岛，直接向南穿过恩波里亚，到达北卡罗来纳州的威尔登。北卡罗来纳下游的交通困难，阿尔伯马尔海湾、切萨皮克湾和詹姆斯河的漫长迂回，这些无疑决定了这条道路的中断。直到 1840 年这条线不再继续向南穿过戈尔兹伯勒到达威尔明顿，这也反映了当时北卡罗来纳州经济发展缓慢的事实。

对地理学家来说，从纽约市到北卡罗来纳南部这条长长的铁路链上的一个有趣的事实是它与 100 英尺的标高线紧密相连。这条铁路标志着城市、磨坊、河流或河口的中心，从哈德逊河口向南越来越远离海岸线。沿海平原的这一西部边界对铁路建设几乎没有什么阻碍，它们就建在了宽阔的排水渠上的架桥之上，这些排水渠在早期是由渡船渡过的。皮德蒙特高地平坦的斜坡和阿巴拉契亚山谷宽阔的沟槽也几乎没有构成什么障碍。因此，随着山地和内陆山谷地区的发展，这里有一条铁路从乔治亚州北部延伸到波托马克河。皮德蒙特道路，现在属于南部系统，在距离马纳萨斯交界处海拔 500 到

1000 英尺的地方，与华盛顿相连，向西南通过卡尔佩珀、奥兰治、弗吉尼亚州的夏洛茨维尔、林奇堡、丹维尔、北卡罗来纳州的格林斯博罗、索尔兹伯里、夏洛特，以及斯帕坦堡、格林维尔和南卡罗来纳的威斯敏斯特，到达乔治亚州的亚特兰大。

山麓铁路是这里的特色。它们说明了自然对沿两翼平原的大型运输线路建设的限制。它们的高度随它们所依凭的山脉系统以及它们所经过的高原基地而变化。我们看到大西洋斜坡的山麓铁路在落基山脉东麓的山麓线出现，从卡尔加里开始，沿着亚伯达省西部山墙的底部，向东南穿过蒙大拿州西部，沿着密苏里河、黄石公园和大角山脉，上升到 5000 英尺的高度，再从那里，沿着拉勒米山脉向南到达夏延，还是在同一高度沿着科罗拉多落基山脉的东部基地经由丹佛和普韦布洛到拉斯韦加斯，从那里，它向西穿过山脉，穿过古老的圣达菲小道，来到了奥格兰德山谷，沿着这条小溪向南到达埃尔帕索。

只有大平原上逐渐向上延伸的长长的斜坡使落基山脉的山脚仍具有相当高的海拔，并才有可能在如此高的海拔上修建一条如此长的铁路。阿尔卑斯山脉和喜马拉雅山脉和恒河陡峭的坡度降低了山麓平原的海拔，因此山麓铁路是在非常低的海拔上运行的。以意大利北部为例，意大利湖泊深处的山谷与斜坡迫使铁路几乎一直延伸到波河平原。在印度北部，山麓铁路始于白沙瓦，在旁遮普的北角有 1165 英尺的高度，在卢迪亚纳下降到 820 英尺。西姆拉位于支线道路的终点，在该点东北大约 60 英里处，海拔为 7116 英尺，在兰普尔为 700 英尺，在戈勒克布尔为 255 英尺。

但是，除非像高加索山和喜马拉雅山那样的山系形成的几乎无法逾越的障碍，否则跨山道路会比铁路发展得早，因为气候和产品的不同会促进地区之间的商业往来。在美国，无论是阿巴拉契亚山脉还是落基山脉，情况都是如此。尤其是当山脉之外是大海时，这就是发展的规律。到达太平洋港口的目的推动了美国和加拿大的陆路交通。

从 1830 年到 1860 年，在莫霍克河谷和乔治亚州北部之间的不同地方，六条铁路横贯阿巴拉契亚山脉，在那里，高地逐渐变成了低矮的山丘，几乎没有给铁路建设带来什么阻碍。道路沿着由印第安人和西部拓荒者的旧足迹所形成的痕迹，以及已建成或被废弃的运河而建设。从纽约到弗吉尼亚的南部边界，阿巴拉契亚山脉较低的海拔为铁路提供了最早的经济可行的路线；但是从弗吉尼亚向南延伸350英里，大烟雾山这堵巨大的山墙在1882年之前一直阻碍着铁路建设。

这条唯一穿过阿巴拉契亚山脉运河系统的路线，见证了第一条横贯山地的铁路。从奥尔巴尼到斯克内克塔迪这条7英里道路，从发展初期，沿着伊利运河向西推进的铁路经历了不同的阶段。年复一年，这条链条上的环节不断增加：1836年的尤蒂卡和斯克内克塔迪，1839年的雪城和尤蒂卡，1838年的奥本和雪城，1841年的罗切斯特和奥本，1838年的罗切斯特、洛克波特和尼亚加拉大瀑布。一个旅行者可以乘火车从布法罗穿越纽约州到达奥尔巴尼，但是他是由16个不同的公司运送的。1851年，哈德逊河铁路完成了大西洋海岸和伊利湖之间的铁路连接。

纽约修建了横贯群山的第二条铁路。伊利路从哈德逊河下游的皮尔蒙特出发，沿着卡茨基尔南部山区的地形，花了七年时间越过高地，到达特拉华州的杰维斯港。1851年，它沿着萨斯奎哈纳山谷及其西部支流迅速向西推进，越过第二条分水岭，到达伊利湖上的敦刻尔克，在那里没有任何地方可以到达1800英尺的高度。这一年纽约诞生了两条从哈德逊港到西部湖泊的铁路线。

紧随伊利铁路之后的是宾夕法尼亚铁路和巴尔的摩到俄亥俄的铁路，分别于1853年和1854年开通。在波托马克河和俄亥俄河之间修一条运河是不现实的，这就迫使道路向更南部发展。早在1842年，公路就修到了位于波托马克河北端的坎伯兰郡的早期拓荒者站；但是，从那时起，阿勒格尼高原崎岖不平的地面对建造工程造成了阻碍，而且公路建设必须攀登的高度（2620英尺）也使它被限制在威灵和俄亥俄河，这种情况直到1853年1月才改变。宾夕法尼亚线自1838年起从哈里斯堡铁路沿着运河的路线向西延伸到了费城，从朱尼亚塔河到达亨廷顿和荷里代斯堡，再从那里越过山顶，到达约翰斯顿，然后沿着阿勒格尼河的科内茂河下游到达匹兹堡。由于在主峰上施工困难，工程延误了两年，直到1854年才打通。

随着这四条横越山脉的公路的建成，铁路和水路的竞争开始了，但起初非常缓和。1852年，伊利运河东侧的直航货运量是中部和伊利线运河的26倍，但在1853年，这一数字成了15倍。在一年多的时间里，运河吨位的下降开始引起人们的警惕，大量的货物被转移到它的竞争对手那里。在宾夕法尼亚州，运河系统作为一个多山国家的运输路线，其不足之处早已显而易见。1857年初，铁路公司收购了运河系统，使运河系统失去了最后的竞争优势。

与此同时，在阿巴拉契亚山脉南端修建一条铁路的机会终于实现，这条铁路是早期切罗基族商人所熟知的路线，从萨凡纳和查尔斯顿经过两个"门户"城市——亚特兰大和查塔努加。而另一条线从查塔努加经由亚拉巴马州的史蒂文森，最后到达孟菲斯。这条铁路线于1858年开通了与密西西比河的连接。很多因素的结合推动了这条南部路线的建设：这条东西路线缺乏河流交通，加勒廷提出的运河方案不可行，国家对铁路建设的认可，以及密西西比河流域南部各州进入大西洋沿岸的需要。

查塔努加现在在一条东西走向的通道上占据了中心位置，在它的后方是阿巴拉契亚山谷，提供了一条与东北部沟通的天然通道。因此，下一条穿越山地的路线，虽然起点在弗吉尼亚，但目的地是查塔努加。这条路的起点是切萨皮克湾入口处的海岸终点诺福克，沿着詹姆斯河和罗阿诺克河之间的低分水岭向西延伸，在1854年到达林奇堡。从那里，它穿过詹姆斯海峡的蓝岭，于1857年沿着弗吉尼亚山谷，通过旧的荒野之路进入霍尔斯顿的布里斯托尔，1858年沿着东田纳西州的山谷，到达诺克斯维尔和查塔努加。尽管修建得很晚，但这条路线作为连接新奥尔良和东部城市之间的大通道，它的价值很快就得到了认可。随后这条路线成为一条主干道。从这条主干道出发，一条支线沿弗伦奇布罗德河的莫里斯敦向东到达佩恩特罗克。在大烟雾山的西坡上，于 1861 年和 1882 年，从山麓铁路东段的索尔兹伯里出发，经过斯旺纳诺阿和弗仑奇布罗德的上河谷的路线，在田纳西峡谷形成了一个交汇点。田纳西河谷铁路的另一条支线向西延伸至坎伯兰岬口，1890 年在那里与另一条支线汇合，并向下延伸至肯塔基州中部。第三条支线，也是最新的一条支线，在西弗吉尼亚的新河的拐弯处向西稍微偏北一点，沿着这条河流越过分水岭到达大桑迪的支流塔格佛克河，沿着肖尼人的旧战争路线至俄亥俄河。

　　然而，与此同时，在这些从加州大峡谷分散出来的支线使阿巴拉契亚山脉上的铁路线路成倍增加之前，另一条道路正计划利用从詹姆斯山脉西部源头出发的拓荒者小径，翻越山脉，到达卡纳瓦河的格林布赖尔支流。早在 1857 年，一条沿着谢南多亚河和詹姆斯河源头的公路就到达了科温顿阿勒格尼山脉的山脚。到俄亥俄州亨廷顿的航行完全是由弗吉尼亚州承担的，它仍然怀有成为一个交通要塞的古老梦想，弗吉尼亚山脉的河道唤醒了华盛顿和杰斐逊的这个梦想。沿着新河建设的困难和内战的时断时续，使工程的建设一直拖延到 1873 年。

　　正如我们所见，最早的四条跨阿巴拉契亚铁路中有三条是沿着完工或未完工的运河修建的；甚至在到达了这个国家的内陆盆地之后，铁路公司还在继续开发这片土地，好像是要挑战它的竞争对手。地理事实就是如此。水路，无论是湖泊还是运河，都沿着海拔最低的路线，因此受到的阻力最小。五大湖向西的趋势使水路的终点靠近密西西比河的河道，西部的运河把五大湖和俄亥俄河连接起来。俄亥俄州和密西西比州的湖泊和运河沿岸都分布着美国西部最大的城市。沿着这些水道，商业活动开始了。由于这些北纬地区的船只吃水浅，开放季节短，运河航行受到限制，随着西部资源的开发和商业的发展，运河航行很快就遇到障碍。西部农场的农产品可以先装上货车，而不是运河上的船只，跨山地道路成为第一步。下一步在于重新装载的问题。当铁路公司通过其广泛的扩张做到这一点时，由于他们的快速和可靠，他们超过了他们的竞争对手运河。

就像俄亥俄是第一个在运河建设上效仿纽约的西部州一样，现在它也是第一个在铁路建设上效仿纽约的州。这里，俄亥俄和五大湖之间狭窄区域的地理位置是交通发展的一个有利因素。它为铁路动脉开辟了一条短通道，就像以前的水道一样。梅德河路于 1848 年开通，连接伊利湖上的桑达斯基和代顿市，代顿市已经通过托莱多与伊利湖有了运河交通。这条路与之前完工的线路连接，即斯普林菲尔德和辛辛那提之间的小迈阿密线，也与托莱多运河沟通，形成了第一条从俄亥俄到伊利湖的直通线路。1851 年，第二条铁路连接了哥伦布和克利夫兰，1852 年，第三条铁路连接了克利夫兰和匹兹堡。

因此，1852 年 2 月，当纽约横贯阿巴拉契亚山脉的铁路开始沿着伊利湖南部边缘向西推进时，俄亥俄有三条铁路从北向南贯穿整个州，从布法罗到宾夕法尼亚州的伊利，同年晚些时候再从伊利到克利夫兰，1853 年 1 月，再从克利夫兰到托莱多。这是纽约和芝加哥之间的最后一段线路，因为伊利湖和密歇根湖的负责人在几年前就提出了在密歇根半岛底部修建一条铁路的计划。这条线路最初计划从托莱多以北的门罗开始，一直延伸到芝加哥对面密歇根湖上的新布法罗。但在一家新公司的重新安排下，这条湖与湖之间的铁路改道到芝加哥，并于 1852 年开通，东部的终点站是托莱多。

纽约的铁路与五大湖和俄亥俄盆地的路线连接起来没多久，它们之间的商业活动就随之大量增加。俄亥俄州在这方面做出了很大的贡献。尽管运河的水运不畅，但由于该州存在不同的生产地区，以前的交通基本上都是沿着排水渠进行的。大约三分之二的小麦在五大湖和伊利运河边找到了出口；玉米主要生长在美国南部，而其他粮食则由俄亥俄河运往新奥尔良，再从那里运到大西洋沿岸。1851 年，在与东部通铁路连通的前一年，辛辛那提的牛肉出口，97% 流向河流，只有 2% 流向北方的湖泊。对于印度的玉米，河流运输占 96%，湖泊运输占 3%。就面粉而言，前者占 97%，后者占 1%。猪油、猪肉和熏肉的比例大致相同。所有的这些产品都有供应，以满足日益增长的匹兹堡市的需求。大量运往南方的部分原因是，在寒冷的天气到来之前，不能宰杀动物，等可以宰杀时运河的通航已经关闭。因此，肉食贸易很容易地转移到铁路上，随着东部市场需求的增长、人口的增加和工业的发展，肉食贸易很快就成为铁路货物的重要组成部分。

当宾夕法尼亚公路连接匹兹堡后，它与克利夫兰的铁路交通就已经建立起来了。巴尔的摩河（Baltimore）和俄亥俄河汇入威灵河的第二年，从威灵河对面的俄亥俄州的贝尔莱尔向西到哥伦布，开通了一条铁路线；1856年，另一条路从纽瓦克向西北分岔，与桑达斯基和海岸线建立了联系。因此，俄亥俄和五大湖地区很快就被纳入东部四条道路的范围之内。

但是在密西西比河的另一边，这条伟大的水道已经被1854年建成的芝加哥和洛克岛铁路所利用。在此之前，从密歇根湖开凿的运河几乎没有影响到密西西比河向东通往密歇根湖的贸易，所有西部支流沿岸的农产品以及大部分来自东部河岸的农产品都顺流而下运入新奥尔良。伊利诺斯河流把伊利诺伊州中部的大部分产品带往南方，只有来自伊利诺伊州北部的产品才找到了湖泊出口。从1855年到1856年，芝加哥成了通往密西西比的公路中心，从那里通往加来纳、奥尔顿、伯灵顿、昆西和俄亥俄河口。1858年，密尔沃基和拉克罗斯公路与密西西比河交汇。接下来是到密苏里。1859年，穿越密苏里北部可以从汉尼拔到达圣约瑟夫。道路从汉尼拔到圣约瑟夫穿过州北部。1866年，一条穿越艾奥瓦州的路线延伸到康瑟尔布拉夫斯。

工业和城市发展在美国东北部的高度地方化、大型商业港口的集中以及主要外国市场横跨大西洋甚至在欧洲的分布，是决定主要铁路早期东西走向的主要因素。当密西西比河谷最终向东线开放时，铁路建设进展迅速，只有在缓坡和低洼水域中存在一些障碍。如何在其宽阔的河流之间架起桥梁是最重要的问题之一。今天，我们注意到美国铁路运输的一些重要特点。其中引人注目的是，最密集的城市发展区域与最大的铁路发展区域的一致性。这里的钢轨网最密集。它讲述了进口原材料和出口成品的故事，许多人需要吃饭，许多人需要穿衣，许多人需要建房，许多工厂需要燃料供应。我们特别注意到，由于密歇根湖的深凹入口，所有从西北方向来的干线都不得不在芝加哥急转弯，从而造成了铁路的拥挤，而正是这种拥挤造就了这座城市。接下来我们观察到，在农业发达的南部和干旱的西部，这种钢网正在变稀疏；在网格变得更宽的地方出现了"空心点"，也就是众所周知人口稀疏的地方，如佛罗里达州南部的沼泽地区，缅因州北部和明尼苏达州伐木区，密苏里州和阿肯色州贫瘠的奥扎克山脉，西弗吉尼亚州高低不平的坎伯兰高原，以及肯塔基州和田纳西州。除了一条之外，其他几条铁路横贯阿巴拉契亚山脉的轴线，显示出了中转线的特点。由于阿勒格尼高原和坎伯兰高原的不规则边界，这一山脉体系的西部没有形成像阿巴拉契亚山脉东部山脚那样的山麓铁路。

最后，我们注意到，在干旱地带东缘以外，东西公路明显占主导地位，南北铁路几乎停止运行。在这个界线以西，只有三条这样的路：第一条是前面已经提到过的位于科迪勒拉山麓；第二条路从海伦娜与蒙大拿州的海伦娜和巴特向南延伸，对角穿过落基山脉的轴线，沿着斯内克河的上游到达霍尔堡，从霍尔港沿着纽夫港和瓦萨奇山脉的西部基地延伸到犹他州的西南部，形成了大盆地边缘的山麓公路；第三条是太平洋峡谷线，从普吉特湾沿着尼斯夸里河向哥伦比亚河的古老路线延伸，再从威拉米特河到达旧金山湾，最后沿着旧金山到达南加州的莫哈韦。

越过大平原地带，许多路线伸向落基山脉，有时沿着河岸，有时在两河之间寻找坚实的分水岭。只有六个人徒步通过了高山屏障到达了太平洋。鉴于该地干旱和多山的特点以及人口的稀少，这个数字说明了相对的两个海岸所带来的吸引力。位于两大洋之间的地理位置使美国横贯大陆的铁路得到了惊人的发展。从纽约到旧金山的陆路运输距离为3000英里，而另一种选择是绕合恩角航行四倍多的距离。俄罗斯波罗的海和太平洋沿岸的分离，迫使莫斯科人不得不建造西伯利亚大铁路，否则他们只能选择长途航行穿越北极，或者选择穿越热带海洋。加拿大也出现了类似的情况。这些线路的建设既有政治动机，也有商业目的；政治动机是直接的，而商业目的在很大程度上取决于对未来的信心。俄罗斯和加拿大的铁路完全是政府的事业；但是，在美国，由于政治上的特点，需要对横贯大陆的公路实行一套庞大的土地赠款和补贴制度。由于横贯大陆所经过的区域的性质，这些公路的建设费用极高，在某些路段上很难得到当地交通部门的支持。

这些陆上铁路在很大程度上沿用了加利福尼亚、俄勒冈、圣达菲和吉拉河的古道。有更多的北方人跟随刘易斯、克拉克和其他早期探险者的脚步，行走了最短的距离。而技师要为了避免走弯路要理顺所走的路线，因为这是商人唯一的路。这些大陆道路的地带性分布很有趣。我们发现两条北线从苏必尔湖的西端开始，包含了北纬46度到48度线之间的所有区域。从北部的科德河到普吉特湾，有八条交叉的线路将它们与加拿大西北地区和不列颠哥伦比亚省的铁路连接在一起。主干线上每隔几百英里就分布着一条铁路——德卢斯、法戈、穆尔黑德、海伦娜、斯波坎、塔科马和西雅图，它们都位于47度纬线附近，标志着东西向终点线的直接连接。

同样的现象也出现在其他陆上路线中。一条向南的路线沿着42度线从芝加哥出发，经过康瑟尔布拉夫斯、夏延和奥格登，最后到达大盐湖的北端；从那里，它偏离了原先的路线，沿着俄勒冈州的老路线分出一个分支，通往哥伦比亚和波特兰，另一个西南方向的分支，经过加州的小道，到达旧金山。这两条来自盐湖城绿洲的太平洋分支有望在不久的将来被第三条分支所延伸，这条分支将沿着西班牙古道西南方向穿过莫哈维沙漠和卡戎山口到达洛杉矶。因此，盐湖城将成为大盆地的铁路中心。第四条跨落基山脉的铁路从东方进入，这条铁路紧靠39度纬线，从圣路易斯经过堪萨斯城、普韦布洛和冈尼森到达德索伦运河出口下方的格林河，然后急剧向北转向，在犹他州湖与瓦沙茨山麓路线汇合。

盐湖绿洲作为铁路线的集中点是注定的，因为穿过亚利桑那州西北部有一段科罗拉多河的支流成为铁路建设的阻碍，使铁路要么向北转向盐湖，或者向南转向这条巨大海沟的出口下方。因此，下一条路线，沿着35度纬线直接向西，从新墨西哥州的阿尔伯克基到加利福尼亚州的莫哈韦，在那里这条路线与太平洋谷线相连。圣达菲铁路是横跨西部高地的唯一道路，它必须在普韦布洛以北或埃尔帕索以南形成一个明显的弯道，以与东部建立联系。

得克萨斯州西北部埃斯塔卡多平原广阔且荒凉，西面是新墨西哥州东部贫瘠的台地状高地，东面是印第安领土的未开发地区，是发展铁路的最佳选择。

在更远的南方，吉拉河洼地、埃尔帕索山墙的裂口、得克萨斯州中部的草原高地，以及与早期从密西西比河谷向东环绕阿巴拉契亚山脉南端的道路的直接连接，决定了横贯大陆的铁路路线。这条路线与北纬23度也非常接近，在33度附近离开密西西比河，经过达拉斯和得克萨斯州的沃斯堡；但随后，它向南到达埃尔帕索的山口，经过马德雷山脉高原，沿着1846年库克的马车队走过的道路修建。之后它又与吉拉河的平行线相接，一直延伸到南加州，那里的山脉使它向北转向洛杉矶，并与圣地亚哥隔开。

这些陆上铁路分布在北部、中部和南部；直接连接东西部；盐湖绿洲内部汇集点和太平洋边缘两个汇集点之间也进行了连接。其中之一位于靠近加拿大边界的普吉特湾，该湾接收了三条横贯美国大陆的公路，并与加拿大太平洋保持着密切联系。普吉特湾发源于弗雷泽河口的山区；另一条铁路靠近洛杉矶的墨西哥边境。之后，在洛杉矶两条陆路铁路的基础上增加了第三条来自犹他州中部的铁路线。最后一个太平洋港尚处于起步阶段，但与东方的联系以及对圣佩德罗湾港口的改善将大大促进其发展。对旧金山来说，它始终处于中心位置，并保持着与北大西洋海岸直接联系的优势。

太平洋沿岸以其分布均匀的活跃港口而闻名于世，这些港口沿海岸线分布。西雅图和塔科马位于北纬47度左右；波特兰、旧金山以及洛杉矶港的圣佩德罗的纬度分别在45度和37度以及33度左右。在这一点上，它与大西洋海岸形成了鲜明的对比，大西洋海岸的所有重要海港都集中在大约36度到42度之间，五度半的纬度跨度与太平洋上南北两端港口之间相差的十四度形成对照。对这一现象的解释可以在已经讨论过的各种地理影响中找到，它们决定了美国整个东北地区的经济发展和铁路的分布。当时，活跃的大西洋港口还被限制在更小的范围内；诺福克的加入预示着从巴尔的摩向南的扩张趋势，这与南方各州日益增长的商业活动相伴而生。但是，对美国东部地区来说，未来重要海港的发展将在墨西哥湾沿岸地区，内陆铁路发展已经开始转向。造成这种现象的原因将在下一章进行讨论。

第十八章　美国与地中海的关系

　　海岸线的长度和形状是沿海岸建立基地的决定因素。美国大陆腹地的生产力和分布说明了美国作为一个海湾国家的实力。它在西海岸的立足点仅有 1810 英里，除了一条狭窄的海岸带，干旱限制了这个国家的自然生产力。墨西哥湾深入内陆的出海口为美国创造了一个长达 1852 英里的南部海岸，其背后是富饶的密西西比河流域。考虑到太平洋沿岸存在的自然不利因素，它已经取得了惊人的发展；然而，这仅仅是一个开始。海湾发展的可能性直到后来才被承认或利用。狭窄的加勒比地区形成了其对外贸易的天然优势。其产品也像密西西比河谷的产品一样，是热带农业产品。以骡子和野马为主要运输工具的国家不具备广泛交流的条件。墨西哥湾港口在欧洲寻求外部市场，它们面对着来自马萨诸塞州和切萨皮克湾之间的竞争。从科德角到佛罗里达尽头的大西洋海岸向西南方向就是坦帕湾，这是在海湾最东部的港口，在桑达斯基所在的经度，与科珀斯克里斯蒂位于北达科他州法戈所在的经度一致；因此，从著名的红河谷运输小麦到英国的路程比从得克萨斯田地运输来产品的路程要短。

　　墨西哥湾沿岸相对于大西洋沿岸的潜在优势在于它更接近墨西哥、中美洲和南美洲的加勒比海岸；但随着跨洋运河的开通，这一优势将扩大到整个太平洋海岸。自从西班牙战争以来，随着美国向大安的列斯群岛 迈进的一步，商业重心已向南方转移，美洲地中海有希望进入一个全新的历史时代。

　　加勒比海湾盆地是西半球第一个被积极开发的地区。西班牙人在墨西哥和秘鲁的大量财富使得从委拉克鲁斯到巴拿马地峡港口所乘的西班牙大帆船必经此地。在巴拿马地峡，大帆船装负着驮着沉重货物的骡子运输黄金。这一传统的优势地位在 1849 年加利福尼亚占据了这条海峡之后丢失了，直到陆上铁路开通，这条线路才随着季节的变化得以恢复。但是，只有通过建造巴拿马运河，这一优势才能完全恢复。大海盆在历史上的兴衰起伏并不是什么新鲜事。曾经属于波罗的海的优势已经丧失，到目前为止再也没有恢复过；当海湾成为德国和俄国铁路的终点站时，波斯湾的优势有望恢复。15世纪中叶，地中海的沉睡被苏伊士运河上工人们的喧闹声所打破，但是其地位并没有完全恢复。当地中海和波斯湾成为通向太平洋的通道时，它们恢复了重要性，并决定了加勒比海和墨西哥湾的最终意义。

加勒比海与墨西哥湾在许多方面都是相似的。它们都日复一日地冲刷着海岸；它们都有两个盆地，一个西北盆地和一个东南盆地。墨西哥湾和黑海也有相似之处。与黑海一样，墨西哥湾远离穿越海洋的路线，是一片内陆海。在失去墨西哥之前，西班牙的地理位置可以阻止美国商业进入加勒比海，就像土耳其因它同属亚洲和欧洲的位置可以阻止俄罗斯进入爱琴海一样。这两类地中海人遵循不同的历史发展路线，这主要是由于地理位置的不同。加勒比海和墨西哥湾都有一个外港或盆地。在地中海，内陆盆地最显著的特点是不断受到来自腓尼基人、叙利亚人、波斯人、撒拉逊人和土耳其人的影响；在新大陆的海洋中，内陆盆地的印记来自盎格鲁-撒克逊民族。因此，加勒比海和墨西哥湾形成了最显著的对比，并在很大程度上代表了它们各自的半球。

这两类地中海人，其发展分化十分有趣，并引起了全世界的注意，因为他们位于东北信风带内向东西延伸的位置。二者都有同一个海洋的入口，它们将大西洋的范围从苏伊士延伸到巴拿马。但是在这些航线末端，一条细长的沙带和一排低矮的山丘挡住了航行的道路。这些狭窄的陆地使它们各自半球的大西洋一侧无法与东亚富饶的、历史悠久的陆地进行交流；两者都试图通过长途航行将一个大洲面积翻一番，这要付出昂贵而危险的代价。美国地峡的发现是因为亚洲地峡的存在；为了避开苏伊士运河，早期的水手们在达连湾发生了冲突。

直布罗陀海峡可抵达北纬49度到54度之间的欧洲主要港口。尽管苏伊士运河的大西洋入口位于遥远的北方，但它通向亚丁湾的出口，几乎与拟议的巴拿马运河的太平洋端一样靠南。

因此，这两个地区似乎注定要成为巨大的运输流域。在欧洲水域中，有一条狭窄的、易于守卫的水道可以确保与大西洋的连接。而在美国，十几条宽度和深度不等的海峡都可以自由进入世界贸易市场。墨西哥湾几乎被大片陆地所环绕，从佛罗里达的尽头一直延伸到尤卡坦半岛的顶端，到处都有资源丰富的腹地作后盾。然而，从大西洋到佛罗里达海峡只有一条直接的途径；美国、古巴和英属巴哈马群岛共同控制着这条通道。尤卡坦海峡是密西西比河河口和巴拿马地峡之间的天然交通干线，连接着墨西哥湾和加勒比海。

这片海与北方流域形成了鲜明的对比。西面是地峡的狭窄边缘，北面和东面是岛屿，使它看起来像一面精致框架中的镜子。小安的列斯群岛上分布着密集的岛屿，向东与之接壤，绵延 400 英里，为前往加勒比海港口或地峡的船只提供了充足的港口和通道；这是美洲地中海航线的关键。在北部，陆地结构更加连续。除了被温沃德和莫纳海峡打断的地方，大安的列斯群岛在 1200 英里的范围内构成了从古巴西端到波多黎各东端的屏障。因此，从军事角度看，这一加勒比北部边缘地区具有较高的战略地位，从商业角度看，其对美国具有更重要的地位，因为它的水道是所有从纽约到巴拿马地峡的船只的自然通道。

欧洲首先在沿大西洋或加勒比海岛屿边缘的西半球站稳了脚跟，在那里其地位保持了很长时间。在美洲最初的西班牙帝国中，只有古巴和波多黎各生活着第一批殖民者的后代；但现在，他们也悄然消失了。在这些岛屿的北面是巴哈马群岛，当英国殖民者在附近的卡罗来纳海岸定居时，它被英国侵占。在小安的列斯群岛，英国人、法国人、荷兰人和丹麦人以西班牙为代价建立了自己的国家。尽管法国拥有两个最大、人口最稠密的岛屿：瓜德罗普岛和马提尼克岛，但英国在这一群岛屿中占有的领土最多，范围也最广。

岛屿不仅在物理上是分离的区域，在政治上也是分离的区域。他们倾向于被归入最近的政治范围；这就是我们所说的"政治地理万有引力定律"。但是，一个更大更强的国家的吸引力可能比一个更近但更小的国家的吸引力更大。根据这一定律，科西嘉属于法国，撒丁岛和西西里属于意大利，而西西里在其曲折的政治生涯中经历了迦太基人、罗马人、撒拉逊人、西班牙人和意大利人的统治。克里特战争在某些方面体现了这种政治和地理万有引力定律。美国吞并夏威夷表明了同样的原则。塞浦路斯曾经承认腓尼基的霸权，后来承认土耳其的霸权，后者控制着小亚细亚和叙利亚附近的海岸；后来它被英国疏远了，因为英国是根据另一地理原则来运作的，即控制跨大陆水道上的战略要地。因此，很多人都推测大安的列斯群岛会遵守其地理位置的规律，归属美国管辖；还有一些人预计，这块巨大的磁石将把欧洲帝国在加勒比海的其他势力吸引过来。

岛屿的孤立性使其易于分离，因为岛屿面积普遍小，人们易于从内部控制。由于资源有限，西印度群岛不再是外来势力征服的目标，于是岛内各方联合起来维持现有的势力。这种安排在当下任何时候都是不可能的。这些势力衰退的帝国在岛屿的痕迹随处可见。圣皮埃尔和位于纽芬兰南部海岸的密克隆，是法国在其辽阔的加拿大领土上仅存的两处地方。英吉利海峡群岛是英国曾经统治法国的最后一个地理证据，就像古巴和波多黎各是西班牙在美洲大陆霸权的证明一样。他们先是脱离了墨西哥、中美洲和秘鲁的共同历史，现在又反过来脱离了其祖国的命运，并遵循其地理存在的规律。虽然波多黎各已成为美国的一部分，但根据相关外交关系的条约对古巴建立的有限宗主权，该岛实际上处于这一原则的运作之下。

把西班牙从安的列斯群岛驱逐出去只是一个历史进程的最后一笔，这个进程已经进行了一个世纪，美国一直在推动这个进程。唯一令人吃惊的是，在大陆完成得如此之早的行动，在扩展到岛屿时耗时太长。地理位置和孤立性是造成这一结果的两个因素。

西佛罗里达是美国人从西班牙手中获得的，就像得克萨斯是从墨西哥获得的一样。但是"接近"和"接触"之间有很大的区别。古巴虽然离大陆如此之近，却感到孤立无援。佛罗里达海峡绵延 100 英里，构成了绝对的边界。这足以阻止墨西哥边境上来的美国移民的涌入。孤立使古巴在起义中得不到美国志愿人员的充分支持。在离开或抵达港口时可以更容易地查验到海上的暴徒，而不是在几百英里长的陆地边界上让那些人溜走。此外，佛罗里达半岛看似是连接大海和古巴的桥梁，实际上完全不能作为一个连接纽带，因为它有广阔的沼泽地，半岛的南部三分之一的地区几乎无法居住。因此，在这一狭隘的半岛区域，人口增长的可能性几乎没有，只能不断涌入邻近的岛屿。由于靠近佛罗里达沼泽地段和海峡屏障区域，古巴离美国定居地 300 英里的土地已被夺走。

然而，美国对古巴仍然很感兴趣。从其面积和地理位置来看，它们的关系与爱尔兰与英国的政治地理关系相似。1823 年，古巴和波多黎各成了英国在与法国的战争中支持西班牙的代价。约翰·昆西·亚当斯这样写信给马德里的部长："古巴几乎就在我国海岸的视线之内，它对我们联邦的商业和政治利益来说极其重要。它控制着墨西哥湾和西印度洋的入口。其入口介于美国南部海岸和圣多明戈中间的地理位置，其安全、宽敞、广阔的港口提供了丰厚的商业回报，古巴在我们的国家事务中具有其他任何国家无法比拟的重要性，因此，在展望半个世纪可能的事态发展时，我们无法抗拒这样一种信念，即古巴是联邦本身不可或缺的一部分。如果古巴被英国拥有，那将对美国而言是一件极其不幸的事情。"

从 1807 年开始，美国不断主张吞并古巴，直到 1898 年，英国或法国似乎都有可能夺取西班牙在海湾地区的土地。但是，尽管政治家们一再宣称要兼并岛屿，美国还是不愿放弃自己的大陆政策。杰斐逊主张占领古巴，因为古巴可以在没有海军的情况下为美国提供保卫，但他又反对大陆以外的任何进一步的海上扩张。

奴隶势力的影响使这个问题复杂化，1825 年禁止墨西哥和哥伦比亚解放古巴，因为这个岛屿靠近南部各州，如果它成为一个独立国家，那么它就会成为一个不受欢迎的邻国；而海地距离古巴很近。后来，正是由于这种邻近性，古巴的产品适应了种植园制度，并因此迅速融入了南方的政治体系，在南方党看来，这是它成为一个奴隶制国家的原因。这当然遭到了北方的反对。从 1848 年到南北战争，美国一再提出购买该岛，并多次为征服该岛而进行远征，都证明了执政党渴望吞并该岛。

战后，从 1867 年至 1869 年，扩张主义的出现导致了兼并圣多明戈和丹麦群岛计划的出台；但是，美国对即将获得的优势似乎并不在意，旧的大陆政策并没有被抛弃。然而，从古巴开始为争取自由作出持续努力的时候（1868 年），美国就对这个岛屿的命运倍加关注。古巴问题自 1807 年以来几乎一直存在，现在已成为总统及其内阁每天讨论的问题。古巴就在美国的门口，对它产生影响的一切都从根本上触动了美国的商业利益。自 1850 年以来，美国的商业利益一直在稳步增长。买卖市场的和平与繁荣对这个国家来说至关重要。此外，由于靠近美国海岸，美国的港口成为古巴流亡者的避难所，成为古巴军政府的家园。迫害促使古巴臣民向美国逃亡，他们随后加入了美国国籍。看到这些人在佛罗里达州南部各县的比例即可得知。后来，他们回到古巴做生意。在西班牙被逐出其在西半球的最后一个立足点时，出于地理条件而产生的种族、商业和政治上的密切关系产生了合乎逻辑的结果。

美国人挺进西印度洋的重大意义来自美国对一条跨洋运河的控制，这条运河将连接该国的大西洋和太平洋海岸，并确保其与东方的新岛屿拥有更密切的联系。战争使美国拥有了波多黎各，从而提高了美国在美洲地中海的地理地位，也使美国更加迫切需要完善通往太平洋的过境路线。随着美国对运河兴趣的扩大，其对运河的控制能力也随之增强。

构成加勒比海西缘的北美大陆的这一部分结构，说明了运输通道的位置和建造问题。自然条件把苏伊士运河限制在它现在的位置；但西地中海的地理条件却截然不同。美国地峡大约有 1400 英里长，从墨西哥的旺特佩克地峡一直延伸到哥伦比亚西部的阿特拉托河。这种地峡的宽度，在东南 600 英里的范围内，是比较狭窄的。从最小的 30 英里到最大的 120 英里，再往北，在洪都拉斯湾和特朗特佩克，又缩小到最小的宽度。

　　因此，地图的轮廓将指出许多可能的运河路线。700英尺高的宽阔山脊，高而宽，无法切割，排除了特旺特佩克，尽管它离美国很近。洪都拉斯湾由山脉构成。在尼加拉瓜南部，圣胡安河和尼加拉瓜湖在一条大洋间航线上形成了联系，并在海拔只有153英尺的山脉分界线上开辟了一条通道，有望创造更好的条件；然而，这条线路包括相当长的交通路线和在终点站建造的人工港口。三种可能的航线，即巴拿马线、圣布拉斯和喀里多尼亚线，终止于太平洋一侧的巴拿马湾。第一条航线，最高处不足300英尺，宽36英里，虽然需要一条49英里的运河，但似乎最有利。后两者在较短的航程和优良的大西洋港口方面具有优势；但是，分隔脊的高度将涉及一条隧道运河，这将掩盖其他优势。再往南一点，阿特拉托河提供了另一种可能性。

　　在西班牙统治的早期，阿特拉托漫长山谷是一条自然的交通路线，尤其是在达连湾和秘鲁之间，但菲利普二世颁布了一条严格的法令，禁止在这条河上航行，否则就处死。到1639年，圣胡安河一直是西班牙船只往来古巴和尼加拉瓜湖上的格拉纳达之间的一条常规交通线；1850年，淘金者涌向加利福尼亚，给地峡的运输带来了压力，这条路线再次被征用。同样地，查格雷斯河于1534年为西班牙贸易开放，后来为加利福尼亚移民服务，并迎来巴拿马铁路的测量员，再后来又有巴拿马运河的工程师。查格雷斯河可以让小船和轻型船只通过巴拿马地峡，到达克鲁塞斯。

　　由于水在地球表面广泛覆盖，随着商业扩展到全世界，海洋运输也随之发展，地峡很快失去了作为陆地之间联系通道的重要性，而成为水域之间的屏障，政治和商业迫切需要将其转变为人工海峡。巴拿马地峡是中美洲和南美洲之间的通道，也是早期影响种族分布的一个因素。它可能将成为洲际铁路的路基，在遥远的将来，洲际铁路将连接美国和阿根廷海岸。但在这段时间里，它只是大洋航行的障碍。

　　美国在地峡运河中可获得的利益，地理位置的优势，盎格鲁-撒克逊人的巨大财富以及大型企业，所有这些都把建设运河的任务交给了美国。

　　这种控制涉及美洲"地中海"的制海权。没有任何一个国家在这里拥有如此广泛和丰富的自然资源。在兼并波多黎各和菲律宾之后，美国海岸线得到延伸。美国对外贸易体系的迅速扩张，以及跨太平洋殖民贸易的建立，最后是巴拿马运河的建设，这实际上促使美国必须召集一支海军，其力量应与美国大陆外利益的重要性相称。这样一支海军将确保美国对加勒比海的控制。

英国在这些水域拥有大量的资源，分布广泛。特别是牙买加，由于其在加勒比的几乎中心的位置，在保卫苏伊士运河的入口方面占有类似马耳他的战略地位。大英帝国的政治和海上优势弥补了英国西印度群岛有限的资源这一劣势。法国的影响力都在外围。丹麦也是如此，尽管圣托马斯岛在大安的列斯群岛和小安的列斯群岛之间的枢纽位置赋予了它不小的影响力。

荷兰人的势力，分布在东北角附近的圣马丁、圣尤斯特歇斯、萨巴岛以及委内瑞拉西北海岸附近，这为他们提供了一个靠近巴拿马地峡的不远不近的基地。这种分布反映了荷兰对另一条交通线路的兴趣，即如果苏伊士运河无法通行，那么荷兰依然可以同它在东印度群岛的广大殖民地进行联系。法国和英国在加勒比的领土也具有这种意义。只有丹麦群岛缺乏这种中途站的性质。此时，德国这个正在大洋洲崛起的殖民国家，被认定在圣托马斯或库拉戈设计了一个煤站，德国人在中美洲贸易的惊人发展和德国商船队对这一地区的开发也使这一说法得到了广泛的传播。

美国已经充分证明了她在美洲地中海的政治优势，她的海军力量已经足够满足未来的需要。美国没有表明这个地区会有什么商业发展。与加勒比沿岸国家和岛屿的贸易差额几乎总是对美国不利。然而，由于美国的工业和商业活动集中在东北部各州，这种差异也许不是真实的。从纽约到墨西哥的韦拉克鲁斯或尼加拉瓜的格雷敦，海上距离超过两千英里。新奥尔良距离格雷敦 1000 多英里，而距离韦拉克鲁斯只有 788 英里；但是，美国海湾沿岸的出口贸易之后才逐渐成为对外贸易的一个重要组成部分。加拿大，除了和美国说着同样的语言，还毗邻美国在工业和商业方面最发达的地区，是除英国和德国外美国最好的客户。1901 年，美国提供了加拿大消费进口总额的 61%。

在美国边界以南的国家，他们中大多数人讲的是其他语言而不是英语。尽管过去几年有了变化，但是，总的来说，增长是缓慢的，而且随着距离的增加，增长速度就会减慢。与美国同加拿大的活跃贸易形成对照的是，墨西哥与加拿大离美国同样近，而且铁路和船舶运输同样便利，但总体上只从美国进口了大约 40% 的货物。然而，这一比例在 1900 年升至 50.6%，1901 年升至 54.3%。

毫无疑问，美国在墨西哥的商业模式有了一个更好的变化，其原因是美国夺取了西班牙以前的领地。在古巴战争之前，美国显然是一个只说一种语言的民族。美国的地理隔离阻碍了美国人成为通晓数国语言的人。明显的种族差异使美国无法同美国南部边界的国家建立任何联系，除了为数不多的法国人，他们是唯一和美国说不同语言的邻居。现在美国有大量讲西班牙语的公民，西班牙语的重要性在美国与日俱增。美国寄往墨西哥的贸易通告中，有整整一半是用这种语言写的，许多商业公司雇用年轻的墨西哥人或古巴人作为旅行推销员，效果很好。

中美洲国家离美国的距离比墨西哥离美国的距离稍远一些，只有 35% 左右的进口来自美国；然而，在 1900 年，这一比例在较重要的州有明显的上升。美国为哥伦比亚提供 33% 的进口，为委内瑞拉提供 27% 的进口；而西印度群岛只占约 20%。

在南美洲，特别是赤道以南的大部分地区，美国的商业形势更加令人不安。该大陆大胆的东部规划将圣罗克角港口移至约西经 40 度，即纽约以东 2600 英里，其结果是将纽约、汉堡和利物浦置于距离南美洲大约相等的位置。因此到目前为止，它们在大西洋沿岸的市场上处于平等的竞争地位。但几乎所有通往南美港口的轮船航线都由欧洲控制。欧洲南部市场用商品交换橡胶、咖啡、羊毛和皮革。美国经过了一圈圈的绕行——普利茅斯、蒙得维的亚、纽约、普利茅斯——一万五千英里之后，到达了美国的本土港口，再次装载一艘开往南美的新货船。因此，纽约运往蒙得维的亚的货物在与英国或德国的竞争中处于不利地位。对这种情况的补救措施是建立一个本地商船队。在所有海湾和加勒比国家中，美国与这些国家有足够的蒸汽船往来，这使他们赢得了相当大的商业份额。

地峡运河的建设将从纽约和新奥尔良到利马港和瓦尔帕莱索的正南路线开通，这将大大有利于美国在南美洲太平洋沿岸的贸易，有望超过英国和德国；通过建立与跨安第斯山脉铁路的通信，美国产品将被带入瓦尔帕莱索和布宜诺斯艾利斯之间迅速发展的温带地区，并在人口更稠密的阿根廷、巴拉圭、乌拉圭和巴西南部地区与欧洲产品竞争。

在过去十年中，由于美国在加勒比的利益日益增加，使得南部各州的工业和商业一直稳定增长。美国与古巴和波多黎各的密切关系，已经使商业活动的天平向海湾沿岸倾斜。新奥尔良、加尔维斯顿、科珀斯克里斯蒂、莫比尔、彭萨科拉、坦帕和基韦斯特的进出口数据就是证明。作为海湾贸易线的交汇点和密西西比盆地的天然出口地，新奥尔良有望成为世界上最大的出口地之一。1901年，它取代费城成为美国第三大粮食出口城市，仅次于纽约和巴尔的摩；在截至1902年的财政年度报告中，新奥尔良的粮食出口达到36%，高于费城，几乎与巴尔的摩持平。两年之间，新奥尔良的对外贸易总额增长了56%。

密西西比河流域某些大型铁路系统急于到达新奥尔良，进一步证明了墨西哥湾沿岸地区迅速增长的重要性。此工程反映了大西洋沿岸城市向海湾发展的趋势；以孟菲斯和沃斯堡为中心的铁路联合计划的完成，将开启从芝加哥和东部地区到密西西比港口的新一轮谷物运输。之后，总统提出了一项建议，即在圣路易斯由美国政府改善密西西比河，使其从新奥尔良到密苏里河口的12英尺的航道得到保障，这是商业向墨西哥湾转移的又一个风向标。美国在美洲地中海的地理位置优越性将得到最大程度的利用。

第十九章　作为太平洋强国的美国

文明的区域划分往往由环绕他们的海洋所标志。爱琴海、地中海、大西洋、太平洋都是一个时代的标志，世界上的航海民族就是这些海洋文明的最早见证者。每一次海洋文明的扩张都把其前一阶段较小范围的水域也包括在内，这些水域在前一阶段的影响下继续运作，在被剥夺之前优势的同时，最终形成新形态。这就是爱琴海与地中海的关系，也是地中海和波罗的海北部与大西洋的关系。人们把太平洋称为"未来的海洋"，这实际上意味着海洋领域的联系加强，并促进了对海洋整体的积极开发。因为大海永远是一体的。位于黑海最深处的巴塔米港，和纽约、檀香山或香港一样，都是世界海洋的港口。

当欧洲的商业和海事戏剧性地从地中海的舞台转移到大西洋时，我们已经看到，那些坐在前排的国家得到了最多的好处。它们的优势从根本上说是地理位置的产物。同样的原则也适用于"未来的海洋"，世界海洋的发展将意味着在大西洋的基础上开发太平洋。大西洋所取得的优势将长期支配太平洋，地理条件使人发出疑问：这种优势是否会转移到更大的海域？因此，在这两个海洋上都有立足点的国家占有有利地位；他们的潜在力量将与其与两个海洋边界的长度以及他们各自腹地的资源能力成比例。

有限的海洋，广袤的大陆，遥远的分水岭，适于航行的河流系统，可到达的内陆地区，以及是否能够开发利用的广阔的偏远地区——这些都是大西洋地区的主要特征。辽阔的海洋，相隔遥远的大陆，湍急的河流，环抱海岸的山墙，人迹罕至的内陆地区——这些是太平洋地区的主要特征。太平洋的面积是大西洋的两倍，但流域却不到大西洋的一半。造成这种差异的原因是，澳大利亚、北美和南美的主要高地都位于这些大陆的太平洋海岸。在澳大利亚和南美洲，山脉直接从海中升起，只有短而陡的急流侵蚀着山坡，而所有的排水系统都在另一个方向。美国在太平洋一侧的河流的不利特征已经得到了解释。加拿大的情况也和美国相似。只有遥远的育空河，在海岸山脉的北部，为吃水较浅的蒸汽船提供了 1370 英里的航道以到达四十里溪。加拿大和阿拉斯加的国际分界线就在四十里溪。但是育空河流经的国家的性质及其一年中大部分时间的冰天雪地状况使得它除了对克朗代克矿工之外没有什么商业价值。

太平洋的亚洲河流要重要得多。黑龙江及其支流提供了漫长的可通航水道，但在到达大海之前，它的航线向北急转，将河水注入鄂霍次克海。在这里，它的港口每年有六个月处于冰冻状态。另一条大河——黄河，虽然流经中国东部大平原的水流缓慢，但它的流向过于多变，部分段落难以航行。长江可以让远洋船只到达汉口，在那里装载茶叶和丝绸送往欧洲和美洲。在所有流入太平洋的河流中，长江是最为稳定的交通路线，一路上都有自由港口。长江是东方海洋力量中最具代表性的一条河流。

中国有着漫长而不规则的海岸线，拥有一条太平洋中可通行的河流——长江，其位于温带的中心地理位置，以及其有着资源丰富的大片领土，在太平洋上具有强大的地位。俄罗斯在太平洋的前沿，由于处于亚北极地区，它的河流的价值大大降低。日本地处太平洋中心位置，拥有一个长岛基地，以惊人的速度发展着海上活动，但它缺乏面积和人口，而这两者是政治和商业实力的重要因素。英国于印度、澳大利亚、新西兰、北婆罗洲（马来西亚沙巴州旧称）、新几内亚、香港和马六甲的殖民统治使得它在太平洋上有了足够广阔的基地，但它们地理位置分散，远离大西洋的国家中心，也远离"亚洲问题"的风暴中心。所有这些都降低了它的太平洋地位，尽管其海上力量不可忽视。

美国有漫长的太平洋河谷，人口虽不密集，但扩张力强。美国除了拥有一条长长的太平洋海岸线外，还拥有温带的中心位置和一大片资源丰富的领土。这是一条长达 1810 英里的海岸线，如果算上水湾、海湾、河口和岛屿，长达将达到 8900 英里，这里有几个分布均匀的港口供大型船只使用，许多安全的码头供小型船只使用，尽管山脉面向海岸，但从圣胡安海峡到圣地亚哥，这条海岸线与海洋有着相当程度的接触。

美国的最大优势是它位于两个大洋之间。它与墨西哥、中美洲各国、哥伦比亚以及智利共享这一海域。智利沿着该大陆的南端延伸出一条狭窄的领土带，一直延伸到麦哲伦海峡的大西洋入口，但是拉丁美洲的气候条件、自然环境和地理特征限制了其政治和商业野心。在北方，美国的邻国也在两个大洋上都有广阔的领域，它也像美国一样，在太平洋上充当着中继站。不列颠哥伦比亚省拥有 1000 英里的海岸线和优良的港口，它有相当多的自然资源，特别是优质煤炭。由于在美国沿海地区的稀缺，煤炭变得越来越重要。但是，它却有着位置上太靠北的缺点，因此限制了人口增长和财富积累。英属哥伦比亚和加拿大在太平洋商业竞争中落后于美国。

这个年轻的共和国的第一个立足点位于哥伦比亚河口遥远的阿斯托里亚。早期与中国的毛皮贸易似乎预示着这个国家的未来。扩大西部海洋前沿的目标，对"俄勒冈问题"的持续辩论，以及对加利福尼亚的征服，使美国致力于成为太平洋强国。尽管太平洋洋面足够宽广——在赤道那里有 10000 英里，从香港到墨西哥的马萨特兰宽度为 8500 英里，从日本横滨到旧金山为 4750 英里。尽管沿着美国海岸 2000 英里的一条岛屿带上，岛屿布局分散，但美国在太平洋上的存在使人们对与太平洋有关的所有问题更加关注。

1867 年，美国从俄罗斯手中获得了阿拉斯加，加强了在太平洋上的基地建设，并通过英属哥伦比亚，削弱了俄国的地位。此外，"十国海洋联盟"确定了阿拉斯加南部"长柄"的宽度，切断了英属哥伦比亚的太平洋天然前哨。美国占有了半岛和阿留申群岛，这样可以控制从圣地亚哥到阿图岛 300 英里的范围，超越第 180 子午线的日界线 300 英里，以及离日本最近的岛屿 600 英里。阿拉斯加的收购使得美国在白令海峡有了一个近邻——俄罗斯。白令海的普里比洛夫群岛是海豹的繁殖地，它使美国成为海豹捕杀业争议中获利最大的一方，并使美国参与了与俄罗斯、日本和英国的谈判，最终促成了 1895 年的"巴黎合约"。

通过殖民菲律宾，美国在太平洋地区进一步扩张。美国对煤的需求越来越大。阿拉斯加可以提供丰富而优质的食物。第一个有望产生真正商业影响力的油田是在更北的沿海地区，就在铜矿河口以东，皮艇岛后面。这种煤是整个太平洋沿岸发现的最好的煤。这里矿层厚而密集，但矿坑附近缺乏一个受保护的港口，这给目前正在开发的公司造成了严重的障碍。在库克湾附近的卡契马克湾也发现了煤。但是阿拉斯加最广泛、最重要的煤田仍然位于阿拉斯加半岛最西端的昂加岛上。在太平洋上的奇格尼克湾和波蒂奇湾以及白令海上的赫伦登湾都有大量的煤层。赫伦丁港和波蒂奇港几乎把半岛一分为二，它们之间只有 5 英里的狭长地带，所以这两个地方实际上是一个。当地煤炭的质量与南方更远的地方开采的煤不相上下，但次于皮艇运输的那些煤炭。由于这一地区靠近受保护的港口，靠近美国与亚洲任何地区之间的轮船航线的最短路线，成了在太平洋广阔地区的影响力提升的重要因素。波蒂奇湾是一个煤站，位于比檀香山靠西的地方，并配备自己的煤矿，煤炭从这里以较低的成本装上深海船只。波蒂奇湾矿区位于格拉斯哥所处的纬度，暴露在温和的海风之下，冬天并不比费城更冷；因此，气候不会对它们的发展构成障碍。

对菲律宾的占有使得被忽视的北方区域具有了新的重要性，这是一个信号，表明美国可以利用家门口或手中已有的某些其他优势，而这些优势曾经是被忽视的。杜威在马尼拉湾的胜利使吞并夏威夷、威克岛和保留关岛成为必要。这样，美国就可以保证在大洋与东方殖民地有直接的联系。正如英国在伦敦和印度之间的路线上首先夺取了遥远东部的地点，然后才填补了中间的地点——直布罗陀、马耳他、塞浦路斯、苏伊士和亚丁湾，所以美国也把注意力转向跨越太平洋的中途站。早在 1841 年至 1867 年之间，它就声称拥有威克岛、圣诞岛和中途岛的发现权，但直到后来，当一个位于关岛和夏威夷之间岛屿的地理位置表明它是一个天然的太平洋中转站时，美国才开始行动，占有了第一个岛屿。

　　自 1889 年以来，美国作为一个太平洋大国的地位已经通过其在萨摩亚群岛政府中的影响力得到了证明。1899 年，在英国和德国的默许下，这一影响力被转化为对图图伊拉和马努阿的绝对所有权。整个萨摩亚群岛具有重要的战略价值，它处于从普吉特湾到澳大利亚悉尼的直接路径上，以及从巴拿马地峡到东澳大利亚港口的线路上。这就是它对美国的意义所在。

　　群岛，就像一个巨大的大陆星云，在通往美国大陆的方向上变得越来越稀少，直到在夏威夷的外围地带、西半球热带和山地海岸的波莫塔群岛之间才有了广阔的空间。无论是北美还是南美，其西入口都找不到进入太平洋的天然踏脚石。因此，夏威夷群岛是整个太平洋上赤道以北、大陆群岛以东的唯一落脚点，在美国海岸以西具有战略性地位。夏威夷群岛也成了美国跨太平洋的第一个海洋站。

　　夏威夷群岛在美国海岸的位置使它们成为新英格兰贸易船只前往西北海岸或中国的必经之地。他们在太平洋十字路口的地位往往使穿越这片海洋的所有种族留下痕迹，但美国元素占主导地位。岛屿环境总是受到其大小的限制，特别是在商业方面。英国不得不出去寻找世界市场，通过建立殖民统治发展自身。之后，日本也在进行同样的操作。古巴没有美国的市场就难以生存。由于交通运输的经济性，依靠最近的市场是合乎逻辑的。夏威夷的糖产业从一开始就依赖美国买家。1851 年，夏威夷的美国人对其进行了强烈的兼并努力。两国之间的贸易不断增长，吞并夏威夷的情绪也随之高涨，而这个大国坚持其大陆政策。糖成了岛上居民最感兴趣的东西；它几乎完全掌握在美国人手中，他们组成了富人阶层和统治阶级，但他们发现，由于旧金山港对他们的产品征收重税，这个有利可图的行业几乎无可救药地陷入瘫痪。兼并会使他们富裕起来，所以欲望一直在扩张。在这里，曾经决定了西佛罗里达和得克萨斯命运的领土扩张再次发挥了作用。1876 年双方达成了一项妥协。夏威夷的主要产品被允许免税进入美国，美国在檀香山附近拥有一个海军基地。屏障开始倒塌。这些岛屿在美国的商业范围内，美国已经向夏威夷海岸的战略前哨推进。这种重叠边界的状况一直维持到 1898 年。

这个国家对夏威夷的命运并没有看上去那么漠不关心。它两次干涉夏威夷与英国的关系，并在 1850 年警告法国不要插手。1843 年，当英国殖民地面临被占领的危险时，美国人丹尼尔·韦伯斯特宣布，任何其他国家都不应该通过征服或殖民来获得这些岛屿的所有权。这种态度未免失之偏颇。在其控制菲律宾之前，夏威夷对英属哥伦比亚省的政治影响要大得多，因为它是温哥华和悉尼之间漫长的洲际航线上位于东太平洋的一个中转站。然而，从军事的角度来看，夏威夷对美国来说同样重要；因为夏威夷作为一个煤炭码头和海军基地，离旧金山有 2080 英里，离西海岸的任何地方都不超过 2500 英里，落在任何外国势力的手中都会是一个长期的威胁。在 1812 年的革命和战争中，百慕大群岛就给美国带来了极大的不便。

夏威夷群岛、威克岛和关岛形成了一条连接马尼拉的交通线。这条线穿越过旧金山、洛杉矶和巴拿马。与这三个地方的联系中，檀香山都占据着中心地位。它现在成为商业航线的焦点，但其优势只有开通巴拿马运河才能加强，因为檀香山位于从巴拿马到中国、日本和俄罗斯亚洲部分的不断增加船只必经之路上。菲律宾位于夏威夷群岛西部，这使得美国在亚洲也具备了势力。这个庞大的区域从北到南横贯 1000 英里，从东到西 2000 英里，全部位于热带区域。周边国家呈半圆形围绕着它，形成了东方市场。

美国为这些市场提供了大约 10% 的进口商品，欧洲和其他国家提供了 50%。亚洲和大洋洲的进口商品正在增加，其中相当一部分由美国商人承担。尤其是在日本，美国的贸易正在突飞猛进地发展，现在已经仅次于英国。从美国到亚洲出口额从 1870 年的 1100 万美元增长到 1902 年的 6400 万美元，在大洋洲已经从 1870 年的 433.5 万美元增加到 1902 年的 3400 万美元，最后一个数字不包括发往夏威夷群岛的价值约 1900 万美元的商品。美国与亚洲和大洋洲的贸易总额也开始上升，从 1892 年的 1.38 亿美元到 1897 年的 1.73 亿美元，再到 1902 年的 2.87 亿美元。

过去三十年，这些商业因素使美国参与亚洲事务，因为那里是美国新利益的中心。古巴对美国有一种遥远的威慑作用。但其他一些地方，也许是中国大陆，将决定美国的命运。美利坚合众国的商业实力迟早会在这场在亚洲领土上进行的国际生存斗争中受到影响，这是一场空间斗争。一系列的历史事件，在很大程度上是由地理因素引起的，这就决定了菲律宾成为美国眼中影响东方的通道。每一个岛群都具有可分离的特性、内在的弱点和孤立性，这也使西班牙在这里保持着与安的列斯群岛一样的孤立状态。美国开始否认因岛屿位置而产生的国际纠纷，美国在亚洲的地位犹如它的大陆位置。它建立了最好的基地来保护其所获利益。

这些利益，主要是商业性质的。东方国家在那时还没有进入现代工业发展阶段。因此，对谷物、面粉、成品油、木材、皮革制品、烟草、各种棉织品、农具和各种钢铁制品的需求就来了。美国可以提供这些。丰富的自然资源带来的优势，降低了生产成本；工业方法的优越性，使美国商人能够在这些遥远的市场上与那些在几千英里以外的其他国家竞争。美国幅员辽阔，为原材料、产业组织、运输设施的发展以及广泛多样的国内市场提供了条件，这在过去一直是美国发展的主导因素。另外一个主要因素是其骨子里所带有的欲望。美国成了世界最大的产品制造商，并且在产品出口上，与英国并驾齐驱。

大西洋使美国得以接近欧洲，"美国的入侵"也随之而来。太平洋让美国进入东方的市场，虽然较远，美国仍在亚洲大陆的部分地区竖起了旗帜。由于美国幅员辽阔，地理位置优越，其在世界海洋贸易中长期处于领先地位。

后记

  这部译作是我主持的横向课题"《美国：历史与地理》翻译"的最终成果。在项目实施的过程中，我的研究生们也参与了翻译与校对的工作，她们是：白玉洁、常如玉、高怀妍、曲燕、任晓雯、申卓山、张默、赵芝英（按照姓氏字母顺序排列）。其中有几位研究生以此项目为基础完成了她们的毕业翻译实践报告。在此，我对她们表示衷心的感谢。此外，在本译著出版的过程中，山西人民出版社的刘远编辑也对译文给出了中肯的建议，也在此表达谢意。